『大中小幼』中华优秀传统文化教育

一体化建设研究与实践

陈涵平 等 著

中山大学出版社

· 广州 ·

图书在版编目（CIP）数据

"大中小幼"中华优秀传统文化教育一体化建设研究与实践/陈涵平等著. —广州：中山大学出版社，2023.7

ISBN 978 - 7 - 306 - 07803 - 2

Ⅰ. ①大…　Ⅱ. ①陈…　Ⅲ. ①中华文化—学校教育—教育研究　Ⅳ. ①G414

中国国家版本馆 CIP 数据核字（2023）第 078494 号

出 版 人：王天琪
策划编辑：嵇春霞　林梅清
责任编辑：林梅清
封面设计：周美玲
责任校对：周昌华
责任技编：靳晓虹
出版发行：中山大学出版社
电　　话：编辑部 020 - 84110283，84113349，84111997，84110779
　　　　　发行部 020 - 84111998，84111981，84111160
地　　址：广州市新港西路 135 号
邮　　编：510275　　传　真：020 - 84036565
网　　址：http://www.zsup.com.cn　E-mail：zdcbs@mail.sysu.edu.cn
印 刷 者：佛山家联印刷有限公司
规　　格：787mm×1092mm　1/16　17.25 印张　249 千字
版次印次：2023 年 7 月第 1 版　2023 年 7 月第 1 次印刷
定　　价：62.00 元

目 录

绪　论
新格局、新时代、新挑战

20 多年前，当人类带着无限欣喜和希望迎接新世纪到来的时候，谁也不曾料到世界会变成今天这种模样：冷战沉疴重新出现，地区冲突多点爆发，世界和平遭遇挑战。面对这样的局面，人们都在疑惑：世界怎么了？我们该怎么办？毫无疑问，人类正面临一个前所未有、复杂多变的危机时刻。

一、百年未有之大变局

对于时代巨变，中国领导层适时作出了自己的判断。在中国共产党十九届五中全会通过的《中共中央关于制定国民经济和社会发展第十四个五年规划和二〇三五年远景目标的建议》中，中央明确指出："当今世界正经历百年未有之大变局，新一轮科技革命和产业变革深入发展，国际力量对比深刻调整，和平与发展仍然是时代主题，人类命运共同体理念深入人心，同时国际环境日趋复杂，不稳定性不确定性明显增加，新冠肺炎疫情影响广泛深远，经济全球化遭遇逆流，世界进入动荡变革期，单边主义、保护主义、霸权主义对世界和平与发展构成威胁。"① 这一论述明显包含三层意蕴：一是对当前时局进行定性，二是概括其主要特征，三是指出其形成原因。

---

① 《中共中央关于制定国民经济和社会发展第十四个五年规划和二〇三五年远景目标的建议》，见中国政府网：http://www.gov.cn/zhengce/2020 – 11/03/content_5556991.htm（2020 – 11 – 03）［2022 – 8 – 22］。

"当今世界正经历百年未有之大变局"——这一判断对国人的震撼无论怎么描述都不过分。尽管这一变局对中国而言是"危"与"机"并存，但因为"国际力量对比深刻调整"所产生的不稳定性和不确定性，整个世界进入非常剧烈的动荡变革期，甚至是冲突频发期。因为这种力量调整的主线是老牌帝国的衰落和新兴大国的崛起，以及由此而导致的世界权力格局、全球经济形势、国际治理规则等多个层面所发生的重大变化。这一系列剧烈变动或调整，将直接导致世界范围内资本主义与社会主义、发达国家与发展中国家的矛盾与斗争难以避免，这些矛盾与斗争甚至在某种条件下会趋于激化；传统大国与新型经济体国家在政治、经济、科技、文化甚至军事方面的博弈日趋激烈，以至于各种既有的国际治理体制、机制和规则都在逐渐被打破。因此，大国之间的关系日趋紧张，传统安全问题与非传统安全问题呈现复杂交织的状态，强权政治和霸权、霸凌、霸道等行径也比以往更为频繁和激烈，世界重新走向冷战和热战交织的危险境地的可能性大大增加。在这种情况下，我们要在变局中实现破局，在乱局中守住定局，并最终赢得胜局，就必须深刻理解这一变局得以形成的内在机理。

如前所述，百年未有之大变局是国际政治经济格局告别单极化、迈向多极化的变局，是世界力量调整重组后由一超多强向多元体系逐渐转移的变局，是原来多数国家追求和平发展却遭遇老牌帝国打压阻滞的变局。当今时代之所以出现这种大变局，当然有其深刻的历史原因和现实因素。

首先，新一轮科技革命和产业变革是形成大变局的内生动力。在人类历史的发展过程中，技术进步和工业革命往往是国际格局发生重大变化的主要动力。18世纪以蒸汽机发明为标志的第一次工业革命让英国脱颖而出，使其成为独霸全球约200年的"日不落帝国"；19世纪以电动机发明为标志的第二次工业革命使英、法、德一大批西方国家整体进入发达国家行列，大大拉开了与东方国家的差距；20世纪以原子能、电子计算机等的发明和应用为标志的第三次工业革命使美国积累了称霸世界的科技实力,成为地球上的超级大国。如今,世界已进入第四次工业革命时期,以人工智能、物联网、云计算、区块链、量子通信、清洁能源为代表的技术革命正在改变人类生活的方方面面,尤其使人类的生产方式、生活方式、交往方式等发生翻天覆地的变化。这些变化所带来的连锁效应首先表现在发达国家与发展中国家传统意义上的数字鸿沟被大大缩小。互联网技术的广泛运用和信息化程度的逐步加深,使许多发展中国家的传统产业的转型升级不断加快,同时也催生出许多新的产业、业态和发展模式,进而深刻改变了特定区域的生产力布局。最终,这些国家自然会影响当今国际政治的权力格局。此外,第四次工业革命所带来的连锁效应还表现在科技发展能使后发国家实现弯道超车,这些国家能够因自身技术竞争力的提高而推动国际话语体系向有利于自身的方向发展。第四次工业革命中出现的大批量的前沿科技因其自身的弥散性特征不可能形成太多的技术壁垒,这就为所有国家都提供了全新的发展机遇。各个后发国家只要采取有效的科技战略和发展模式,加快信息化技术推广速度,实现关键核心技术和应用水平的重点突破,就完全有可能优化自身的经济结构,迅速提升国家的综合实力,从而重塑世界政治、经济版图。可以说,以中国为代表的一大批新兴市场国家,正是抓住了第四次工业革命的重大契机,从而加快实现传统产业的技术变革,大力推动新兴产业的蓬勃兴起,以日新月异的发展态势向老牌工业强国发出了强有力的挑战。

其次,新兴经济体的崛起是形成大变局的强大推力。借助科学技术的变革及国家治理模式的变化,21世纪以来,一大批发展中国家阔步走向"群体性崛起",其中,中国的表现尤为亮眼。中国自从实施改革开放政策以后,经济发展呈现出强劲势头,近几年对世界经济增长的贡献率持续保持在30%左右,成为拉动世界经济增长的强大引擎。中国在经济发展方面的巨大成就为传统意义上的第三世界国家树立了标杆和榜样、注入了强大的信心和力量,从而鼓励和带动这些国家进入经济发展的快车道，进而使这些国家在世界政治经济中的分量逐步提升。与此同时，中国更加积极地参与国际事务，在全球治理中不断推出特色鲜明、效能突出的"中国方案"，比如大力推进"一带一路"倡议，积极倡导构建人类命运共同体，不断推动国际秩序向更加公平合理的方向发展。中国及发展中国家群体的综合实力提升和整体影响力加大，使国际形势呈现出"东升西降"的趋势。这种趋势使数百年来以西方为主导的世界秩序逐渐出现裂变，无论是在经贸规则、政治格局，还是在治理体系、思想观念等方面，新兴市场经济体的声音与力量正逐渐增强，从而使世界格局的力量转换日趋快速。而力量转换的最大影响就是传统的"西方导向"逐步衰退，"非西方导向"多点冒出并呈绵延之势，世界权力格局由一超多强向多元轮动转移。事实上，在很长一段历史时期内，亚洲曾处于世界的主导地位，是主要的文明主体。今天，世界重心重新回到亚洲的可能性已经成为美国和欧洲一些国家的集体焦虑，更是被视为对西方国家的最大挑战。

最后，各种全球性问题频发是形成大变局的外在助力。人类进入新世纪以来，"东升西降""南升北降"的趋势本来就已经引起西方发达国家的警惕和恐慌，但他们没想到挑战还不止于此。新的地缘冲突、重大传染性疾病、气候恶化、恐怖主义、网络安全、族群撕裂等问题频频涌现，不断考验人类应对危机的智慧和能力。在这种急需世界团结、合作构建更有效的全球治理体制的形势下，以美国为首的西方大国却抛出诸如"美国优先""国家利益至上"的政策，大搞贸易保护主义，纵容民粹主义思潮，挑起贸易争端和政治摩擦，操弄意识形态对立，竭力拱起俄乌冲突。同时又在"美国利益至上"的导向下，不断玩弄"退群"和"重建新群"的把戏，对国际政治经济中的竞争对手发动全方位、无底线的制裁和围堵。不仅美国陷入经济衰退、种族主义盛行的困境，其他国家也在战争与疫情的影响下困难重重，只能纷纷"抱团取暖"、通力互救，各种新的组织如跨太平洋伙伴关系协定（TPP）、跨大西洋贸易与投资伙伴协定（TTIP）、全面与进步跨太平洋伙伴关系协定（CPT-PP）、《美墨加三国协议》（USMAC）等应运而生。这种新的集团化、区域化态势，不仅使传统的国际组织（如联合国、世贸组织等）在维护和促进全球性发展方面的功能和影响力逐渐弱化，"二战"以来趋于成熟的全球治理体制和合作机制遭到破坏，自然也使西方发达国家的号召力明显下降，一向宣称肩负着拯救世界神圣使命的"山巅之城"最终摧毁了自己的道德形象和政治权威。当美国带领西方世界，把那些自由民主和私有财产神圣不可侵犯等最后的遮羞布全部揭下来的时候，西方吹嘘了几个世纪的以"自由民主、平等博爱"为核心的价值观遭到更多的质疑和抵触，尤其是美国的"国家信誉"在迅速崩塌。上述种种现象推动着国际形势发生剧烈的动荡，从而使世界格局产生深刻的变化。这无疑是国际政治势力的一场大洗牌，决定了原有的世界秩序能否赓续，也决定着很多国家的命运，更关乎人类的未来。

二、迈入新时代的中国

百年未有之大变局让人类又一次站在十字路口，世界上所有民族都不可能置身局外。是战争还是和平，是对抗还是合作，是倒退还是发展，何去何从，是当下每一个国家都必须考虑的重大问题，中国自然也不例外。

当今世界之大变局恰好与中华民族走向伟大复兴的全新格局相互交织。两种格局叠加互渗、交错影响，在极大程度上影响着中国现在及以后相当长时期内的发展态势。所以，我们必须在准确认识世界变局的基础上去深刻理解我们国家自身的发展走向和现实需求。

在中国共产党第十九次全国代表大会上，习近平总书记明确指出："经过长期努力，中国特色社会主义进入了新时代，这是我国发展新的历史方位。"① 这一重大政治论断昭示着当代中国已经进入了一个崭新的、更高的发展阶段，这一阶段的本质属性就是"中国特色社会主义新时代"。这是一个承前启后、继往开来的新时代，它不仅继承了中国共产党作为执政党以来在社会主义建设和改革方面的全部历史经验，还全面开启了建立于变化了的社会主要矛盾基础上的新的改革大幕；这也是一个与时俱进、砥砺前行的新时代，它不仅顺应世界潮流的深刻变化和国内形势的迅猛发展，而且紧扣广大人民群众的现实需要和中华民族走向复兴的历史诉求，从而激发起十四亿中国人民团结奋斗的磅礴伟力。因此，这个新时代被历史和现实赋予了崭新的特征、丰富的内涵和深远的意蕴。

正如党的十九大报告所论："这个新时代，是承前启后、继往开来、在新的历史条件下继续夺取中国特色社会主义伟大胜利的时代，是决胜全面建成小康社会、进而全面建设社会主义现代化强国的时代，是全国各族人民团结奋斗、不断创造美好生活、逐步实现全体人民共同富裕的时代，是全体中华儿女勠力同心、奋力实现中华民族伟大复兴中国梦的时代，是我国日益走近世界舞台中央、不断为人类作出更大贡献的时代。"② 这段论述从五个维度精要阐述了新时代的主要内涵：一是从历史角度来看，新时代的根脉深植于中国共产党的初心和使命，是执政党牢记对人民的庄严承诺，充分利用历史条件下的一切有利因素，不断推动中国特色社会主义事业迈向新阶段的历史进程；二是从国家层面来看，新时代的中国将会迎来伟大斗争、伟大工程，最终实现伟大转折，即从富起来到强起来，这是一个拥有五千年文明的大国举全国之力迈向现代化强国的浩大征程，是一个东方大国科学发展、高质量发展的宏伟实践；三

---

① 《习近平指出，中国特色社会主义进入新时代是我国发展新的历史方位》，见中国政府网：http://www.gov.cn/zhuanti/2017 - 10/18/content_5232625.htm（2017 - 10 - 18）[2022 - 8 - 22]。

② 《习近平指出，中国特色社会主义进入新时代是我国发展新的历史方位》，见中国政府网：http://www.gov.cn/zhuanti/2017 - 10/18/content_5232625.htm（2017 - 10 - 18）[2022 - 8 - 22]。

是从人民本位来看，凝聚万众力量，实现共同富裕，创造属于全体人民的更加美好的生活，是"以人民为中心"的执政理念在新的历史时空的全方位落实；四是从民族命运来看，新时代的中华民族在机遇与挑战并存中开启民族伟大复兴的新长征，誓将洗脱"人民蒙难、文明蒙尘"的百年屈辱，进而挺起民族脊梁，开启古老民族的崭新篇章；五是从国际视野来看，新时代的中国将充分发挥自己的制度优势，不断创造世界瞩目的发展奇迹，为构筑人类命运共同体持续贡献中国智慧和中国力量，从而为世界和平发展提供源源不断的强大推力。以上五个维度的论述充分表明，新时代不仅是属于中国特色社会主义事业的新时代、属于中国人民和中华民族的新时代，而且是属于愿意携手共建美好世界的众多国家的新时代。

中国共产党人对国家历史方位的清晰认识和准确判断，为科学把握新的历史时空提供了时代坐标，也为新时代新征程提供了科学的行动指南。新时代作为具有特定指导思想、历史使命和前行方向的历史时期，无疑为当代中国的发展带来了更加广阔的空间和更加美好的前景。因此，"中国迈入新时代"这一历史定位，蕴含着深远的现实意义。

其一，对国家发展来说，"新时代"这个概念的提出明确了中国在相当长时期内的努力方向。中国作为拥有五千余年文明的东方大国，在历史上曾经创造过无比辉煌的物质文化和精神文化，使全世界为之瞩目。然而近代以来，由于闭关锁国导致的技术落伍和制度滞后，中国屡遭西方列强的侵犯，并逐渐沦为半殖民地半封建社会。面对国家衰微的命运和民族灭亡的危机，无数中华儿女抛头颅洒热血，矢志探索挽救国家危亡的救国之路；最终在中国共产党的领导下，打败日本侵略者，推翻国民党腐朽统治，建立民主共和国，终于使中国人民"站起来"了。在新中国成立后的社会主义建设和改革进程中，尽管经历了不少曲折，走过了不少弯路，但党团结和带领全国人民不断攻坚克难，拨乱反正，抓住经济建设这一中心，全面推进改革开放这一伟大事业，使国家发生了翻天覆地的变化，中国人民逐渐"富起来"了。今天，在经历了几代人的艰巨努力之后，中国跨入了一个新的历史时期，物质基础日趋雄厚，经济实力迅速提升，国家治理成效更加突出，民族发展迎来了无比光明的前景，社会主要矛盾也因此发生了重大变化，建设社会主义现代化强国已成为全体中国人民的宏伟目标，对"强起来"的期盼与实践成为新时代的显著标志。因此，新时代就是一个国家走向富强、民族走向兴盛的时代。

其二，对人民生活来说，新时代的提出呼应了广大人民群众对幸福生活的殷殷期盼。人民是国家构成的核心要素，更是创造历史的主体。一个国家的发展只有与广大人民群众的愿望和利益相互契合，才是持续有效的。历史和现实都已经证明，人民是国家进步的建设者、创造者，人民也应该是国家繁荣的拥有者和享受者。今天，中国人民意气风发地参与了国家的建设与改革，也见证了国家在迈向现代化征程中的沧桑巨变。因此，人民群众比以往任何时候都更强烈地期待自身生活的改变，因为新时代已经描画了美好蓝图，提出了"以人民为中心"的治国理念，并为此建构了"五位一体""四个全面"等一系列治国方略。新时代的新举措，无疑激发了十四亿中国人的雄心壮志。人民群众以无比强烈的热情、无比丰富的创造力投入火热的追梦大潮之中，期待用自己的勤奋和创造实现国家富强、民族兴盛的中国梦，也使自身对美好生活的各种期待变成辉煌的现实。因此，新时代正用一种独特的精神感召和信仰力量将亿万民众紧密团结在一起，构建起一种奋发有为、砥砺奋进的崭新气象。这无疑是任何力量都无法阻挡的崛起之势和民心之力。

总之，新时代不仅仅是一种时空界定，还是一种精神坐标；不仅仅是一种现实判断，还是一种未来期待；不仅仅是一种国家定位，还是一种影响世界的宏大叙事。

三、百年变局中的文化因素

通过前面的简要分析，我们大体上知道，当今世界大变局的形成，主要归因于科技进步和经济发展这两大因素。然而通过进一步考察可以发现，这些都只是看得见的显性因素，在其表层之下还掩盖着各种文化冲突和意识形态之争所带来的更深层次的变革力量。

回视近几十年来的国际关系演变史，我们可以发现，国际经济治理原本是全球事务中的主要治理方式，但随着各种新现象的涌现，文化的影响作用愈来愈受到重视。具体来说，这些现象主要有以下几点：一是在伴随全球化出现的区域统合过程中，文化逐渐成为区域一体化的基础要素和主要内容之一。20世纪末以来，欧盟与东盟在迈向一体化进程中，都不约而同地把区域文化作为统合基础和未来发展的重要力量，尤其是把社会文化共同体建设作为区域一体化的支柱性战略。① 二是国际文化软实力的竞争日趋重要且日趋激烈。人类在20世纪经历过两次世界大战之后，反战情绪十分强烈而且蔓延甚广，和平发展与合作交流逐渐成为时代主题。这一形势使那些欲称霸世界的超级大国或老牌帝国不敢明火执仗地发动侵略战争，它们转而采取更加隐蔽的文化侵略方式向各个国家渗透。在这种情况下，作为对文化侵略的一种抵抗和反拨，世界各国更加重视对本民族文化的坚守，更加重视对文化软实力的打造。正如有学者指出的那样，文化的影响力有多大，一个国家的"领土疆域"就有多大。② 因此，哪个国家占据了文化发展的制高点，哪个国家就拥有了影响世界的强大软实力。三是西方学者在20世纪末期提出的"文明冲突论"③ 影响甚巨，这一论断使世界各国在国际

---

① 参见郭树勇《区域文化治理与世界文化秩序》，载《教学与研究》2016年第11期，第66－67页。

② 彭林：《民族文化与民族命运》，载《红旗文稿》2012年第16期，第25页。

③ ［美］塞缪尔·亨廷顿：《文明的冲突与世界秩序的重建》，周琪等译，新华出版社1998年版，第229页。

关系中更加关注文明差异和文化认同问题。尽管该学者关于"文明冲突将是未来国际政治的主题"的观点未免有些夸大其词，并且忽视了不同文明之间开展对话交流、实现互鉴互渗的可能性，但随着国际形势的发展变化，由文明差异造成的文明冲突却实实在在地成为国际冲突的普遍原因。

正是因为文化因素在世界政治中的作用日渐突出，当下国际关系中的文化碰撞和意识形态（意识形态也是文化体系的重要组成部分）冲突也愈演愈烈。美国等西方发达国家对于社会主义国家、民族主义国家和疏离于西方的转型国家均采取了意识形态上的压力政策，尽管直接的政策对抗强度从表面上看似乎有所淡化，但是方式方法与层次维度较冷战时期更加繁复。在这种语境之下，西方诸多学者认为，中国崛起不仅仅是一个经济事件，还是一个文化事件。以中华文化为支撑的中国理念和中国价值作为"非西方导向"话语体系的代表越来越具有国际话语权，这一趋势被以美国为首的西方国家视为东方文明向西方文明发起的重大挑战。美国国务院政策规划办公室主任斯金纳就曾赤裸裸地指出，美国和中国的关系"是与一种完全不同的文明和不同意识形态之间的斗争，美国以前从未经历过"，并说"这是我们第一次面临一个非白人的强大竞争对手"。① 为此，美国及其西方盟国无视甚至歪曲中国和平崛起的善意和努力，利用自己操控的各种舆论机器，竭尽全力地肆意抹黑"中国道路"、炮制"中国威胁论"，将中国提出的构建人类命运共同体、"一带一路"倡议，妖魔化为"新殖民主义"与"新帝国主义"。除此之外，西方还借助全球化进程中的先发优势，以及在国际政治、经济等方面曾长时期占据的主导地位，利用商品销售和资本输出等渠道，极力推行文化霸权和文化殖民。同时通过研究资助、论坛举办、联盟构建、会议操作、机构评奖和网络传播等形式宣扬资本主义文化的优势，企图全面控制国际文化交往的话语权。

---

① 刘须宽：《世界百年未有之大变局的意识形态分析》，载《马克思主义研究》2020 年第 12 期，第 148 页。

他们往往打着"自由""平等"的旗号，宣扬资本主义社会所谓的"民主"，单向输出自己的价值观念，而现实中又霸凌式地采用双重标准，对那些违逆自己意愿的国家横加指责和干涉。由于西方国家目前依然具有强大的经济实力和先进的科学技术，他们的文化产品较为发达，文化产业的渗透力较为强悍，因此他们充分利用这些优势，用尽各种或隐或显的手段和传播媒介来宣扬资本主义的意识形态，竭力鼓吹西方的文化中心主义，对非西方国家进行"精神奴役"。而实力迅速跃升、已被美国视为主要竞争对手的中国，自然首当其冲地遭到了以美国为首的西方国家的重重打压。它们除了对中国进行经济制裁、技术封锁、舆论抹黑、军事围堵之外，还全面展开意识形态之战和文明之争。它们一方面利用舆论霸权和各种文化渗透手段大力宣扬"宪政民主""普世价值"论等西方意识形态观念；另一方面又通过培植代言人及挑起网络舆情等方式，给当代中国贴上"威权主义""极权主义""新官僚资本主义""政治专制＋经济自由"等负面标签，企图消解中国道路和中国制度的合法性。同时竭力否定中国革命历史和英雄人物，否定中华传统文化，不断制造思想混乱，瓦解中国的主流意识形态，削弱中国特色社会主义文化的主导权，最终达到分裂中国、和平演变的卑劣目的。可以说，21世纪以来西方与中国之间的进攻与防守、颠覆与反颠覆、渗透与反渗透、封锁与反封锁、演变与反演变、争夺与反争夺的较量极其复杂和激烈。这一严峻形势让所有中国人都开始认识到，当前中国面临的一个主要危险就是，当代霸权主义和强权政治正在不择手段地要把中国变成一个"在精神和文化上被美国占领的国家"。

而现实情况是，中国在文化发展上不仅遭逢上述诸多外患，还要解决种种内忧。这些内忧主要表现在几个方面：一是晚清以来的文化根脉受到冲击，使文化自信的重建困难重重。一百多年来，从鸦片战争到甲午海战，从洋务运动到百日维新，从辛亥革命到五四运动，从文革之殇到西化思潮，其间每一次战争、动乱或变革，都使中国人的文化自信遭遇一次打击和动摇，同时也使中国传统文化经历一回批判和清理。在这百余年的战乱和动荡中，传统文化曾经被视为陈旧迂腐、落后无用的知识而备受冷落，一度陷入危机四伏的艰难处境。二是在全球化浪潮冲击下，外来文化的侵蚀使年青一代的文化建构呈现西化倾向。在改革开放之初，我国整体上处于发展滞后、百废待兴的历史时期。打开大门之后，以雄厚的物质基础和先进的科学基础为后盾的西方文化强势进入中国，自然对国人产生了强大的吸引力，西方文明中的生活方式和价值观念对年青一代影响甚深。这种情况会使年轻人对自己的民族文化传统生发疏离之感。三是改革开放背景下文化建设的商业化、功利化趋势较为浓厚。当中国经历十年"文革"之后恍然发现自己已远远落后于其他国家之时，"以经济建设为中心"自然成为历史的必然选择。但经济发展裹挟而来的物质主义和功利主义也影响了文化建设，文化的精神滋养和化育能力往往遭到忽视和轻慢。人们在思想深处怀疑甚至否认文化传统的现代价值，从而使得开展中华优秀传统文化教育缺乏广泛而深刻的社会心理基础。

总而言之，回头看，百余年文脉裂痕需要修补；向外看，多元文化冲击和西方文化的强势挤压，民族文化阵地需要坚守；朝前看，要实现民族复兴的中国梦，首先就要实现文化复兴。这就是世界百年未有之大变局中的中国的文化命运。对此，我们必须有清醒的认识。尽管今天的中国力量已不容小视，但我们仍走在艰难的文化上去殖民、经济上去依附、安全上去隐患的坎坷之路上。但只要我们持续努力，中国一定会拥有构建国际新秩序的强大力量。

四、打造中华文化传承发展的世纪工程

西方伟大的历史学家汤因比认为人类的希望在东方，中华文明将是21世纪人类思想资源的提供者。[①] 这位来自异质文化场域的学

---

① ［英］阿·汤因比、［日］池田大作：《展望二十一世纪：汤因比与池田大作对话录》，荀春生、朱继征译，国际文化出版公司1985年版，第293页。

者似乎比大部分国人更清楚、更深刻地看到了中华文明的深厚底蕴和盎然生机。所以，站在历史的紧要关口，我们更需要坚定信心，将民族文化的传承发展标定为世代赓续的宏伟工程，并为之不懈奋斗，因为历史和现实都不容我们犹豫不前。

从历史传统看，中华文化具有五千多年的发展历史，并在漫长曲折的演进过程中形成了自己独特的思想观念、人文精神和道德规范，进而深深影响着中华民族的生存理念、生活态度和精神世界，最终成为中华民族独有的思想标识和精神基因。中华文明之所以能成为世界上唯一没有中断的文明，中华民族之所以能历尽坎坷不断奋进，中国人民之所以能在顺境中淡定从容、在逆境中拼搏崛起，主要原因就在于我们的代代先祖始终有着对自己文化的坚定自信以及在持续教化中所接受的民族文化的长久涵养。回溯中国几千年的封建社会发展史，可以看出，文化传承发展基本上没有成为一个需要统治阶层高度关注的"问题"。中华文化在自己的文明体系中按照日趋成熟的传承范式向前不断发展，不断丰富，即使是政权的轮替也没有造成文化的质变。只有到了 19 世纪，重大文化变故方始发生。"1840 年鸦片战争以后，中国逐步成为半殖民地半封建社会，国家蒙辱、人民蒙难、文明蒙尘，中华民族遭受了前所未有的劫难。"① 在这样的背景下，中华文化的发展才出现了危机。但与数千年的凝练和传承相比，百余年的断裂和疏离只是历史长河中的一波漩涡，不应该也不足以扰乱我们勇毅前行的航向。我们依然可以理直气壮地宣告，正是中华文化的代代传承和不断发展，才使中华民族的精神基因久久赓续，才使国家气运的内在肌理坚韧挺拔。因此，文化传承是民族发展的强大精神动力，没有文化的传承发展，民族的兴盛就失去了最深厚的思想支撑。正如习近平总书记所说："中华民族在几千年历史中创造和延续的中华优秀传统文化，

---

① 习近平：《在庆祝中国共产党成立 100 周年大会上的讲话》，人民出版社 2021 年版，第 1 页。

是中华民族的根和魂。"① "抛弃传统、丢掉根本，就等于割断了自己的精神命脉。"② 所以，我们应通过持续的文化传承与发展来守住我们的根，留住我们的魂，并在文化传统的滋养中再创新的辉煌。

从现实发展看，正如前面所述，中华民族经历了从站起来、富起来到强起来的历史时期，进入了一个全体中国人民团结一心、努力奋斗实现中华民族伟大复兴的时代。而要实现伟大复兴的中国梦，文化的繁荣发展就是重要的前提。因为"一个国家、一个民族的强盛，总是以文化兴盛为支撑的，中华民族伟大复兴需要以中华文化发展繁荣为条件"③。历史已经证明，文运与国运相牵，文脉与国脉相连；文化兴则国运兴，文化强则民族强。一个民族的复兴需要强大的物质力量，也需要强大的精神力量。而文化就是这种精神力量最强大的源泉。这种具有突出渗透性和持久性的柔性力量，深深熔铸在民族的生命力、凝聚力和创造力之中，深刻影响并涵养着中国经济社会发展和人民生产生活的方方面面。而且，从 20 世纪下半叶以来，随着全球化而来的各种国际性问题的频发和加剧，世界上许多有识之士越来越认识到中华文化对解决当下人类发展之困的特殊作用，认为中华文明中"天人合一的宇宙观、协和万邦的国际观、和而不同的社会观、人心和善的道德观"④ 是推动人类社会可持续发展的最为有效的思想体系，应该得到重新发掘和广泛推广。因此，我们绝不能妄自菲薄，而是要肩负起历史赋予我们的重任，大力推动持续有效的文化传承与发展，尽快形成强大的文化建

---

① 习近平：《在庆祝澳门回归祖国十五周年大会暨澳门特别行政区第四届政府就职典礼上的讲话》，载《人民日报》2014 年 12 月 21 日，第 2 版。

② 习近平：《把培育和弘扬社会主义核心价值观作为凝魂聚气强基固本的基础工程》，载《人民日报》2014 年 2 月 26 日，第 1 版，

③ 中共中央宣传部编：《习近平总书记系列重要讲话读本》，人民出版社 2014 年版，第 99 页。

④ 冯颜利、唐庆：《习近平人类命运共同体思想的深刻内涵与时代价值》，见人民网：http：//theory. people. com. cn/n1/2017/1212/c40531 - 29702035. html（2012 - 12 - 12）［2022 - 8 - 22］。

构力、传播力和引领力，并将其转化为贯穿中国特色社会主义建设的基础性、统摄性、融贯性力量，构筑起意识形态共识和共同思想基础，最终形成包蕴深厚、活力四射的中国精神、中国价值、中国力量，为中华民族的永续发展提供牢固的精神根基和坚实的思想保障。

由上可见，高度重视文化传承发展既是近两百年来中华文明坎坷发展、曲折前进的必然结果，也是中华民族精神发展历程的逻辑推进。完全可以说，今天的文化复兴梦沉淀了太多的民族苦难、文明血泪及由此孕育的崛起雄心、强国壮志。正是在这个意义上，文化传承发展就不仅仅是一项文化工程，更是一项赓续"本来"、迎战"外来"、开创"未来"的国家工程。它紧密关联着国家命运和民族兴衰，是新时代需要提升到高度政治自觉和战略思考的国之大者。

基于文化传承发展的重要性，以及当前文化建设的现状，党的十九届四中全会从制度层面对此提出了明确要求，即"深化文化体制改革，加快完善遵循社会主义先进文化发展规律、体现社会主义市场经济要求、有利于激发文化创新创造活力的文化管理体制和生产经营机制"①。也就是说，要从体制、机制、规制等方面将文化传承发展的任务落到实处，进而从文化维度充分体现国家治理效能和治理能力的现代化。该会议关于文化传承发展的相关论述反映出党对文化建设规律的认识已进入一个新的阶段，因为全会是从坚持和完善中国特色社会主义制度的高度，在党的领导史上首次把文化制度提升到中国特色社会主义制度范畴，使之成为国家制度的有机组成部分，并系统阐释繁荣发展社会主义先进文化的制度构成与演进方向。毫无疑问，党中央对文化传承发展的高度重视既是对现实需求的强烈回应，也是历史逻辑的合理呈现。

而在民族文化的传承发展工程中，传承是基础、是前提，发展

---

① 《中共中央关于坚持和完善中国特色社会主义制度　推进国家治理体系和治理能力现代化若干重大问题的决定》，载《人民日报》2019年11月6日，第6版。

是目标、是方向。离开了传承，发展就成为空中楼阁；离开了发展，传承也就失去了意义。因此，我们当前首要的工作就是实现优秀传统文化的有效传承。而学校是文化传承的主阵地，教育是文化传承的主渠道。正是基于这一认识，本书立足于学校这一场域，探索整个国民教育体系中文化传承的机制与策略，希望建构一种纵向衔接科学、横向贯通顺畅的优秀传统文化教育理论，为文化传承发展提供一条能够持续拓进的有效路径。

第一章
中华优秀传统文化教育的
时代内涵与政策演进

作为本书的研究对象和逻辑起点，"传统文化"尽管看起来是一个广为人知、耳熟能详的惯常用语，但人们对它的具体内涵和特征及由它而生发出来的"中华优秀传统文化""中华传统文化教育""文化传统"等概念是否理解到位，往往成为值得怀疑的问题。因为"文化"是一个复杂多义的术语，不同国家民族、不同历史时期、不同学术群体对文化的理解都有明显的差异，因此适用于一切学科或论题的文化概念应该是不存在的，人们只能在给定的条件和语境下来理解和使用"文化"，并在此基础上把握与文化有关的各种意义延伸和内涵拓展。

第一节 中华优秀传统文化教育的时代内涵

一、文化的概念与特征

中国古代早期的经典文献中已经出现了"文化"一词。据考证，最早同时使用"文""化"二字是在《周易·贲卦·彖传》中："刚柔交错，天文也。文明以止，人文也。观乎天文，以察时变；观乎人文，以化天下。"从这段话可以看出，"天文"成为与

"人文"相对应的一组词语，"天文"主要指的是代表自然和规律的天道，"人文"主要泛指社会道德伦理。显而易见，"文""化"在最初的联合使用时就已经具有明显的文明教化的含义。自此，"文""化"合用一直延续到今天，并不断延伸出其他各种义项。有研究者指出，迄今为止，关于文化的定义可以统计出 300 余种。[①]

无论古往今来的学者们如何对文化进行定义，就文化本身而言，它毕竟是一种客观存在。审视前人的诸多论述，我们可以看到，较为简明且为大多数人所接受的观点是，文化是人类迄今为止所创造的物质财富和精神财富的总和。当然，这是一个较为笼统的宏观性表述，为了进行更具体更深入的释义，不少学者提出了"文化层次论"。如加拿大当代文化学家弗莱就指出文化可以分为三个层次，即基础层次（衣食住行、风俗习惯等）、中间层次（政治、经济、宗教、社会制度及上层建筑）和高级层次（价值观、哲学、文学、艺术）。[②] 我国著名学者梁漱溟在其著作《东西文化及其哲学》中也把文化划分为三个方面："一、精神生活方面，如宗教、哲学、科学、艺术等。宗教、文艺是偏向于情感的，哲学、科学是偏向理智的；二、社会生活方面，我们对于周围的人——家族、朋友、社会、国家、世界——之间的生活方法都属于社会生活一方面，如社会组织、伦理习惯、政治制度及经济关系等；三、物质生活方面，如饮食、起居种种享用，人类对于自然界求生存的各种努力等。"[③] 基于以上观点，中国学者大多认同文化的"三层次论"，但具体表述稍有不同，认为文化可以区分为物质文化（或器物文化）、制度文化（或行为文化）、精神文化（或观念文化）。[④]

然而，对文化层次性的认识如果到此为止的话显然是不够的，

---

① 参见郑金洲《教育文化学》，人民教育出版社 2000 年版，第 2 页。

② Northrop Frye, *Levels of Cultural Identity*, in *The Eternal Act of Creation*: *Essays*, 1979—1990, ed. by Robert D., Bloomington: Indiana University Press, 1993, pp. 168 – 169.

③ 罗荣渠主编：《从"西化"到现代化》，北京大学出版社 2008 年版，第 55 页。

④ 参见林坚《关于"文化"概念的梳理和解读》，载《文化学刊》2013 年第 5 期，第 15 – 16 页。

因为若要对任何整体性事物进行分层解析的话，就不能不关注层次与整体之间、层次与层次之间的各种关系和影响。一些研究者已经注意到不同文化层次间的相互作用。如有的学者将文化分为上位文化（心理层面）、中位文化（社会层面）、下位文化（物质层面），有的学者将文化分为大文化（精神文化）、中文化（制度文化）、小文化（器物文化），还有的学者将文化分为核心文化（价值观和精神层面）、间性文化（行为和制度层面）、外围文化（经验与器物层面）。① 上述对文化层次所展开的关于上下、大小、内外等的性质厘定，无疑是对文化各层次之间相互关系、相互作用以及各自价值的深度辨析。其中一个基本共识是，物质文化是文化形成的基础和前提，制度文化是文化发展的协调和保障，精神文化则是文化进步的核心和根本。

　　上述不同系列文化的层次定位，基本上能够揭示出文化内部的结构特点，也大体反映了人类对自身文化概貌的准确认知。然而，用历史唯物主义的观点进行考察，上述观点依然属于一种静止的认识，我们还需要从发展的角度对文化各层次之间的联动关系展开动态观照。本书独辟蹊径地提出"源发性""继发性""引发性"三个概念来阐释文化的各层次在不同阶段的相互作用与关系变化。在文化的源发性阶段，即文化的起源和初步形成阶段，物质文化首先出现，促成制度文化的产生，进而推动精神文化的形成。在这种文化生成阶段，物质文化居于决定性地位。关于这一点，马克思主义哲学关于物质与意识、经济基础与上层建筑的关系论述能够提供足够的理论支撑。在文化的继发性阶段，即文化发展渐趋成熟的阶段，文化的器物层、制度层、观念层都获得了长足发展，内涵已变得较为丰富。在这种文化定型阶段，物质文化的重要性较之前减弱，制度文化的中介作用日渐凸显，精神文化的决定性影响逐渐增强。到了文化的引发性阶段，即文化发展的新变阶段，随着人类科

---

　　① 参见林坚《关于"文化"概念的梳理和解读》，载《文化学刊》2013 年第 5 期，第 15－16 页。

学技术取得巨大进步、物质文化发展的日新月异，全社会对制度文化的规范作用和精神文化的引领作用提出了较以往更加强烈的需求。这时候，精神文化的引导作用和推动作用就变得十分重要，并逐渐居于文化发展的核心位置。到了这一阶段，不同文化层次的功能出现了相应的变化，我们可以这样重新定位：精神文化属于"根文化"，制度文化属于"干文化"，物质文化属于"叶文化"。这种类比性的文化分层较为形象地揭示出，在物质文化快速溢出、社会文化繁杂多变、异质文化冲击强烈的特定时期，精神文化的引领性和导向性已成为文化发展的根本和关键。或许可以说，当代中国社会的文化发展已经到了对精神文化产生强烈需求、并致力于创造精神文化的阶段。而本书立论的时代背景恰恰就是精神文化的重要性十分突出且需要精神文化引领社会发展的特定时期。

在对文化的内涵与结构进行阐释之后，接下来，我们可以对文化的特征做进一步分析，因为只有准确、全面地把握文化的内涵与特质，我们才有可能为文化传承与创新及传统文化教育打下正确的认知基础。基于这一认识，我们通过梳理前人的研究成果，大体可以看出文化具有以下主要特征。

首先，文化是整体性与层次性的统一。我国当代著名学者张岱年说过："文化既不是铁板一块、不可解析，也不是互不关联的成分的混合物，而是一个具有结构和整体功能的由许多复杂元素组成的系统。"[1] 确实如此，文化作为人类所创造的物质财富和精神财富的总和，它首先是一个整体，是一个宏大的、概括周延的系统。也正因为它是一个整体，我们才能够定义它、认识它，并使它以自身独有的属性与人类社会的其他要素区别开来。同时，它作为一个巨型系统，无疑又包含许多子系统，这些子系统有自身独特的内容和边界；而且各个子系统之间相互作用、相互推进，不断生发出不同维度、不同层面的文化面貌，从而呈现出前面所分析过的各种文

---

① 张岱年：《张岱年自传》，巴蜀书社 1993 年版，第 83 页。

化层次。因此，文化的层次性是非常突出的。

其次，文化是普遍性与多样性的统一。文化的普遍性主要体现为，无论哪一个国家和民族都有自己的文化，文化在人类社会中是一种普遍存在的必然现象。只要人类某一特定族群在历史发展中有所积累、有所进步，就一定伴随着文化的生成与沉淀。另外，文化的普遍性还体现在文化的结构要素中有许多因子是跨越各种界限而为人类所共知共享、普遍认同的，这就使不同文化之间的交流互渗成为可能。而文化的多样性则表现为，尽管从整体而言，文化是人类特定的共有现象，但不同国家或民族的文化却有明显差异，甚至在质性上呈现出鲜明的特色，从而形成风格多样的异质文化。而且，即使在同质文化的内部，也会受到地理环境、历史因革等诸多因素的影响而出现各具特征的地域文化；甚至还有主流文化、亚型文化、边缘文化等类型。因此，文化的多样性也是一种客观存在。可以说，文化的普遍性和多样性是对立统一的关系，文化因多样性而使世界丰富多彩，文化又因普遍性而成为人类共有的财富。

再次，文化是稳定性和开放性的统一。这一特征也可以表述为累积性与变革性的统一。历史已经证明，文化的形成是人类在长期进化过程中不断累积自身创造性成果的一种结果。没有长时期的、连续性的经验与成果的积累，人类文化就不可能形成。在这一进程中，文化的生成不断演绎着从量变到质变的进化规律；在多次循环往复之后，文化在某一特定历史阶段便有了质的规定性，从而便具有了某种程度的稳定性。正是因为有了这种稳定性，此文化才和彼文化区别开来，也才使文化传承具备了规定的内涵和外延。同时，文化又是开放的、不断变革的，这其实也是文化累积性的体现。累积不停止，变革就不停步；因为累积不是数量的简单增加，也不是旧有质素的重复叠入。如果是这样，文化的发展早就停滞不前了。因此文化累积呼唤文化变革，只有不断地进行文化创新，才能为文化累积持续注入新的内容。在两者的互动关系中，累积是变革的基础，变革是累积的结果。只有在变革中及时累积，同时又在累积中不断变革，人类文化才具备永恒发展的动力。

最后，文化是社会性与化育性的统一。文化具有社会性，一是指文化是人类社会独有的现象，这也是人区别于动物的重要标志。人创造了文化，人也被文化所创造，这样一种互动关系使人类超越动物而变得更加有智慧，同时也拥有了不断进步的内驱力。二是指文化的传承属于"社会遗传"，文化不是与生俱来的先天产物，而是人类后天的创造成果，后人对文化的习得也是在特定社会环境和条件下才能实现的过程。因此，文化作为"类的存在物"，必然与人类社会的创造与传承紧密相连。而文化的化育性特征则是文化社会性的自然衍生，因为当人被文化塑造的时候，文化的养成功能就得以全面显现。关于这一点，中国古代先贤们早有认识。《说苑·指武》载："凡武之兴，为不服也，文化不改，然后加诛。夫下愚不移，纯德之所不能化，而后武力加焉。"[①] 这段话就指出了文化不仅仅使人自觉接受它的影响，同时社会管理者还可以通过各种手段（包括环境营造、强力推动等）使人耳濡目染、潜移默化，在有形无形之中接受教育，使人不断地社会化、"文化"化，进而逐渐成为被特定文化"模塑"的社会人。当然，也正是文化"化育性"的存在，才使文化教育、文化养成成为可能。

综上所述，虽然文化系统十分宏大，文化概念复杂多义，但人类对文化的认识也日趋清晰。因为当文化发展经历一定时期而趋于成熟的时候，它总会以一种被历史"给定"的样态呈现在人们面前、充斥于人的生活并渗透进人的意识。尤其是当历史有了分期、地理有了疆域、人类有了族群和代际之后，文化也因这些因素而具备了相对完整和独立的存在形态。这种形态，从共时性看便是环境，从历时性看便是传统。而人类的今天总是从昨天走来，因此，文化作为传统自然也与人类如影随形。

德国文化学者兰德曼曾特别强调："人要成为全面的人，只有

---

① 刘向撰、向宗鲁校证：《说苑校证·指武》，中华书局1987年版，第380页。

生存于承担了传统的同类群体中。人的文化方面只能以这种方式发展。"① 可见，文化终归要随着时间的流逝而沉淀为"传统"，并成为塑造人、完善人的稳固而珍贵的元素。如前所述，这种元素包含了一切理论化和非理论化的具有稳定社会结构及被普遍认同的意识形态、思维方式和价值取向，以及由社会行为、道德伦理、规章礼仪等所构成的物质和精神成果的总和。所以，传统文化是一个具有历史延续性的范畴，它从历史中生成，却影响当下，面向未来。也就是说，传统文化于过去生成，在历史长河中发展，并以相对稳定的形式流传下来。它承载着一个民族的价值取向，影响着特定族群的生活方式，反映出某个民族的自我认同。因此，传统文化的形成与赓续，使得民族内部代与代之间、每个历史阶段之间保持着连续性与同一性，将他们连接在社会的根本结构之中，也铸就了一个社会自我更新、自我发展的密码，并为人类的生存与发展带来了秩序和意义。而且，我们每一代人进行的文化创造活动都不可能白手起家，不可能在"零基础"上起步。我们今天进行的每一项文化创造活动，以及由此所产生的新观点、新思想、新方法等新成果都受到传统文化的影响。完全可以说，对传统文化选择和依存的程度直接影响现代社会文化创造的效果。因此，传统文化以其对人类自身整个进化成果的积累，构成了当代人类思想文化不断进步的背景和前提。每一个在现实社会中生活的人，无论他如何特立独行，其实都可以找到其与传统的关联与契合。所以，传统的现代价值从来都不会被湮没。总之一句话：没有传统，就没有现代。

这里需要特别指出的是，在以往的研究中，人们使用"文化"这一概念时，大多将其作为一个名词来看待，即从静态层面来理解文化的内涵和意义。事实上，"文化"一词还可以作为动词，即从动态角度来把握和解释其意蕴。荷兰文化学者皮尔森在其《文化战

---

① ［德］兰德曼：《哲学人类学》，阎嘉译，贵州人民出版社 2006 年版，第 260 页。

略》一书中就认为"文化"不是名词，应该是一个动词。① 波兰学者高里科斯基指出：汉语中"复合词文—化表示以文的种种手段对社会所作的改变。化在这里就是改变、转化的意思"②。中国学者李德顺教授也认为，"'文化'概念的含义和本质，简言之就是'人化'和'化人'，即人类改造客观世界，将自然状态'人化'，同时又用其经验和成果来'化（哺育、教化）人'，提升人自己"③。综合以上观点，我们可以这样理解，将文化作为动词进行动态阐释，可以进一步拓宽文化的内涵和与文化相关的研究领域。基于此，本书论及的"传统文化教育"中的文化，既是名词，也是动词。作为名词，它便是教育内容，即通过教育手段将几千年来中华文明所积淀的优秀成果传递给一代代学生；作为动词，它便是教育目的，即运用中华优秀传统文化来化育学生，使学生在文化浸润中不断获得提升和完善，并最终成为被民族文化滋养的、堂堂正正的中国人。

二、中华优秀传统文化的时代内涵与现实价值

在对文化和传统文化这两个概念进行简要分析之后，我们再来认识中国传统文化和中华优秀传统文化，就有了必要的认知基础和逻辑前提。

一般而言，中国传统文化是中华文明史和国族史的产物，是中华民族历代先辈传承下来的包括思想观念、政治制度、社会伦理和物质财富在内的丰富遗产，是中华民族的先祖们在对人与自然、人与社会、人与人等各种关系进行探索和实践后形成的有形和无形的

---

① ［荷］皮尔森：《文化战略》，刘利奎等译，中国社会科学出版社1992年版，第28页。

② ［波］K. 高里科斯基：《中国人关于文化概念的演变》，罗非译，载《国外社会科学》1990年第9期，第50页。

③ 李德顺：《关于文化、先进文化及其前进方向》，载《思想政治工作研究》2004年第4期，第8页。

成果积累。中国传统文化历史悠久，它孕育于夏商，成熟于两周，定型于秦汉，繁荣于唐宋，转型于清末。从早期的原始社会到晚清的封建社会末期，上下五千年，其所蕴藏的人文精神、思想观念、社会伦理和制度规范等呈现出鲜明的民族特色，并每时每刻都在影响着中华子民，渗透于中国人民生活、生产、思维方式等方方面面，为一代又一代中华儿女的生命活动和社会实践提供深厚的历史背景和丰沛的历史资源。

可以说，源远流长的中国传统文化博大精深、包容浩瀚、内涵广杂。不过在历史长河中，中国人民祖祖辈辈都在对文化进行实践检验，再加上时间淘洗和社会选择，所以文化在不断地扩充"库容"的同时也在不断地得到反复验证和优选，以去其芜杂和腐朽，而留其精粹与光华，于是"中华优秀传统文化"（简称"优秀传统文化"）这一概念便应运而生。所以，中华优秀传统文化就是传统文化的精华所在。

那么，在纷繁复杂的文化体系中如何确立"优秀"？如何判断"精华"？找寻这一问题的答案是非常重要的，也是相当困难的。因为在不同的历史时期，由于社会思潮、民众心理、时代要求及统治阶级意志等因素的影响，人们对文化优劣的判断往往不尽相同。但同时，在跨越历史差异的维度上，也存在关于文化价值认知的共同趋势。正因为有这一趋势的存在，文化的"优胜劣汰"才成为每一个历史时期的共同现象，其优选后的许多成果也成为跨越历史时空的共识。

因此，我们认为，大体的"优秀"标准应该是存在的，以下几个方面或许可以成为"衡器"。

第一，稳定持久性。优秀传统文化是经过长时期的发展而被保留下来的文化精华，因其经历过较长时期的沉淀与延续，已经具备了较为稳定的形态，并能为历朝历代的人们所清晰认知。也正因为有了持续不变的稳定性，优秀传统文化才能长时间作用于社会及对人们产生持续影响，并逐渐深入人心，成为人们生活中、精神上无法抹去的持久底色。

第二，广泛人民性。优秀传统文化必须是立足于人民立场的文明成果，它应该符合最广大人民群众的利益和期待，并被全体人民深度认可和广泛接受。它产生于人民的实践，服务于人民的需要，又依靠人民传承与创新。所以，人民性是优秀传统文化的出发点、着力点和归宿。

第三，科学进步性。优秀传统文化的科学性体现在其经过长时间的实践检验并被证明是具有正确性、科学性和真理性的，它是人类进化过程中先进性成果的积累，不仅在其刚刚出现的时候具有合理价值，而且在以后的发展过程中一直产生着积极作用，始终是促进社会进步和民族发展的正向力量。

第四，现实指导性。优秀传统文化应该是具有永恒生命力的事物，虽然从时间属性上来看，它已成为"传统"，但它的"优秀"光芒却能始终映照现实。也就是说，优秀传统文化具有这样一种特质，它通过不同时代的转换和发展，总能焕发出一种关怀现实、指导现实的强大能量，因而能成为跨越时空限制、始终推动时代发展的持久动力。

基于上述认识，我们把中华优秀传统文化定义为：它是中国传统文化的精华，积淀着中华民族最深沉的精神追求，是中华民族独特的精神标识，为中华民族生生不息、发展壮大提供了丰厚滋养，符合最广大人民群众的利益和要求，长期产生积极作用和正面影响，是中国社会不断进步的精神沃土，是能够持续促进中华民族繁荣昌盛、永续发展的先进文化。

从上述定义可以看出，我们对中华优秀传统文化的认识主要着眼于精神层面和观念内涵，即那些能够为中国人铺就底色、凝练标识的思想内容。尽管在不同历史时期人们对优秀传统文化的概括不尽相同——即使是在同一时代，关于优秀传统文化的内涵判定也有诸多说法——但是从传承的角度尤其是教育的角度来看，中华优秀传统文化的内涵应该具备较为稳固的确定性，否则教育的展开与效度就无法保证。因为没有相对确定的知识体系，相关教育活动就难以实施。因此，既然本书的中心论题是中华优秀传统文化教育，就必须遵循教育规律并厘定中华优秀传统文化的内涵。

这是一个涉及全局且十分重要的问题，需要通过全面梳理和缜密思考才能确定答案。令人振奋的是，党十八大以来，党中央对传统文化传承发展的高度重视为这一问题的解决既创造了条件又打好了基础。2017 年，中共中央办公厅、国务院办公厅联合颁布《关于实施中华优秀传统文化传承发展工程的意见》①（简称《意见》），便为"中华优秀传统文化"的内涵提供了权威解释。

《意见》明确指出，中华优秀传统文化的主要内容涵盖三个方面，即核心思想理念、中华传统美德和中华人文精神。具体表述为：

> 核心思想理念。中华民族和中国人民在修齐治平、尊时守位、知常达变、开物成务、建功立业过程中培育和形成的基本思想理念，如革故鼎新、与时俱进的思想，脚踏实地、实事求是的思想，惠民利民、安民富民的思想，道法自然、天人合一的思想等，可以为人们认识和改造世界提供有益启迪，可以为治国理政提供有益借鉴。传承发展中华优秀传统文化，就要大力弘扬讲仁爱、重民本、守诚信、崇正义、尚和合、求大同等核心思想理念。
>
> 中华传统美德。中华优秀传统文化蕴含着丰富的道德理念和规范，如天下兴亡、匹夫有责的担当意识，精忠报国、振兴中华的爱国情怀，崇德向善、见贤思齐的社会风尚，孝悌忠信、礼义廉耻的荣辱观念，体现着评判是非曲直的价值标准，潜移默化地影响着中国人的行为方式。传承发展中华优秀传统

---

① 《关于实施中华优秀传统文化传承发展工程的意见》，见中国政府网：http：//www. gov. cn/zhengce/2017 - 01/25/content_5163472. htm （2017 - 01 - 25）　[2022 - 8 - 22]。

文化，就要大力弘扬自强不息、敬业乐群、扶危济困、见义勇为、孝老爱亲等中华传统美德。

中华人文精神。中华优秀传统文化积淀着多样、珍贵的精神财富，如求同存异、和而不同的处世方法，文以载道、以文化人的教化思想，形神兼备、情景交融的美学追求，俭约自守、中和泰和的生活理念等，是中国人民思想观念、风俗习惯、生活方式、情感样式的集中表达，滋养了独特丰富的文学艺术、科学技术、人文学术，至今仍然具有深刻影响。传承发展中华优秀传统文化，就要大力弘扬有利于促进社会和谐、鼓励人们向上向善的思想文化内容。

《意见》对中华优秀传统文化内涵的明确规定为传统文化的传承与发展提供了根本遵循。广大教育工作者应该准确深刻地领会《意见》精神，将优秀传统文化融入教育教学的全过程，尽早为青少年的美好人生打下鲜明的中国底色，为增强年轻学子的文化自信提供有力支撑。

第二节　中华优秀传统文化教育的顶层思考

《关于实施中华优秀传统文化传承发展工程的意见》指出："中国共产党在领导人民进行革命、建设、改革伟大实践中，自觉肩负起传承发展中华优秀传统文化的历史责任，是中华优秀传统文化的忠实继承者、弘扬者和建设者。"确实如此，纵观中国共产党的执政历史，历届领导集体核心都非常重视优秀传统文化，并出台相应的方针政策以推动文化传承与发展。

早在20世纪40年代，毛泽东同志就提出要在中国化马克思主义指导下批判地接受中国优秀传统文化并加以创新，"从孔夫子到孙中山我们应当给以总结，承继这一份珍贵的遗产"。① 到了 20 世纪五六十年代，毛泽东在不同场合阐述了文化的民族性、开放性和创造性等原则，并提出"古为今用、洋为今用""推陈出新"等著名命题。② 毛泽东提出的对待传统文化的这些重要原则，后来一直成为中国共产党人看待民族文化传统、开展文化建设的根本遵循。

作为党的第二代领导集体核心，邓小平完整地继承了毛泽东的文化主张。20 世纪 70 年代末，全社会都在清算"文革"遗毒，其中也涉及许多封建思想。对此，邓小平指出，在对待封建主义问题上，"要有实事求是的科学态度。要运用马克思列宁主义、毛泽东思想，对于封建主义遗毒的表现，进行具体的准确的如实的分析"③。在此基础上，邓小平进一步论述了新时期共产党人对待传统文化的正确态度。他认为，"洋为中用、古为今用"的方针依然是我们继承古今中外文化成果的立足点与根本目的。对待古今中外的文化成果，必须以历史唯物主义基本观点为武器，从当时的经济、政治和社会条件出发，分清哪些是精华，哪些是糟粕，哪些对我们今天仍有借鉴作用，哪些对今天有害无益。为此，他还提出了继承传统文化的"八字"方针——钻研、吸收、融化、发展。

新世纪前后，传统文化热潮在中国大地兴起并广泛蔓延。如何正确对待和吸收传统文化，不仅仅是当时广大国人高度关心的问题，也是事关中国特色社会主义文化建设乃至整个现代化建设的重大问题。作为中国共产党第三代领导集体核心，江泽民继承毛泽东、邓小平关于正确认识和对待中国传统文化的主张，进一步强调"对民族传统文化要坚持辩证的态度，实行批判继承，取其精华、去其糟粕"。他说："我们民族历经沧桑，创造了人类发展史上灿烂的中华文明，形成了具有强大生命力的传统文化。我们要取其精

---

① 毛泽东：《毛泽东选集》第 2 卷，人民出版社 1991 年，第 534 页。
② 毛泽东：《毛泽东书信选集》，中央文献出版社 2003 年版，第 558 页。
③ 邓小平：《邓小平文选》第 2 卷，人民出版社 1994 年版，第 335 页。

华，去其糟粕，很好地继承这一珍贵的文化遗产。"① 为此，他在多个场合强调："必须继承和发扬民族优秀文化传统而又充分体现社会主义时代精神，立足本国而又充分吸收世界文化优秀成果，不允许搞民族虚无主义和全盘西化。"② 江泽民的这些论述，进一步丰富了中国共产党人关于弘扬传统文化的理论。

进入新世纪以后，随着中国经济的高速发展，提升文化软实力的重要性也日渐突出。因此，如何继承中国传统文化中的优秀思想，进而在当代条件下创造社会主义先进文化，就成为中国共产党的领导层高度关注的问题。对此，胡锦涛多次指出：中国优秀传统文化具有强大的生命力和凝聚力，是国家统一和民族团结的精神纽带。"中华文化是中华民族生生不息、团结奋进的不竭动力。"③ "优秀传统文化是中华民族的宝贵精神财富，是发展社会主义先进文化的深厚基础。"④ 胡锦涛强调，中国优秀传统文化是社会主义文化建设的根源，因此要"坚持古为今用、推陈出新，大力发扬中华文化的优秀传统"⑤。胡锦涛将中国传统文化中的精髓思想与社会主义文化建设结合起来，把中国历史长期发展形成的文化传统当作中国民族特色发展道路的历史依据。胡锦涛提出的科学发展观、构建社会主义和谐社会等重大战略思想，既继承了中国传统文化中的"民本理念""和合理念"的合理内核，又抛弃了这些思想的阶级外壳，达到了对中国传统文化发展的继承性和创新性的统一。

党的十八大以来，以习近平为核心的党中央高度重视中华优秀传统文化，前所未有地展示了推动文化兴盛的强大决心和坚强意

---

① 中共中央政策研究室：《江泽民论社会主义精神文明建设》，中央文献出版社1999年版，第228页。

② 江泽民：《江泽民文选》第1卷，人民出版社2006年版，第158页。

③ 《高举中国特色社会主义伟大旗帜 为夺取全面建设小康社会新胜利而奋斗：胡锦涛同志代表第十六届中央委员会向大会作的报告摘登》，载《人民日报》2007年10月16日，第4版。

④ 《胡锦涛总书记致信祝贺中华书局成立100周年》，载《人民日报》2012年3月23日，第1版。

⑤ 胡锦涛：《胡锦涛文选》第2卷，人民出版社2016年版，第539页。

志。十年来，习近平就传统文化的继承、创新与发展发表了一系列重要讲话。他不仅深刻阐发了传统文化的主要内涵，精辟概括了传统文化的时代价值，而且将优秀传统文化与当代治国理政有机结合，在一个具有全局性、战略性和顶层性的高度提供了"传统文化的现代转换"的成功范例。可以说，习近平在掌舵领航的伟大实践中，逐步形成了自己科学而系统的传统文化观。这一思想不仅有力地强化了民族认同、凝聚了民族意识、增强了文化自信，而且为中华民族的伟大复兴以及人类命运共同体的构建提供了强大的精神力量。

而优秀传统文化教育思想则是习近平传统文化观的重要组成部分。习近平指出："优秀传统文化是一个国家、一个民族传承和发展的根本，如果丢掉了，就割断了精神命脉。""不忘历史才能开辟未来，善于继承才能善于创新。""只有坚持从历史走向未来，从延续民族文化血脉中开拓前进，我们才能做好今天的事业。"因此，要加强对中华优秀传统文化的挖掘和阐发，"努力实现中华传统美德的创造性转化、创新性发展"。① 而要延续文化血脉、传承精神命脉，实现优秀传统文化的"双创"，教育就是一条极其重要的途径。所以，如何通过教育实现中华优秀传统文化的传承与发展，自然而然地成为新时代的重要命题。对此，习近平从学校、家庭、社会三个维度精辟阐述了优秀传统文化教育的意义、路径和方法，为有效开展中华优秀传统文化教育提供了根本遵循。

一、学校维度

十年来，习近平多次走进大中小学，在考察学校和与师生座谈的过程中提出了诸多关于教育改革、学校使命、青少年成长的重要

---

① 习近平：《在纪念孔子诞辰 2565 周年国际学术研讨会暨国际儒学联合会第五届会员大会开幕会上的讲话》，载《人民日报》2014 年 9 月 25 日，第 2 版。

观点，并特别指出："我们的教育改革要坚持文化自信。"① 要求学校成为传承中华优秀传统文化的主阵地，尽早为青少年的美好人生打下鲜明的中国底色，并通过构建学生的文化自信和培育学生的社会主义核心价值观等途径实现"立德树人"的根本宗旨。为此，学校要将中华优秀传统文化教育贯穿整个国民教育系列，覆盖学校教育的每个对象，融入教育教学的每个环节。而其中的关键点是两项建设，即教材体系建设和师资队伍建设。

（一）教材体系建设

学校人才培养一般来说涉及"教什么""教给谁""如何教"等问题，而这些问题都和教材建设密切相关。事实上，教材编写不仅仅是人类经验和学术成果的专业性展现，同时也是文化权力和国家意志的直接体现，因为教材内容必须与国家主导下的人才培养目标、规格、类型相一致。党的十八大以来，以习近平为核心的党中央高度重视教材建设，明确指出教材建设是国家事权，必须纳入党中央的统一领导，必须体现党和国家意志，体现国家和民族的基本价值观，坚持扎根中国大地，努力站稳中国立场。习近平同志为此在多个场合发表重要讲话，表达了对教材建设问题的高度关切。

2014年9月9日，习近平视察北京师范大学，专门谈到教材编写工作："我很不赞成把中国古代经典诗词和散文从课本中去掉，'去中国化'是很悲哀的。应该把这些经典嵌在学生脑子里，成为中华民族文化的基因。"基于此，习近平要求中小学教材高度重视中华优秀传统文化的传承与教育："古诗文经典已融入中华民族的血脉，成了我们的基因。我们现在一说话就蹦出来的那些东西，都是小时候记下的。语文课应该学古诗文经典，把中华民族优秀传统

---

① 习近平：《全面贯彻落实党的教育方针 努力把我国基础教育越办越好》，载《人民日报》2016年9月10日，第1版。

文化不断传承下去。"① 2016 年 5 月，习近平在哲学社会科学工作座谈会上的讲话中再次明确提出"要抓好教材体系建设，形成适应中国特色社会主义发展要求、立足国际学术前沿、门类齐全的哲学社会科学教材体系"，而要达成这一目标，首先就要"体现继承性、民族性"，要融通中华优秀传统文化资源，因为"中华民族有着深厚文化传统，形成了富有特色的思想体系，体现了中国人几千年来积累的知识智慧和理性思辨。这是我国的独特优势"，"绵延几千年的中华文化，是中国特色哲学社会科学成长发展的深厚基础"。② 在习近平看来，教材建设千万不能忽视对历史资源的继承，要充分挖掘优秀传统文化的独特优势。2020 年 11 月，在人民教育出版社成立 70 周年之际，习近平还专门给该社老同志回信，向该社的全体同志致以问候，对教材编研出版工作提出殷切期望。希望人民教育出版社坚持正确政治方向，弘扬优良传统，推进改革创新，紧紧围绕立德树人的根本宗旨，用心打造培根铸魂、启智增慧的精品教材，为培养德智体美劳全面发展的社会主义建设者和接班人、建设教育强国作出新的更大贡献。

　　由上可以看出，习近平在高度重视教材建设的同时，尤其希望教材编写能够充分吸取中华文明五千多年发展过程中积累的优秀成果，并成为中华优秀传统文化教育的重要载体。正是在以习近平为核心的党中央的大力倡导下，近几年来教材体系建设获得了重要进展。教育部于 2019 年特地颁布了《中小学教材管理办法》《职业院校教材管理办法》《普通高等学校教材管理办法》等一系列文件，进一步强化和规范教材管理。普通高等学校"马克思主义理论研究与建设工程重点教材"建设于 2014 年启动，至今成效十分显著；义务教育阶段的语文、历史、道德与法治三科统编教材也于 2017

---

① 习近平：《做党和人民满意的好老师：同北京师范大学师生代表座谈时的讲话》，人民出版社 2014 年版，第 4 页。
② 习近平：《在哲学社会科学工作座谈会上的讲话》，载《人民日报》2016 年 5 月 19 日，第 2 版。

年在全国统一使用。这些举措，无疑大大推动了中华优秀传统文化教育向纵深发展。

（二）师资队伍建设

百年大计，教育为本；教育大计，教师为本。教师是教育事业发展的第一资源，承担着传授知识、传承文明、传播真理的历史使命，肩负着塑造灵魂、铸造生命、培育新人的时代重任，是国家富强、民族振兴、人民幸福的重要支撑力量。两千余年前的荀子就已旗帜鲜明地提出教师与国家兴衰的关系："国将兴，必贵师而重傅；贵师而重傅，则法度存。"（《荀子·大略》）作为带领人民走向民族复兴的大国领袖，习近平历来尊师重教，高度重视师资队伍建设。早在 2013 年教师节前夕，习近平在致全国广大教师的慰问信中就指出："教师是立教之本、兴教之源"，并号召"全社会要大力弘扬尊师重教的良好风尚，使教师成为最受社会尊重的职业"。① 2014 年 9 月，习近平在考察北京师范大学时再次指出："教师是人类历史上最古老的职业之一，也是最伟大、最神圣的职业之一"，因此，全社会应"广泛了解教师工作的重要性和特殊性，让尊师重教蔚然成风"。② 十年来，习近平多次深入学校考察、看望慰问教师、与师生深度交谈，以自己亲力亲为的行动，将教师地位提升到特别重要的高度，充分体现了共产党人立教兴国、师为教本的治国方略，也充分彰显出习近平从中华民族五千年文明中传承而来的尊师重教的传统美德。

鉴于教师在民族复兴大业中的重要地位，习近平对教师提出了殷殷嘱托和深深期许。从教师发展的角度，习近平要求教师"有理

---

① 《习近平向全国广大教师致慰问信》，载《人民日报》2013 年 9 月 10 日，第 1 版。

② 习近平：《做党和人民满意的好老师：同北京师范大学师生代表座谈时的讲话》，人民出版社 2014 年版，第 3 页。

想信念、有道德情操、有扎实学识、有仁爱之心"①。这是新时代好教师的标准，是对"学高为师、身正为范"这一传统教师准则的提升和深化。这一标准将信念坚定、师德优良摆在教师从业的更高位置，从而更有助于引导教师顺利完成立德树人的根本任务。从学生成长的角度，习近平要求教师"做学生锤炼品格的引路人，做学生学习知识的引路人，做学生创新思维的引路人，做学生奉献祖国的引路人"②。这一论述进一步明确了教师作为"引路者"的导向作用，以及教师应该如何根据学生的发展维度去开展教育教学工作，去为学生开拓一条将自身成长与奉献社会相结合的正确道路。从教师工作的整体性角度，习近平要求教师"坚持教书和育人相统一，坚持言传和身教相统一，坚持潜心问道和关注社会相统一，坚持学术自由和学术规范相统一"③。教书育人是教师职业的主要内容，言传身教是教师工作的主要方式，研学问道是教师从业的基本素养，关注社会是时代赋予教师的崭新要求。这四个方面最终统一于培养中国特色社会主义事业合格建设者和可靠接班人的实践过程中，可以说是教师从教的最新规范。

上述"四有""四人""四统一"集中体现了习近平对教师队伍建设的总体要求，展现了习近平尊师爱师的深厚情怀。具体到传统文化教育，习近平的期待同样深切。2016 年 12 月，习近平在全国高校思想政治工作会议上指出："传道者自己首先要明道、信道。高校教师要坚持教育者先受教育，努力成为先进思想文化的传播者、党执政的坚定支持者，更好担起学生健康成长指导者和引路人

---

① 习近平：《做党和人民满意的好老师：同北京师范大学师生代表座谈时的讲话》，人民出版社 2014 年版，第 5 页。

② 《全面贯彻落实党的教育方针，努力把我国基础教育越办越好》，载《人民日报》2016 年 9 月 10 日，第 1 版。

③ 《习近平在全国高校思想政治工作会议上强调：把思想政治工作贯穿教育教学全过程 开创我国高等教育事业发展新局面》，载《人民日报》2016 年 12 月 9 日，第 1 版。

的责任。"① 2018年9月，习近平在全国教育大会上再次强调："教师是人类灵魂的工程师，是人类文明的传承者。"② 中华优秀传统文化就是人类文明的重要内容和先进思想文化的重要组成部分，因而，传播与弘扬中华优秀传统文化是教师义不容辞的责任。为此，教师在履行文化传承的职责时，自己首先就应该是优秀文化的研习者和掌握者。具体来说，就是教师应该认识到传承中华优秀传统文化是国家赋予自身的重要使命，是体现国家意志的职责担当。因此，教师应有正确的历史观和文化观，应有坚定的文化自信，要始终坚持立德树人、以文化人的教育宗旨，全面准确掌握中华优秀传统文化的主要内涵和传承规律，尽早为学生的生命铺上绚烂的中国色彩。

二、家庭维度

习近平从小就生活在一个传统文化氛围浓厚的家庭，他的父亲习仲勋、母亲齐心非常重视用优秀传统文化来教育子女，并培育出了从严教子、艰苦朴素、诗礼传家的优良家风。习近平曾经深情回忆了这样一件事："我从小就看我妈妈给我买的小人书《岳飞传》，有十几本，其中一本就是讲'岳母刺字'，精忠报国在我脑海中留下的印象很深。"③ 由此可见，中华优秀传统文化很早就在习近平的心中扎下了根，并一直影响着他此后的成长，他也从中深深感受到家庭在个人教育、文化传承中的重要作用。因此，中华优秀传统文化教育就绝不能少了家庭教育这一关键性环节。

---

① 《习近平在全国高校思想政治工作会议上强调：把思想政治工作贯穿教育教学全过程 开创我国高等教育事业发展新局面》，载《人民日报》2016年12月9日，第1版。

② 《习近平：坚持中国特色社会主义教育发展道路 培养德智体美劳全面发展的社会主义坚设者和接班人》，载《人民日报》2018年9月11日，第1版。

③ 习近平：《在会见第一届全国文明家庭代表时的讲话》，载《人民日报》2016年12月16日，第2版。

　　作为党和国家的最高领导人，习近平对家庭教育重要性的论述，更多的是站在强国兴邦的战略高度展开的。他指出：家庭"是社会的基本细胞"，是"国家发展、民族进步、社会和谐的重要基点"，"家庭和睦则社会安定，家庭幸福则社会祥和，家庭文明则社会文明。历史和现实告诉我们，家庭的前途命运同国家和民族的前途命运紧密相连。国家富强，民族复兴，人民幸福，不是抽象的，最终要体现在千千万万个家庭都幸福美满上，体现在亿万人民生活不断改善上。"在这里，习近平高屋建瓴地分析了家庭幸福与社会进步、国家富强的相互关系，明确了家庭在三者互动中的"基点"作用。在此基础上，习近平进一步阐述了家庭对个人成长发展、对社会稳定安宁所产生的深远影响："无论时代如何变化，无论经济社会如何发展，对一个社会来说，家庭的生活依托都不可替代，家庭的社会功能都不可替代，家庭的文明作用都不可替代。"① 自古以来，中国人的生活习惯主要就是以家庭为单位"聚族而居"，家庭既是一个人的人生起点，也是一个人"梦想启航的地方"，更是一个人终生的灵魂栖息之所。若从教育的角度来说，家庭是人生的第一个课堂，父母是孩子的第一任老师，也是任期最长的"班主任"。因此，家庭教育搞好了，个人成长就有了良好起点，家庭幸福就有了基本保障。而"千家万户都好，国家才能好，民族才能好"。所以，"不论时代发生多大变化，不论生活格局发生多大变化，我们都要重视家庭建设，注重家庭、注重家教、注重家风"②。只有每一个家庭都承担起"帮助孩子扣好人生的第一粒扣子，迈好人生的第一个台阶"的重担，个人才有可能成为有用之才，家庭才有可能成为社会稳定的基石，国家富强与民族振兴才有了强有力的后盾。

---

　　① 习近平：《在会见第一届全国文明家庭代表时的讲话》，载《人民日报》2016年12月16日，第2版。
　　② 《中共中央国务院举行春节团拜会 习近平发表重要讲话》，载《人民日报》2015年2月18日，第1版。

基于此，习近平明确要求各级党委和政府要把家庭文明建设摆在社会治理的突出位置，并当作一项长期性、系统性的任务来抓；同时要求各级工会、共青团、妇联等群众团体以及精神文明建设相关职能部门，发挥各自优势，积极组织开展家庭文明建设活动，最终使家庭文明建设成为全社会的共识。那么，家庭文明建设的主要内涵是什么？如何发挥家庭在优秀传统文化教育中的特殊作用？对此问题，古人曾说"爱子，教之以义方"，"爱之不以道，适所以害之也"。也就是说，如果父母爱护子女，就应该以"道"和"义"来化育他们。作为深受传统文化影响的大国领袖，习近平对此也做出了自己的历史性回答："尊老爱幼、妻贤夫安，母慈子孝、兄友弟恭，耕读传家、勤俭持家，知书达礼、遵纪守法，家和万事兴等中华民族传统家庭美德，铭记在中国人的心灵中，融入中国人的血脉中，是支撑中华民族生生不息、薪火相传的重要精神力量，是家庭文明建设的宝贵精神财富。"家庭"要积极传播中华民族传统美德，传递尊老爱幼、男女平等、夫妻和睦、勤俭持家、邻里团结的观念，倡导忠诚、责任、亲情、学习、公益的理念，推动人们在为家庭谋幸福、为他人送温暖、为社会作贡献的过程中提高精神境界、培育文明风尚"。① 由上看出，习近平所要强调的是，建设社会主义家庭文明就是要把传统家庭美德作为核心内容，并赋予其崭新的时代意义；就是要用优秀传统文化引领社会主义家庭文明建设，并成为家庭文明的精神内核，通过对家庭成员的持久浸润和滋养，使每一个家庭都形成崇德尚善的浓厚氛围，树立健康向上的良好家风，最终将家庭梦的实现融入民族梦的追求之中，进而凝聚成中华民族伟大复兴的磅礴力量。

至于如何在家庭中有效开展传统美德教育，习近平主要从三个方面给出了指导性意见。一是要从小抓起，尽快尽早让孩子接受良好的品德熏染。习近平说："应该把美好的道德观念从小就传递给

---

① 习近平：《在会见第一届全国文明家庭代表时的讲话》，载《人民日报》2016年12月16日，第2版。

孩子，引导他们有做人的气节和骨气，帮助他们形成美好心灵，促使他们健康成长，长大后成为对国家和人民有用的人。"① 从早期教育的角度看，孩子从出生那一刻起就受到父母的影响，可以说，家庭教育从那时就开始了。而0—6岁往往是一个孩子成长的关键期，期间受到什么样的教育，他很可能就会成为什么样的人。因此，尽早让孩子获得优秀文化的熏陶、优良品德的规约，就能促使孩子更顺利、更稳定地健康成长。二是要言传身教，父母要做孩子传承文明的引领者和示范者。习近平指出："广大家庭都要重言传、重身教，教知识、育品德，身体力行、耳濡目染，帮助孩子扣好人生的第一粒扣子，迈好人生的第一个台阶。"② "家长要时时处处给孩子做榜样，用正确行动、正确思想、正确方法教育引导孩子。"③这里，习近平对家庭教育中父母要"重身教""做榜样"的强调，精准揭示出家庭教育的特殊规律，那就是父母的言行举止在家庭中对孩子的影响是最深刻而持久的。因此，父母如果能在立德修身、正心正念方面以身作则，时时刻刻成为孩子的学习榜样，那么孩子在人生的起步阶段就拥有了最值得信赖的良师，他的人生旅程就获得了重要保障。三是要培育优良家风，在家庭中形成以文化人、以德育人的浓厚氛围。众所周知，家风是一个家庭长久形成的、稳定有效的影响机制，它有时表现为代际传承的家规家训，有时表现为长幼有序、相敬相亲的家庭关系。一个家庭如果形成了优良家风，家庭成员就拥有了良好的生活环境和发展助力，进而就能够为社会进步提供绵绵不断的正能量。因此，习近平明确指出："家风是社会风气的重要组成部分。家庭不只是人们身体的住处，更是人们心灵的归宿。""家风好，就能家道兴盛、和顺美满；家风差，难免殃

---

① 习近平：《在会见第一届全国文明家庭代表时的讲话》，载《人民日报》2016年12月16日，第2版。

② 习近平：《在会见第一届全国文明家庭代表时的讲话》，载《人民日报》2016年12月16日，第2版。

③ 习近平：《从小积极培育和践行社会主义核心价值观》，载《人民日报》2014年5月31日，第2版。

及子孙、贻害社会，正所谓'积善之家，必有余庆；积不善之家，必有余殃'。"① 在习近平看来，当今社会之所以出现一些道德失范、良知失位、伦理失序的怪象，很大一部分应归因于家风缺失、家教失败。因此，要"大力弘扬中华民族优秀传统文化，大力加强党风政风、社风家风建设，特别是要让中华民族文化基因在广大青少年心中生根发芽"②。通过弘扬优秀传统文化，培育传统家庭美德，持续促进家风建设；优良家风形成后又反过来推动家庭成为传播文明、传承美德的温床，使优秀传统文化在后辈心中生根发芽，从而使民族文化基因代代相传；由此形成家教实施与家风培育的良性循环，最大限度地发挥家庭在传统文化教育中的特殊作用。

三、社会维度

从教育学角度来说，与学校、家庭相应的社会维度，主要是指国家和政府主导下的社会组织、社会行为和社会风气。目前比较一致的看法是，一个人一生所受的教育主要包括四个方面，即家庭教育、学校教育、社会教育和自我教育。每一个人因各自的生活经历不同，四种教育对其影响的程度也各有差异，但大体而言，家庭教育所占的比重较大，其他三种教育的作用也十分明显。社会教育作为人类教育的重要组成部分，历来受到人们的高度重视。习近平作为统揽全局的大国领袖，自然更加深切地体会到社会治理在文化传播、文明传承中的独特作用，因而多次强调要全党动手，全民参与，在全社会形成传承优秀传统文化的格局。其中，习近平尤其重视两个方面的工作。

一是加大宣传教育力度。宣传思想工作是意识形态建设的重要

---

① 习近平：《在会见第一届全国文明家庭代表时的讲话》，载《人民日报》2016 年 12 月 16 日，第 2 版。
② 《人民有信仰民族有希望国家有力量 锲而不舍抓好社会主义精神文明建设》，载《人民日报》2015 年 3 月 1 日，第 1 版。

组成部分，事关社会和谐稳定的大局，事关民族凝聚力和向心力的构建，是治国理政、定国安邦的大事，因而一直成为党和国家十分重视的一项治国方略。在担任总书记的第二年，习近平就在全国宣传思想工作会议上指出："意识形态工作是党的一项极端重要的工作。"作为意识形态工作重要组成部分的宣传思想工作，"一定要把围绕中心、服务大局作为基本职责，胸怀大局、把握大势、着眼大事，找准工作切入点和着力点，做到因势而谋、应势而动、顺势而为"①。而在新形势下，宣传思想工作的一项重要任务就是"讲好中国故事，传播好中国声音"。在习近平的宣传思想中，中华优秀传统文化就是中国故事的精神内核，所以要讲好中国故事，就必须首先讲好博大精深的中华文化故事。对此，习近平用四个"讲清楚"作了具体阐述："要讲清楚每个国家和民族的历史传统、文化积淀、基本国情不同，其发展道路必然有着自己的特色；讲清楚中华文化积淀着中华民族最深沉的精神追求，是中华民族生生不息、发展壮大的丰厚滋养；讲清楚中华优秀传统文化是中华民族的突出优势，是我们最深厚的文化软实力；讲清楚中国特色社会主义植根于中华文化沃土、反映中国人民意愿、适应中国和时代发展进步要求，有着深厚历史渊源和广泛现实基础。"② 这四个"讲清楚"一旦落实到位，就是对中华优秀传统文化的最好宣传和普及，就是对全社会开展的一次既重点突出又全面系统的传统文化教育。2018年，还是在全国宣传思想工作会议上，习近平再次强调："做好新形势下宣传思想工作，必须自觉承担起举旗帜、聚民心、育新人、兴文化、展形象的使命任务。"而"兴文化，就是要坚持中国特色社会主义文化发展道路，推动中华优秀传统文化创造性转化、创新性发展，继承革命文化，发展社会主义先进文化，激发全民族文化

---

　　① 习近平：《胸怀大局把握大势着眼大事 努力把宣传思想工作做得更好》，人民日报 2013 年 8 月 21 日，第 1 版。
　　② 习近平：《胸怀大局把握大势着眼大事 努力把宣传思想工作做得更好》，人民日报 2013 年 8 月 21 日，第 1 版。

创新创造活力，建设社会主义文化强国。""坚持文化自信是更基础、更广泛、更深厚的自信，是更基本、更深沉、更持久的力量。"① 在这里，习近平将"兴文化"这一历史使命再次赋予宣传思想工作，并要求其"推动中华优秀传统文化创造性转化、创新性发展"，持续为构建文化自信助力，这就使传统文化教育能够插上宣传思想工作的双翼，飞扬至社会与人心的广袤空间。

习近平自己就是中华优秀传统文化最好的宣传者，是讲述中国故事的第一等高手。据不完全统计，担任总书记以来，习近平已数十次在不同场合谈及优秀传统文化的传承、发展与教育。从政治局集体学习纵论传统文化与国家软实力，到在北京师范大学考察时明确反对"去中国化"；从在孔子故乡曲阜参观孔府和孔子研究院，到与国学泰斗汤一介促膝长谈；从在孔子诞生纪念大会上推崇儒学，到与人大代表团讨论时强调要学习先贤的知行合一；从在出访活动中阐释中华文明与海外文明的交流互鉴，到在万米高空的专机上倡导学古诗文经典；从在中央党校作报告时要求党员干部带头学习优秀传统文化，到在哲学社会科学座谈会上倡导传承民族基因；等等。在上述种种场合，习近平用清新朴实的语言、优美生动的文字、深入浅出的内容、明白易懂的道理，展示了人民领袖对优秀传统文化的高度礼敬和深刻理解，表现了时代智者的丰厚学养和深厚功力，展现了改革舵手的人文情怀和扎实作风。

在以习近平为核心的党中央领导下，近年来的宣传思想战线对中华优秀传统文化的传播采取了许多切实有效的措施。一是开展融媒体建设，整合媒体力量，统筹宣传渠道，综合运用报纸、书刊、电台、电视台、互联网站以及自媒体等各类载体，加大优秀传统文化宣传的力度，拓宽优秀传统文化宣传的广度。二是丰富宣传路径，创新表达方式，全方位地展现中华文化魅力。如通过《百家讲坛》《中华诗词大赛》《典籍里的中国》等专题节目，以人们喜闻

---

① 《举旗帜聚民心育新人兴文化展形象 更好完成新形势下宣传思想工作使命任务》，载《人民日报》2018年8月22日，第2版。

乐见、通俗易懂的方式向大众宣传优秀传统文化。三是推动乡规民约的改进与完善，将优秀传统文化思想理念体现在社会规范中，与制定市民公约、村民行为规范、学生守则、职业道德、行业规章、团体章程等相结合。上述各种宣传措施和思想教育方法，使传统文化教育的可接受度和易参与性都大大增强；传播方式的寓教于乐、丰富多样，更使优秀传统文化变得可亲可近，从而使广大民众对优秀传统文化的认知和掌握程度达到了一个全新的高度，全体国民的国家认同、民族认同、文化认同等三个方面的意识都得到了明显的巩固和提升。

二是强化党员干部的示范作用。如果说通过宣传思想工作向全社会传播优秀传统文化指向面上的普及，那么，抓住党员干部这一群体，发挥他们在传统文化教育方面的示范引领作用，则是追求一种点上的突破。历史已经证明，在长时期带领中国人民进行革命、建设、改革的伟大实践中，中国共产党人始终是中华优秀传统文化的忠实继承者、弘扬者和践行者。可以说，自觉地继承与弘扬中华优秀传统文化已成为中国共产党的优良传统，也充分彰显出共产党人的使命意识与责任担当。习近平作为党的最高领导人，自然是这一优良传统的忠实继承者和优秀实践者，因此，习近平十分重视党员领导干部这一"关键少数"在传承优秀传统文化方面的示范作用，并从多方面提出了具体要求。

早在 2008 年担任中央党校校长的时候，习近平就在春季进修班开学典礼上要求"各级领导干部都应当结合时代要求继承和发扬中华民族优秀文化传统，自重、自省、自警、自励，不断增强是非面前的辨别能力、诱惑面前的自控能力、警示面前的醒悟能力，不断提高慎权、慎独、慎微、慎友的自觉性"①。2009 年，在同样的场合习近平依然强调："传统文化中的许多优秀典籍，蕴涵着做人做事和治国理政的道理。领导干部要通过研读优秀传统文化书籍，

① 习近平：《党员干部要认认真真学习、老老实实做人、干干净净干事》，载《学习时报》2008 年 5 月 13 日，第 2 版。

不断提高人文素养和精神境界。"① 这两段话包含着习近平对领导干部的深切嘱托，他殷切期望党员干部要从优秀传统文化中学会修身正己，慎重行使权力，以此提升道德素养，增强工作本领，更好地为人民服务。2013 年，习近平又一次来到中央党校，对前来学习的省部级以上领导干部再次发出明确指示："中国传统文化，领导干部也要学习，以学益智，以学修身。中国传统文化博大精深，学习和掌握其中的各种思想精华，对树立正确的世界观、人生观、价值观很有益处。"② 在习近平看来，作为党员领导干部，手中握有党和人民赋予的重大权力，理应对自己的民族文化传统充满敬畏和认同，因为中华优秀传统文化所包含的人文精神、思想理念和道德观念至今都具有强大的生命力，对当下的社会治理、干部队伍建设以及个人品德养成依然具有十分重要的借鉴意义。党员干部完全能够从中吸取从政为官的各种营养，从而不断提升自身的道德素养和执政能力。同时，党员干部经过组织多年培养，综合素质和社会影响都比较突出，是党的各项事业的领导者和关键执行者，是执政兴国的骨干力量，应当在各方面发挥带头、引领和示范作用，因为"榜样的力量是无穷的"。正如古人所言："政者，正也。子帅以正，孰敢不正？""风成于上，俗化于下。" 只有为官从政者率先垂范、以身作则，重视对中华优秀传统文化的传承和弘扬，社会才会上行下效，在全党全社会产生巨大的示范效应，从而推动传统文化教育全面铺开，最终实现优秀传统文化的创造性转化和创新性发展。

综上所述，习近平站在中华民族伟大复兴的战略高度，运用系统改革思维和发展理念，构建了学校、家庭、社会三维联动的传统文化教育格局和长效运行机制。习近平关于传统文化教育的一系列

---

① 习近平：《在中央党校春季进修班暨专题研讨班开学典礼上的讲话》，载《学习时报》2009 年 5 月 18 日，第 2 版。

② 习近平：《习近平总书记重要讲话文章选编》，中共中央文献出版社 2016 年版，第 35 页。

重要讲话，极大地丰富了新时代中国特色社会主义教育思想，也是当代中国文化传承与创新的重要思想指南。正是在习近平的高度重视、亲自擘画、亲身引领下，中华优秀传统文化的传承发展不断向纵深发展，各级党委政府和相关职能部门都下大力气推动文化建设，一系列关于传统文化传承发展的政策文件也相继出台，中华优秀传统文化迎来了无比光明的前景。

第三节　中华优秀传统文化教育的政策演进

以《关于实施中华优秀传统文化传承发展工程的意见》的发布为标志，传统文化的传承发展已上升为国家工程。这不仅仅是中国社会持续已久的"国学热"的民心提炼，也是新一代党中央治国理政纲领的重要宣示。

资料显示，改革开放以来，国家政策文件中明确提出开展传统文化教育是在 1993 年。当年中共中央、国务院印发的《中国教育改革和发展纲要》（中发〔1993〕3 号）指出："要重视对学生进行中国优秀文化传统教育。"1995 年，《中华人民共和国教育法》颁布，其中第七条规定："教育应当继承和弘扬中华优秀传统文化、革命文化、社会主义先进文化，吸收人类文明发展的一切优秀成果。"1999 年颁布的《中共中央 国务院关于深化教育改革全面推进素质教育的决定》（中发〔1999〕9 号）则强调"要有针对性地开展爱国主义、集体主义和社会主义教育，中华民族优秀文化传统和革命传统教育，理想、伦理道德以及文明习惯养成教育"。综合上述文件的相关表述可以看出，国家已赋予传统文化教育以明确的法理地位。

21 世纪，随着全民"国学热"的兴起与持续，对国家政策的指导性需求也日趋强烈。相应的，从 2000 年到 2021 年 12 月，中共中央、国务院及各部、委、办共颁发了 45 个与中华优秀传统文化相关的政策文件。① 尤其是中国共产党第十八次全国代表大会以来，以习近平为核心的党中央高度重视中华优秀传统文化的继承和创新，出台的系列政策文件更具指导性和针对性。这些文件从不同层次、不同角度对中华优秀传统文化教育提出了不同要求，为中华优秀传统文化的有效开展和规范推进提供了有力的政策保障。在党中央的领导下，各级党委和政府更加自觉、更加主动地推动中华优秀传统文化的传承发展，开展了一系列创新而富有成效的工作，有力地增强了中华优秀传统文化的凝聚力、影响力、创造力。具体说来，以下这些文件精神值得重点关注。

2004 年，中共中央、国务院颁布《关于进一步加强和改进未成年人思想道德建设的若干意见》（中发〔2004〕8 号），强调要对青少年进行"中华民族精神教育""中华传统美德教育""中华民族优良传统教育"。这是从传统文化中挖掘民族精神和传统美德，进而系统性地对未成年人开展思想道德教育的一份专门性文件，其中的相关概括已展现出对传统文化优秀内涵的深度把握。2006 年 9 月，中共中央、国务院将"中华优秀传统文化教育"列为《国家"十一五"时期文化发展规划纲要》的重要内容，期望通过五年规划进一步夯实传统文化教育的基础。这是首次在国家五年计划中从文化发展的高度推动优秀传统文化教育的落实。

2013 年 11 月，中国共产党第十八届中央委员会第三次全体会议通过《中共中央关于全面深化改革若干重大问题的决定》，这是一个被称为"开启新时代"的重要政治纲领。该决定在第十二条第42 点"深化教育领域综合改革"中正式提出"完善中华优秀传统文化教育"。这是党的十八大以后"中华优秀传统文化教育"这一概念在政策文件中稳定表述的开端，同时在很大程度上也开启了一个传统文化教育的崭新时代。

---

① 此处数据以及下段部分内容主要参考张滢《21 世纪中华优秀传统文化教育政策发展研究：从"三进"的角度考察》，载《湖南师范大学教育科学学报》2020 年第 5 期，第 8 - 16 页。

2014 年 3 月，教育部发布《完善中华优秀传统文化教育指导纲要》（教社科〔2014〕3 号，简称《纲要》），应该说，这是教育系统迅速落实党的十八大关于建设文化强国重要精神和十八届三中全会精神的具体方案。《纲要》对"中华优秀传统文化"概念进行了明确阐释："中华优秀传统文化是中华民族语言习惯、文化传统、思想观念、情感认同的集中体现，凝聚着中华民族普遍认同和广泛接受的道德规范、思想品格和价值取向，具有极为丰富的思想内涵。"这为当时广大人民群众如何框定中国传统文化的内涵与外延提供了重要依据。同时，《纲要》在"指导思想"中提出了要"以推进大中小学中华优秀传统文化教育一体化为重点，整体规划、分层设计、有机衔接、系统推进，促进青少年学生全面发展，培养富有民族自信心和爱国主义精神的社会主义事业建设者和接班人"。其中，"一体化"原则和 16 字方针为学校场域的传统文化教育指明了正确方向。尤其是大中小学一体化建设和"有机衔接、系统推进"等要求更是成为本书重要的政策基点。此外，《纲要》还提出了三个"全覆盖"的具体要求，即传统文化教育要覆盖到全部学科课程、全部教学环节、全部教育人群。在此基础上，《纲要》对大中小学各个学段传统文化教育的内容和重点提出了不同要求，这为各级各类学校具体落实这项工作提供了有效指导。

2017 年 1 月，中共中央办公厅、国务院办公厅颁布《关于实施中华优秀传统文化传承发展工程的意见》。这是党中央认识到要切实加强党对文化工作的领导，加强顶层设计，推动中华优秀传统文化传承发展走上积极健康、规范有序的轨道这一背景下出台的重要文件。与 2014 年教育部发布的《完善中华优秀传统文化教育指导纲要》相比，《意见》的内涵更丰富——不仅进一步阐述了中华优秀传统文化的内涵，而且更具体地梳理了主要内容；意义更重大——将实施中华优秀传统文化传承发展工程，提升为建设社会主义文化强国的重大战略任务；目标更明确——到 2025 年，中华优秀传统文化传承发展体系基本形成，文化自觉和文化自信显著增强，国家文化软实力的根基更为坚实，中华文化的国际影响力明显提升；范围更广泛——横向表现为"形成全社会人人传承发展中华优秀传统文化的生动局面"，纵向表现为涵盖"大中小幼"各学段，贯穿国民教育始终。《意见》的出台从更高层次、更为全局性的视野擘画了新时代传统文化教育的宏伟蓝图和实施方略，澄清了社会上种种关于"国学""传统"以及文化传承方面的模糊认识，尤其是将传承发展中华优秀传统文化设定为各级党委政府的重要职责和全社会人人参与的国家工程，更是为形成"政府—社会—学校—家庭"四位一体的传统文化教育格局提供了强大的政策助力。

2017年10月，中国共产党第十九次全国代表大会胜利召开。十九大报告前所未有地阐述了文化的高度重要性，指出"文化是一个国家、一个民族的灵魂。文化兴国运兴，文化强民族强。没有高度的文化自信，没有文化的繁荣兴盛，就没有中华民族伟大复兴"。因此，"要坚守中华文化立场，推动中华优秀传统文化创造性转化、创新性发展"，要"深入挖掘中华优秀传统文化蕴含的思想观念、人文精神、道德规范，结合时代要求继承创新，让中华文化展现出永久魅力和时代风采"①。十九大报告在高屋建瓴地指出文化兴盛的伟大意义的同时，还首次提出优秀传统文化的"双创"方针（创造性转化、创新性发展），这是推动中国传统文化现代转换、科学发展的重要指针。党的十九大作为新时代的一次具有重大意义的历史性盛会，无疑在相当长时期内深刻影响着中国社会的发展。近几年来，在十九大精神引领下，文化自信深入人心，文化建设星火燎原，中华优秀传统文化教育逐渐成为全社会尤其是各级各类学校的重要发力点。

2018年1月，《中共中央 国务院关于全面深化新时代教师队伍

---

① 习近平：《决胜全面建成小康社会 夺取新时代中国特色社会主义伟大胜利》，人民出版社2017年版，第17－18页。

建设改革的意见》① 发布。该文件在阐述教师在教育事业中的极端重要性的基础上提出，要引导教师树立正确的文化观，坚定文化自信，加强中华优秀传统文化和革命文化、社会主义先进文化教育，弘扬爱国主义精神，引导广大教师热爱祖国、奉献祖国，并将这些要求提升为教师必须承担的国家使命和政治责任。这一文件精神的落实使广大教育工作者明晰了自己的职责内涵，为中华优秀传统文化教育提供了强有力的组织保证和队伍保障。

2018 年 9 月，教育部、国家语委（国家语言文字工作委员会）联合发布《中华经典诵读工程实施方案》（教语用〔2018〕3 号，简称《方案》）。该文件明确指出，《方案》的出台是落实《关于实施中华优秀传统文化传承发展工程的意见》的一项具体措施。其目的是要通过"开展诵读、书写、讲解、诗词创作等实践活动，在全社会营造'亲近经典、承续传统'的良好氛围；通过课程教材建设、基地平台支撑等长效机制，保证中华经典诵读教育实践活动长期开展，使之成为每一个中国人不可或缺的生活方式"。在此基础上，"充分发挥语言文字在传承发展中华优秀文化中的重要作用，为青少年的美好人生打下鲜明中国底色，为增强人民群众的文化自信提供有力支撑"。因此，《方案》提出了许多关于经典诵读工程的实施细则和具体要求，为教育系统全面深入推进传统文化教育提供了一个重要抓手。

2019 年 3 月，教育部印发《加强和改进中小学中华优秀传统文化教育工作方案》（教材函〔2019〕4 号），这是教育部因应新的形势，会同中共中央宣传部、科技部、文化和旅游部、国家体育总局、中央军委政治工作部、共青团中央等研究制定，对 2014 年教育部颁布的《完善中华优秀传统文化教育指导纲要》加以改进的方案。方案的主要目标是"推动中小学中华优秀传统文化教育常态实

---

① 《中共中央　国务院关于全面深化新时代教师队伍建设改革的意见》，见中国政府网：http：//www. gov. cn/xinwen/2018 - 01/31/content_5262659. htn （2018 - 01 - 31）〔2021 - 10 - 25〕。

施，实现利用中华优秀传统文化铸魂育人的系统化、长效化、制度化"。围绕这个目标，方案提出了八项具体任务：健全中华优秀传统文化进课程教材有关标准要求；依据纲要、图谱组织课程教材修订；强化学生对中华优秀传统文化的活动体认；健全中华优秀传统文化教育考核评价体系；提升中小学教师中华文化素养；大力推进实践基地和资源建设；加强中华优秀传统文化教育研究；强化教育协同机制。应该说，这是对《完善中华优秀传统文化教育指导纲要》发布五年来传统文化教育工作的薄弱环节和新发问题的针对性部署与改进，是推动传统文化教育系统化、常态化、制度化的十分必要的政策宣示。

2019 年 6 月，《中共中央 国务院关于深化教育教学改革全面提高义务教育质量的意见》（中发〔2019〕26 号）发布。这一文件的出台，一是为落实党的十九大报告关于新时代教育改革的有关精神，二是对 2018 年 9 月全国教育大会重要精神的响应与贯彻。在强调坚持德智体美劳"五育"并举、全面发展素质教育的基础上，文件特别指出要"大力开展理想信念、社会主义核心价值观、中华优秀传统文化、生态文明和心理健康教育。……打造中小学生社会实践大课堂，充分发挥爱国主义、优秀传统文化等教育基地和各类公共文化设施与自然资源的重要育人作用"①。该意见作为全国教育大会后出台的关于新时代教育教学改革的重要纲领，再次强调了中华优秀传统文化教育在"立德树人"过程中的重要作用，这为广大学校进一步深化传统文化教育注入了新的动力。

2019 年 11 月，《中共中央关于坚持和完善中国特色社会主义制度 推进国家治理体系和治理能力现代化若干重大问题的决定》（中发〔2019〕46 号）向全社会发布，这是一个展现"中国之治"

---

① 《中共中央 国务院关于深化教育教学改革全面提高义务教育质量的意见》，见中国政府网：http：//www. gov. cn/zhengce/2019 - 07/08/content_5407361. htm（2019 - 06 - 23）〔2021 - 10 - 25〕。

的巨大优势和光明前景的具有里程碑意义的重要文件。这份文件将"推进中华优秀传统文化传承发展工程"作为"坚持和完善繁荣发展社会主义先进文化的制度，巩固全体人民团结奋斗的共同思想基础"的一部分，从制度层面肯定了进行"中华优秀传统文化教育"的意义和价值。[①] 毫无疑问，这是中华优秀传统文化教育走向制度化的顶层设计。

2021年1月，教育部发布《中华优秀传统文化进中小学课程教材指南》（教材〔2021〕1号，简称《指南》）。很明显，这是教育部对2019年《加强和改进中小学中华优秀传统文化教育工作方案》布置的八项任务的进一步落实和细化，充分体现了相关政策的连续性、配套性和层进性。《指南》首先确定了中小学课程教材反映中华优秀传统文化的主要载体形式，然后对每个学段的中华优秀传统文化教育提出了十分具体的要求，最后提出了"3＋2＋N"全科覆盖模式，即"以语文、历史、道德与法治（思想政治）三科为主，艺术（音乐、美术等）、体育与健康学科有重点地纳入，其他学科有机渗透"的传统文化教育格局。可以说，《指南》为优秀传统文化真正进入课程、进入教材、进入教学提供了切实有效的操作方案和具体路径。

综上所述，中华优秀传统文化教育一系列政策的出台，标志着文化传承发展已经历史性地被纳入国家教育意志，成为事关人才接续、文化强国和民族复兴的全局性重大工程。从政策演进的过程可以看出，新世纪以来，国家层面对"中华优秀传统文化"这一概念的认识日渐全面和深入，其优秀内涵更加深化、意义边界更趋稳定；同时相关政策的指导性、针对性和有效性也日趋强化和细化，使政策落地的可操作性明显增强。尤其是多个文件屡次强调，要在有效衔接的基础上建立"大中小幼"中华优秀传统文化教育的一体化机制，要推进传统文化教育的系统化、常态化和制度化，要建立

---

① 《中共中央关于坚持和完善中国特色社会主义制度　推进国家治理体系和治理能力现代化若干重大问题的决定》，载《人民日报》2019年11月6日，第6版。

全社会人人参与、各方助力的传统文化教育协同机制。上述种种精神内核，为新时代中华优秀传统文化教育提供了科学的指导思想和正确的实践原则。

第二章
学校的文化使命与
传统文化教育的现实问题

中华优秀传统文化教育的落脚点就在于通过全方位的教育活动实现传统文化的创造性转化和创新性发展。因此，学校是文化传承的主阵地，教育是文化传承的主渠道。党中央对文化传承发展的高度重视为传统文化教育指明了前进方向、提供了强大引力，一系列方针政策出台则为传统文化教育提供了法理依据、政策保障和行动指南，然而所有这些最终都要依靠扎扎实实的行动得以落实，尤其是依靠各级各类学校的教育活动将其落地实施。因此，广大学校只有准确把握自己的职责内涵，充分履行自己的文化使命，切实遵循"立德树人"这一根本宗旨，有效开展文化育人，才有可能将传统文化教育真正落到实处。

第一节　学校的文化使命

美国教育学家布鲁贝克在《高等教育哲学》一书中指出：学校教育中存在着两种教育哲学，"一种哲学主要以认识论为基础，另一种哲学则以政治论为基础"①。他进一步论述道，认识论是把对

---

① ［美］约翰·S. 布鲁贝克：《高等教育哲学（第一版）》，王承绪等译，浙江教育出版社 2002 年版，第 13 页。

知识的追求和传播作为目的，政治论则是把教育作为政治的一个分支，强调教育对国家、社会的深远影响。[①] 这两种哲学的提出，凝聚了布鲁贝克对学校教育使命、目标和功能的深入思考，对教育发展具有很大的启发性。实际上，从学校教育的演进过程来看，对知识的探索与传递以及按照国家（统治阶级）意志对学生进行化育和塑造一直是学校的主要任务和重要职责。由此出发，学校教育在其历史发展进程中大体遵循两条逻辑路径：一条是以学问探求为主的知识教育，另一条是以人伦教化为主的文化教育。因此，在学校教育的使命中，文化教育是不可或缺的一部分。

一、学校教育的文化功能

既然文化教育是学校教育应有的题中之义，那么学校教育就应该把文化教育摆在重要位置，并通过各种方式和途径实现文化教育的宗旨和目标。然而在学校教育的发展历程中，文化教育的命运并非一路坦途，而是遭遇过各种坎坷和漠视，这一点将在稍后介绍传统文化的现实问题时做进一步分析。从这一状况可以看出，准确认知文化教育的必然性和重要性依然是教育工作者必须首先解决的一个急迫问题，因此我们觉得非常有必要对教育与文化的关系再做一番阐析。

其一，从教育的起源看，文化传承是学校教育源起的初心。教育到底是怎样产生的？这一涉及教育起源论的问题一直是学术界高度关注的话题。长期以来中外学者对此提出了各种各样的观点，有人认为教育起源于人的生物性的模仿本能，有人认为教育起源于语言传递功能的拓展，也有人认为教育起源于人的生理需要和心理需求，还有人认为教育起源于生产劳动和人际交往，当然也有人指出

---

① ［美］约翰·S. 布鲁贝克：《高等教育哲学（第一版）》，王承绪等译，浙江教育出版社 2002 年版，第 13 页。

教育起源于人的文化活动。① 在我们看来，不论哪一种观点，都从某一方面揭示了教育起源的一种可能性，都具有一定的真理性。在此，我们想指出的一点是，教育的起源肯定与人类的进化需求密切相关，也就是说，教育的出现一定是人类生存发展的必然要求。基于这一认识，我们再来考察教育的起源问题，对教育与文化的关联就会有一种比较清晰的思路。

我们都知道，根据现有的研究成果，人类在地球上已存在不少于 300 万年，而人类真正进入智人时代却是在 16 万年前。人类经过数百万年的漫长进化，才与猿猴"揖别"，从栖身树上到落地行走，然后长身直立、解放双手，再到打造石器、钻燧取火，并同时经历从采集到渔猎再到种植的生存拓展过程。进入智人时代后，原始部落逐渐形成，氏族社会随后出现，各种社会规范逐步建立，人类由此进入文明时代。毫无疑问，人类之所以能够从动物世界超脱出来并成为远远高于动物的智慧生物，就在于人类能够不断地在进化过程中螺旋式上升、层进式发展，而出现这种结果的主要原因就是人类生存经验的不断积累和持续传递。

完全可以想象，人类最初的生存经验应该来自生活资料的获取过程。或许早先摘取果实的方法可以通过简单模仿而掌握，但打磨石器、制作弓箭、烧制陶器、雕刻绘画、钻孔染色等劳动技能，专业性较强，如果不进行专门教导，后来者能够掌握吗？此后还有动物驯养、作物种植、农具打造、衣褛织缀等更加高级的生产技术，如果没有系统培训，下一代能够学会吗？至于氏族制度、群居规范、交往礼节、祭祀仪式、庆典习俗等晚期智人社会的生活模式，如果不是通过教育，后来者又如何传承发展？上述所有这些实用技术、发明创造、生产工具、伦理规范、道德准则、社会风俗，不仅具备许多特有的内涵与技巧，而且包含特定的章法和规范，能够多维度、长时期地帮助晚期智人去改造自然、改良社会和改进自我，

---

① 关于教育起源的观点可参见李春玉、冯永利《关于教育起源问题的研究述论》，载《通化师范学院学报》（人文社会科学版），2017 年第 4 期，第 92 - 96 页。

是人类进化过程中必不可少的经验积累。而且正是这种经验积累和传递互为因果且相互促进的动态过程，才使得人类的经验不再随着个体的死亡而消失，而是实现一代又一代地叠加发展，并远远超过由于个体死亡而失掉的东西。前一代人的经验累积成为后一代人继续前进的基础和起点。人类经历的时间愈长，这种基础就愈厚实，起点就愈高，并渐渐形成一种加速度，使得人类的经验随着历史的前进而发展得越来越快，越来越丰富。人类正是意识到了这种经验累积是人类社会赓续发展的客观需要，才自觉地把经验传承当作自己的崇高使命。

或许有人会问，人类经验的承继不能靠遗传实现吗？答案自然是"不能"。因为人类生存经验在本质上是社会主体的类的产物，也就是说，人类经验不是纯粹的生物性内容，而是体现为有利群居生活和促进生命进化的"类经验"，即群体性、系统化、社会化的文明成果，在上一章我们将其统称为广义的"文化"。作为人类经验积累的文化，既不能靠本能继承或生物遗传，也不能靠模仿获得或游戏普及，而是需要一种其他所有动物都不具备的新的传承方式——社会性遗传——来获取。这种遗传不受个体生活的时间和空间的限制，也不受亲缘关系的约束；不仅可以将经验传递给自己的直系后代，而且可以传递给所有其他的社会成员。这种人类独有的社会性遗传方式就是最初意义上的教育，是一种只能通过社会的语言文字或其他物化手段来实现人类社会自我控制和机能提升的生命机制，是奠基于人类逐渐发达的大脑和身体机能之上的学习和实践活动，自然也是一种从一开始就体现为人类文化知识所具有的、继承性和前进性相统一的自觉活动。通过它的作用，人类经验（也就是文化）才有传递、发展、再创造和把"野蛮"的个体改造成"文明"的社会成员的可能。通过这样的教育，人类缩短了个体社会化过程，进而促进了整个人类社会的进步。因此，教育归根到底是一种文化的再生机制，是对人类实践意义上的文化传授、承继、创造、繁殖等再生机制的抽象和概括。总而言之，离开了文化活动也就是人类经验积累这个基本前提，教育是不可能发生的。

其二，从教育的过程看，文化活化是贯穿学校教育的主要职能。如前所述，文化作为前人经验积累的总称，在文字出现之前主要存留于人类的记忆中，在文字出现之后则主要储存于以文字为呈现方式的各种载体上。无论是记忆还是文字，在没有相应的展示对象时，它们都是静态的、内敛的，只有教育才能将被储存的文化激活、外化并转换为输送内容，文化也只有在不断输送且获得新受体的过程中才有可能始终保持鲜活和增值状态。可见，没有文化，教育将失去存在根基；没有教育，文化将失去赓续机会。所以文化与教育是一种同构互生关系。

一方面，教育因文化积淀而产生，因文化传递和发展而存在。德国哲学家兰德曼说过："人类的所有能力或知识的积累（被抽象成为'文化'）都是通过学习获得的，或者通过学习唤起的。……人在生产了文化之后必须通过教育使之不再丧失，这并不仅仅是在推动一个无论以怎样的方式总会发展的自然过程。这是一切教育的人类学基础。"① 这种基础性就是前面提及的相关观点的凝练，即没有文化（人类经验）的积累和传递，教育就缺少产生的因由，所以文化的存在就成为教育存在的前提条件，而文化传递、扩展和创新的需要就成为教育天然的职能。尤其是文化具有非自然遗传且只能通过后天学习和训练才能获得的特性，更强化了教育与文化的相互依赖性。另一方面，教育的存在又赋予文化以永恒的活力。正如前面所论述过的，人类之所以成为与其他动物相比更为高级的智慧生物，就在于人类能够实现经验的不断积累、增值、传承与创造。而这一结果只能依靠教育实现，是教育使人类文化不再局限于单独的个体，而是将其扩展至整个社会群体；也是教育使人类文化不再封闭于一代，实现代际的不断传递。这种横向的群体弥散和纵向的代际延展，使得文化的传承获得了广阔的时空，最终的结果就是，

① ［德］米夏埃尔·兰德曼：《哲学人类学》，张乐天译，上海译文出版社 1988 年版，第 229 页。

人类在具备生物生命的同时又拥有了文化生命。这种文化生命集中体现了人类经验所形成的文化基因和文化根脉在个体身上的延续，因为具备了文化生命，人类才展露出对精神的求索、对意义的寻找和对价值的追问。正是因为拥有了文化生命，人类的生命活动才具备了连续性、层进性和上升性，于是人类自身才获得了不断进化，人类社会才实现了不断进步。从这一意义上看，教育已成为人的生命活动的优选样态，成为与人类社会共生共进的实践活动。正如德国教育学家斯普朗格曾经指出的那样，教育作为一种生命活动和文化过程，并不是仅仅具有自身的意义，而是与人类文化同时发生和发展。① 我们完全可以说，只有教育才是人类文化的社会性遗传路径和动态性再生机制。在"文化—人的文化生命—教育"三者之间，文化是人的文化生命的展现内容，教育是培育人的文化生命的现实过程。在人的文化生命观照下，教育和文化相互依存，处于异质同构、互生互进之中。教育通过文化"化人"，使人不断获得文化，并受到文化的影响，最终促使人的"文化生命"逐渐生成。正因为如此，斯普朗格才进而认为，教育就是一种"文化活动"，是一种持续性的"文化过程"。② 它在文化积淀中挖掘，在文化传递中展开，然后在文化创造中完成。所以教育总是指向不断发展着的主体的个性生命生成，它使每一个受教育者在接受文化、创新文化的同时，又成为用文化浸润和滋养的全新个体，成为在生命完满的过程中不断追求意义世界和价值实现的"文化人"。而一批又一批文化新人的出现，又反过来使文化的传递和增值更加迅速、更加高效、更加持久。所以从这一角度来说，离开了教育，文化的传承发展就不可能实现，人类的经验积累以至于自身进化就缺乏了可持续动能。

而随着人类社会的不断发展，学校教育成为人类教育的主要形式。学校教育通过特有的教育过程和手段，把文化内容"活化"到

---

① 参见郑金洲《教育文化学》，人民教育出版社2000年版，第58页。
② 参见郑金洲《教育文化学》，人民教育出版社2000年版，第58页。

"现实生命的人"这一活的载体上，从而实现了真正意义上的文化传递和保存。在学校教育中，"教育者是文化的'活化'，是一种人格化了的文化；教育内容是一系列符号化了的人类文化，是一种固化了的文化；而教育对象是人类文化的活的接受载体，也是文化保鲜和创新的新生主体。因此，不论时代如何发展，社会如何变化，学校的文化遗传功能始终要存在下去，教育始终扮演着文化的社会遗传和再生的机制"①。正如联合国教科文组织在《学会生存——教育世界的今天和明天》中所指出的，教育体系"是每个民族和民族意识、文化与传统的最高体系"，它"负有传递价值的职责"，"重复地把上一代从祖先那里继承下来的知识传给下一代"。②总而言之，教育尤其是学校教育，它的出发点、落脚点以及归宿点都与文化息息相关。离开了文化传承与创造，学校将丧失自身的存在价值。

在厘清了学校教育的文化功能之后，我们还需要纠正一个认识误区，那就是在很长一段时期内，甚至在当今时代，仍有相当多的人把学校的文化教育等同于知识教育。虽然知识与文化紧密相连，但实际上二者是不能画等号的。具体而言，知识只是文化的一部分，文化是更大的整体和系统，知识是文化系统中的重要组成部分，却不是文化的全部。除知识之外，文化系统还拥有生产知识的体制机制、心理要素、精神品质等内容。前面一章在论述文化的内涵时就已指出，文化的构成是具有层次性的，它大致包括形而下与形而上两个层面。在形而下层面，大体上可分为三大领域，即知识（理论）领域、制度领域和器物（技术）领域。在形而上层面，文化还有许多可称为人文精神、思想理念、道德品质、价值观念之类的东西存在着。这些东西虽然无形，却是文化中更为深刻、更为本质的东西，并在很大程度上决定着知识、制度和器物三大领域的产

---

① 徐广宇：《论现代大学的文化使命》（博士学位论文），南开大学2009年，第36页。

② 联合国教科文组织国际教育发展委员会：《学会生存——教育世界的今天和明天》，华东师范大学比较教育研究所译，教育科学出版社1996年版，第84-85页。

生和发展，可以说是文化之魂。而单纯的知识教育往往从静态的逻辑出发，从根本上切断了知识与相应文化的紧密联系，将脱离鲜活文化母体的僵硬机械的知识作为教育的唯一内容，从而难以使人获得全面而充分的培养和教育。基于此，我们才必须强调，文化教育绝不只是知识教育。当然，知识教育本身并没有错，可以说，它永远是整个文化教育不可或缺的重要组成部分。但是，如果以知识教育取代整个文化教育，使得文化教育最后只剩下知识教育这一个板块，那么，人类教育就会被扭曲得面目全非。实际上，我们今天很多时候所诟病的"应试教育"的种种问题，其症结就出在这里：当知识教育取代整个文化教育，变成凌驾一切的教育模式的时候，教育就离它原本的目的越来越远了。

因此，完整而健全的教育不应当只是一种知识教育，而应当是包括知识在内的文化教育。正如英国教育哲学家怀特海在《教育的目的》一书中所说的："我们要造就的是既有文化又掌握专门知识的人才。专业知识为他们奠定起步的基础，而文化则像哲学和艺术一样将他们引向深奥之境。"① 日本教育学家小原国芳也认为："教育内容必须包含人类文化的全部，因此，教育必须是绝对的'全人教育'。"② 可见，真正意义上的学校教育应该是一种文化教育。"这种教育的关注点不再仅仅是知识，而是包括知识在内的整个文化；不再以知识为中心、以知识为本，而是以人为中心、以人为本；不再仅仅局限于让学生学习和掌握现有的知识，从而成为旧知识的接受者，而是让学生受到包括知识在内的整个文化的全面熏陶，从而不仅成为旧知识的接受者，更成为新知识的创造者。"③ 也就是说，学校教育不能仅仅只是让受教育者学习刻板、教条的知

---

① ［英］怀特海：《教育的目的》，徐汝舟译，生活·读书·新知三联书店 2002 年版，第 66 页。

② ［日］小原国芳：《小原国芳教育论著选》下卷，由其民等译，人民教育出版社1993 年版，第 1 页。

③ 孟建伟：《从知识教育到文化教育：论教育观的转变》，载《教育研究》2007 年第 1 期，第 18 页。

识，更重要的是还要让受教育者学习与这些知识紧密联系在一起的整个文化系统，特别是那些有利于知识创造与更新的核心素养和精神品质，诸如探求素养、创新素养和怀疑精神、批判精神，等等。总而言之，学校教育必须抓住文化教育这一关键点，把文化的有效传承和人格的完整培育作为根本任务，让教育真正成为富有文化内涵、充满文化精神、展现文化生命的全人教育。

二、学校教育的文化养成

文化养成，顾名思义，就是通过文化去培养和成就人的生命。文化养成当然也是文化教育的一部分，但它更突出文化对教育活动的支撑和影响，更重视文化对人的生命的建构。一般而言，"养成教育"作为一种教育方式和路径选择，既关注"教育什么"，更关注"怎样教育"和"教育效能"。因为"养成"意味着排除了自发自流的教育方式，有意识地通过营造合理的教育机制和文化氛围，更多地依靠启发示范、陶冶熏陶、沉浸体验等手段，潜移默化、润物无声地去陶养、去滋润，从而引导和帮助受教育者在浓厚的人文环境中充分调动自己的潜能，主动地实现自我提升、健全成长。

在文化养成的动态展开中，实际上内含着三个问题：一是文化何以具有养成作用？二是人为何需要养成？三是文化养成指向何种效果？对第一个问题的回答依然需要基于对文化特性的认识。如前所述，我们已经了解到，文化就是人类经验积累的全部综合。而人类经验，是人类在生命活动中探索出来的、在实践中经历和运用过且被证明行之有效的种种方法、技巧、能力、认知和行为准则。经验的产出总是来自人类成功的生命实践，集中体现了人类的智慧和能力，是极富价值的内容。人类将这些宝贵成果逐步累积起来并加以沉淀，就是留下了一座价值丰富的"宝山"。后来者如果能挖掘这座"宝山"，也就是通过教育来全面承继先辈的经验，就等于是拥有了前人全部心血和生命体验的结晶。有了这座"宝山"，后辈就能够避免大量的重复劳动，少走许多人生弯路，并获得前人智慧的启迪，因而也就能在更高的起点上开启下一代的生命旅程，实现"青出于蓝而胜于蓝"的进化愿景。所以说，作为人类经验积累的文化，是人类最为珍贵的财富，也是人类赖以生存和发展的根脉，它必须通过教育实现代代传承和发展，进而为子孙后代提供永不枯竭的生命滋养。

那么，人又为何需要文化养成呢？这要从人的个体生命的成长性说起。我们都知道，人刚刚出生的时候，其生命机能是基本空缺的，即使略有遗传，也显得稚嫩、柔弱。也就是说，人在生命的初始阶段都是脆弱而懵懂、各方面能力基本缺失的，这就决定了人从一开始就是未完成的、不完整的存在。即使从人类整体来看，人的单项生存能力也不是最优的，诸如人的奔跑能力不如马，攀援能力不如猴，飞翔能力不如鸟，嗅觉能力不如狗，等等。所以，不仅仅是个体的人，即使是群体的人，人的生物性存在都并不完满，这种状态就是人的未完成性和不完满性。然而与其他动物不同的是，人又能生发出各种各样的需要和无穷无尽的欲望，以实现自身生命的不断改进和趋向完满。这种欲求的多样性与能力的缺陷性促使人不断地对自身进行完善和提升，唯其如此，人才能更好地生存和发展，而这正好为文化滋养提供了机会，也恰恰成为文化不断发展更新的源泉所在。正是这一特性决定了人需要通过各种努力来实现自己的生命进化，而文化养成就是达成这一目标的主要途径。人类从远古走来，穿越漫长的历史隧道，经过千万年的繁衍生息，自觉或不自觉地创造着文化和文明的成果，并通过吸收和传递文化补偿自身在自然本能方面的薄弱和滞后。所以需要文化的人，就是希望用文化（也即前人的智慧和能力）武装自己，在文化中不断完善自身，并借助文化锻炼思维、提高智慧、增强力量，以应对生命过程中遭遇的各种生存困境，避免自身精神的解构和崩溃。可见人的未完成性既给人的生命留下了诸多空白，又为人的发展提供了各种可能；既给文化的生成创造了主体条件，又为文化的影响提供了实践舞台。在这里，文化创生与人的生命活动交融互渗，共同推动人类从幼弱走向强大。这一过程展现出人类不断成长和逐步完满的生命成长历程，也揭示出人的个体和群体通过逐步完善自己以实现超出动物、优越于动物的进化过程。"正是借助于文化的开放性与发展性，人摆脱了那种动物式的完全受纯粹自然的或本能的力量所支配的自在状态，成为开放的、面向未来的人，成为不断进行自我创造、自我提升、自我超越、自我圆满的人，也就是自由地存在与发展的人。"① 要而言之，人和动物最大的区别就在于人是通过文化熏陶和文化创造的方式使自身从动物世界超脱出来的。也就是说，人只有在文化滋养和文化熏陶中、在传承文化和创造文化的活动中才能真正成为"人"。或许正是在这种意义上，德国文化学家兰德曼才认为"人是文化的存在"②，因为人不仅仅是文化的创造者，同时还是被文化塑造的对象；文化是人类生命实践的成果，反过来又成为促进人类生命不断趋于完满的成因。所以在某种意义上，文化与人同形同构，文化与教育联姻，最终产出的就是完整的"人"。

至此，关于文化养成的效果问题，其答案就逐渐清晰了。因为我们已经知道，文化养成的主要任务就是培养具有完整生命和完满品格的"全人"，这一点，马克思主义创始人将其概括为"人类自身的再生产"。在马克思、恩格斯看来，在人类社会的最初时期，也即人类刚刚出现的时候，就存在着"三大生产"，即个体生命的生产和再生产、物质生活资料生产、人类意识（思想、理论、观念等）生产。这"三大生产""是一切人类生存的第一个前提，也就是一切历史的第一个前提"。只要人类存在，这"三大生产"就会存在并不断进行，它们的连续运动及呈现出来的形态变化，就构成了"历史"。③ 所以人类的发展史本身就包含了人的生产史，而人

---

① 丁海东：《儿童游戏与人文追求的自由：关于儿童游戏的一种文化学审视》，载《学前教育研究》2008 年第 5 期，第 53 页。

② ［德］兰德曼：《哲学人类学》，彭富春译，工人出版社 1988 年版，第 261 页。

③ 《马克思恩格斯文集》第 1 卷，人民出版社 2009 年版，第 519—520 页。

的生产（造人）和再生产（育人）既具有动物性，也具有社会性。也就是说，在人类生命传承过程中，个体的人除了自然地继承、延续人的种类生命（生物生命）之外，还必须继承人类的文化和文明成果，具备人类社会生活所必需的文化素质和人文精神（文化生命）。否则，一个人仅仅出生和存活下来，就还只是一个生物意义上的"人"，而不是一个完整的社会意义上的人。要使人成为完整的社会人，通过教育而实现的文化养成就是最主要的方式。因此，教育尤其是学校教育总体上承担着"人"的再生产功能，而文化就是取之不尽、用之不竭的甘甜"母乳"。

文化养成除了"生成"具有完整生命的"社会人"这一主体目标之外，还有另一个重要任务，那就是形塑文化记忆和文化认同。这个任务的出现主要基于人类进入工业社会后多元文化背景和异质文化冲击所带来的种种问题。我们都知道，文化是具有民族性的，每一个民族在其历史发展过程中因为生存条件、地理环境、生活方式、交往理念、思想意识等不同而产生了有异于其他民族的独特文化体系。这种民族文化的特征性在人类文明的早期可能并不明显，因为那个时候受各种条件的限制，各个民族之间的交往接触并不容易，因而也就缺少可以比较的参照系，自然无法在对比中凸显某一种文化的特性。而后随着人类社会的不断发展，尤其是科学技术的不断进步，各民族间的交往壁垒不断被破除，不同民族文化的交流碰撞才逐渐增多。在民族文化的交往史中，有一个现象自然而然就会出现，那就是各种不同形态的文化在交往中会相互影响，比如中国传统文化就曾受到印度佛教文化的影响。不过这种影响并不是对等均衡的，而是与文化背后的国际政治、民族国家的综合实力大有关系。文化背后的这些因素促成了文化地位的强弱分野，由此形成了强势文化与弱势文化的力量差异，以及出现文化霸权和文化殖民的现象。在这种情况下，强势文化对弱势文化的影响远远超过弱势文化对强势文化的影响，甚至弱势文化会在强势文化的侵略和挤压下走向消亡。而失去了文化支撑，民族命运自然也会陷入绝境。因此，世界上各个民族都愈来愈重视自身文化的传承与坚守，具体来说就是通过各种手段来固化本民族的文化记忆、强化民族内部的文化认同。

文化记忆指的是一个文化共同体内部各个成员共享的对于自身文化内涵与价值的相同体认与回忆。文化记忆指向的当然是已经存在的文化传统，是在深入理解基础上留下的对自身民族历史的牢固印记。借助共同的文化记忆，不仅个人与社会之间能够搭建沟通的桥梁，而且历史和现实之间也能打通理解的通道。因为个人在与群体的交往中，"通过对自身历史的回忆、对起着巩固根基作用的回忆形象的现时化，来确认自己的身份认同"①。由此可知，文化记忆又是文化认同的基础，而文化认同则是共同体成员对本民族文化的深度认知和高度认可，以及由此而产生的对自身文化身份的坚定归依。基于此，无论是对于社会、群体，还是对于每一个社会成员，文化记忆都具有十分重要的意义。就群体而言，塑造共享共通的文化记忆，有助于促进社会的凝聚力、向心力和团结力，维系群体的身份认同，从而延续社会发展和群体生命。"社会需要'过去'，首先是因为社会要借此来进行自我定义。其次，只有使'过去'复活，一个民族才能在当下存活。"② 如果一个社会、群体不能塑造一定程度共享的文化记忆，也就是说，社会、群体成员不能享有共同的知识系统、意义系统和价值系统，这样的社会、群体无疑是不稳定的、碎片化的，面临着深刻的身份认同危机及随之而来的社会撕裂危机。而就个人而言，也是借助文化记忆，寻找到了自己的文化根源和文化归属，并在共同体中以相同的文化底色和文化质性获得了被其他成员认可与接纳的文化身份，从而也就获得了生存的安全性和持续性。

---

① ［德］阿斯曼：《文化记忆：早期高级文化中的文字、回忆和政治身份》，金寿福、黄晓晨译，北京大学出版社 2015 年版，第 47 页。
② ［德］阿斯曼：《文化记忆：早期高级文化中的文字、回忆和政治身份》，金寿福、黄晓晨译，北京大学出版社 2015 年版，第 136 页。

而学校教育就是形塑文化记忆和文化认同的主要场所，也即学校就是"文化记忆之场"。只有通过教育才能使年青一代获得丰富的文化记忆，后来者才能在获得身份认同的基础上实现个人的生存自由和自主发展。正如黑格尔所说："过去的陈迹都已成为普遍精神的一批获得的财产……个体的形成就在于个体获得这些现成的财产，消化他的无机自然而据为己有。"① 因此，学校教育作为文化传承和文化创新的主要场域，一方面，把已经创造出来的文化培植于学生的心灵与生命中，使社会文化不断承传和繁殖；另一方面，运用这些具有鲜明民族特色的文化塑造学生，不断建构他们的民族特性和文化共同体意识，从而在文化认同的基础上强化民族认同和国家认同，有效应对外来文化的冲击和侵蚀，进而牢牢守住民族文化的根基。

当下，我们已经进入一个全球化浪潮四处蔓延的时代，多元文化的交流互渗以及碰撞冲突已成为新常态。文化霸权主义和文化殖民主义的"幽灵"依然阴魂不散，对民族文化的安全和发展构成重大挑战。在这样的背景下，通过学校教育实现文化传承、滋养文化生命的重要性和紧迫性更趋突出。因此，各级各类学校如何真正认清自己的文化使命，切实履行自己的文化职能，已成为一个必须认真对待的严肃问题。

第二节　中华优秀传统文化教育的现实问题

实际上，在相当长的历史时期中，中国的文化教育，特别是传统文化教育原本不是一个问题，因为以人文教育、伦理教育为主线的中国传统教育承载着极为丰富的文化传统，学校教育与传统文化

---

① ［德］黑格尔：《精神现象学》上卷，贺麟、王玖兴译，商务印书馆1979年版，第18页。

的融合十分紧密。只是由于晚清以来中国遭逢"三千年未有之大变局"，才使文化赓续的问题突显急迫和尖锐。

追溯历史我们可以发现，早在上古三代（尧舜禹时期）传统文化教育就已出现。《虞书·舜典》记载："夔！命汝典乐，教胄子，直而温，宽而栗，刚而无虐，简而无傲。"这段话清楚地显示出当时的统治者有意识地运用文化产品对贵族子弟开展教育，以实现人的德性养成。进入春秋战国时期，孔子立儒学而倡仁义，开设私学，以"郁郁乎"文统化育学生，确立了以理想人格为培养目标的文化育人传统。西汉武帝之后独尊儒术，传统文化教育呈现出以儒家所倡导的伦理道德为核心的价值趋向，经学成为主要教育内容。魏晋之后，中原文化尽管受到佛教和五胡文化的冲击，但儒学的中心地位并未动摇。尤其是到了国力鼎盛的盛唐时期，儒学兼容佛道，再有科举加持，传统经学教育大行其道。宋明之后，主张内省修心的理学成为主流，教育更加注重传统道德伦理与自我心性的修养，"明人伦""见心性"的教化指向达到了前所未有的高度。逮至有清一朝，在"八股文"与"文字狱"的交互冲撞中，传统文化教育依然踔厉前行。整体而言，中华传统文化虽经千年变化更新，其间经受多种外来文化的反复冲击，但"以文化之，使之有德"的精神内核却一以贯之，从而使传统文化教育成为中华文明的一大特色。

然而 19 世纪中叶之后，从鸦片战争到甲午战争，再到八国联军入侵中国，一系列失败和屈辱逐渐使许多国人对自己的文化传统产生怀疑，延续千年的文化信仰发生动摇。辛亥革命爆发后，南京临时政府颁布的《中华民国临时约法》，从政治、法律上确立了民主主义替代儒学成为民国国家社会的指导思想。1912 年民国教育部"废止小学读经"，各地大学也随之取消了经学学科，两千多年来传统文化在教育体系中的主体地位由此旁落。几年后，"五四"新文化运动更是高举"民主"与"科学"两大旗帜，反对旧文化、抨击旧教育，主张"打倒孔家店"，传统文化几乎成了封建余孽和

"丧家之犬"。新中国成立后，面对百废待兴的时局，国家集中精力推动经济建设，因而未将文化建设摆上重要议程。随后一系列政治运动，尤其是十年"文革"使传统文化教育再次遭到重创。在彻底破除"旧思想、旧文化、旧风俗、旧习惯"的疾风暴雨中，以儒学为核心的传统文化体系被丢进了历史的"垃圾堆"，中华文化的优秀遗产遭到否定和抛弃。改革开放之后国门大开，西方各种文化思潮纷至沓来，一波一波的外来文化浪潮对本已脆弱的传统文化根基再次形成了强烈冲击。可以说，鸦片战争后的百余年中，中国传统文化屡屡蒙难蒙羞。在这段历史时期中，启蒙与救亡、传统与现代、本土与外来、传承与发展等一直是国人争论不休的重要话题。[①]

简单梳理中国传统文化教育的演进历史，尤其是回溯自鸦片战争以来百余年的文化命运史，旨在说明今天传统文化教育面临的各种现实问题，既有当今时代各种因素的影响，也有伏脉千里、跨越时空的历史因由。

一、学校教育的文化缺位

百余年来充满屈辱的历史，给中国人最大的教训是：落后就要挨打！因此，无数仁人志士乃至后来的执政党人，心心念念的都是如何让中国富强起来。从早期的"师夷长技以制夷"，到随后的洋务运动，再到后来的"向苏联老大哥学习"，其出发点无一不是富国强兵，不让国家民族再受欺凌。这样的历史抉择无疑会使国家的教育导向发生重大转变，突出表现为两点：一是大力提倡"科教兴国"，将培育技术人才、发展科学技术作为教育的主要任务，因为科学技术在实现强国富民的民族梦想中具有巨大的价值，这种能够迅速带来实际效益的知识技术自然也会成为教育的重心；二是积极学习其他文化，尤其是其他国家的科技成果，希望能从中找出别国

---

① 以上历史回溯主要借鉴杜思霞、魏思雨《新中国传统文化教育的发展历程与未来展望》一文，载《当代教育与文化》2020年第6期，第7－16页。

经济发展、国力发达的成功要诀。可以说，近百年来，尽管时代发生了更迭，但中国教育基本上按照这样的轨迹向前演进，教育的经济、科技功能得到了充分的发挥，受教育者认识世界、改造世界的知识和能力较旧中国时有了长足的发展。但显而易见的是，这种教育范式容易导致传统文化教育的缺位，致使教育出现功利化、应试化、短视化倾向，从而弱化教育的本质功能，背离它的原初目的。主要表现在两个方面。

一是价值取向的偏差。前面我们介绍过美国教育学家布鲁贝克关于教育哲学的两条逻辑路径，即知识教育和文化教育的区别。这两种教育路径的选择实际上反映了不同的教育价值取向。大体上说，文化教育体现着教育的内在价值，即教育满足人类社会活动终极目的需求（即人的全面发展和完满），它指向的是人的内在世界和内在需要，体现了教育最本质的要求；知识教育则体现着教育的外在价值，即主要满足人类社会活动的现实需求，体现着人的功利追求和现实利益，它指向的是教育的社会职能和人的外在需要。如前所述，文化教育主要培育人的文化生命，包括人的道德品质、人格理想、价值观念、核心素养等，是教育最高宗旨的体现；知识教育则是对人类实践活动各方面知识的总结、认识和掌握，它是一种具体、专业的教育活动，主要目的是使受教育者获得参与后续生产劳动的知识和才能，包括各种专业知识、技能和职业素质。换句话说，文化教育的价值就在于使人成为"全面的人"，知识教育的价值则是使人成为"某一类人"。因此，展现外在价值的知识教育应该服从于体现内在价值的文化教育，因为"教育的社会职能是教育本质的一种外延，而教育的本质则体现了教育社会职能的内在要求。只有充分体现了教育本质的教育，才能充分有效地实现自身的社会职能"[①]。对此，雅斯贝尔斯也曾强调："教育的原则，是通过现存世界的全部文化导向人的灵魂觉醒之本源和根基，而不是导向

① 陈维达：《教育的异化与高等教育的危机》，载《现代大学教育》2005 年第 2 期，第 7 页。

由原初派生出来的东西和平庸的知识。"① 然而，在相当长时期内，人们往往把内在价值与教育的外部价值混淆起来。在价值取向上往往偏向于外在的社会功能，而忽略教育的内在价值，"只看到教育对人的社会活动过程的作用，忽略教育对人的社会活动目的的作用。只要求实现和满足社会的现实需要，忽略社会的长远需要和教育活动自身的规律"②。这种功利化的价值取向，有可能使教育沦为个人和社会的工具。对某些人而言，受教育的主要目的就是为了获得一份收入高企、地位优越的工作；对一些人而言，教育活动就应该尽可能多地满足当下社会的直接需要。这种舍本求末的选择，使教育丢掉了塑造"全人"、传承文化的使命，最终陷入短视的功利主义泥潭。

二是教育内容的偏差。这种状况的出现应主要归因为"实用性"知识观。由于教育价值取向的误区，一些人往往将教育视为能够帮助人们获得实利的工具。在这种价值观的支配下，一些人对教育内容的选择及对知识可学性的衡量大都从实用标准出发，主要看它是否能带来实际的、可见的好处。比如，考什么知识就学什么内容，哪些专业好找工作就选哪些专业。有些学校在"高考指挥棒""就业指挥棒"下，一味追求知识教育的实用性和功利性。在这种状况下，教育的短期有用性、工具效用性被片面地发挥，而教育的长期有用性、文化效用性则遭到轻视。其直接结果便是人文学科和文化内容在教育中被边缘化。

关于知识与文化的关系，前面已有阐述。这里需要再次强调的是，知识只是文化的一部分，所有知识的产生都是以文化精神为依托的，文化才是孕育和创造知识的源泉。所以单纯的知识教育是一种脱离文化母体的割裂性教育。打个比方，纯粹的知识教育只是给

---

① ［德］雅斯贝尔斯：《什么是教育》，邹进译，生活·读书·新知三联书店1991年版，第3页。
② 陈维达：《教育的异化与高等教育的危机》，载《现代大学教育》2005年第2期，第7页。

了受教育者几个果实，而没有教给他们栽种果树的本领和树立维护果树生态的意识。所以这种教育切断了知识与文化的内在联系，使知识变成了没有文化支撑和滋养的"裸"知识。一个人如果只接受这样的知识，他最终也只会成为知识的"容器"和被知识打造的"工具人"，而不是有文化、有灵魂、有温度的社会人。顺理成章地，当一个人只接受科学知识灌输而缺乏人文知识熏陶的时候，他读的大都是"实用之书"或者"谋稻粱之书"，而很少透过书本去学习做人之道。这样的读书往往远离了文化涵养和生命价值，也远离了教育活动的内在本质，最终"抛弃了塑造人自由心灵的那把神圣的尺度，把一切教育的无限目的都化解为谋取生存适应的有限目的"[①]。当然，受教育者陷入此种误区，在很大程度上与教育者的观念和行为有关。因为在这样的教育导向中，教育者很容易出现教书与育人的分离。作为教育工作者的教师往往只重视书本知识的传授，而忽视对人的全面培养。学校和社会对教师的评价也往往只看知识教得好不好、所教学生的考试排名是否靠前、所在学校的升学率是否提高，至于育人方面仅是一种软指标，很多时候甚至被人忽略。如此一来，当方方面面都把"教书"单纯理解为让学生尽可能多地掌握知识的时候，传授知识便成为教师职责的唯一内容，自然也成为一种脱离文化母体的独立存在，仿佛传授知识同人的内心世界无关，同情感态度、理想信念、意志品格和人生体验无关。这样一来，"不仅知识失去了文化的内涵，课堂失去了文化的内涵，甚至连教师自身也失去了文化的内涵"[②]。这样的教育从根本上切断了教书与育人的内在联系，使教育失去了人文魅力，从而消解了教育的文化育人功能。在这种趋势下，"整个教育蜕变为广义的职业教育和准职业教育，乃至'应试教育'，就是一个极端化而颇具普遍

[①] 郝德永：《乌托邦：当代教育的根本品质》，载《东北师大学报》（哲学社会科学版）2001年第3期，第106页。

[②] 孟建伟：《从知识教育到文化教育——论教育观的转变》，载《教育研究》2007年第1期，第15页。

性的后果"①。

如果这种文化使命长期模糊、文化教育长久缺失，将会致使学校教育失去应有的文化敏感、文化传承和创造的自主性与生命力。国家现代化建设及个人用现代化知识武装自己本身并没有错，也是特定历史时期的必然选择。但是如果教育采取的是过分急切的现代化心态，过度强烈的功利性追求也会导致教育扭曲变形。某种程度上，文化的空场其实意味着教育灵魂的缺失，那么，延续数千年的文化传统可能被人为地割裂，优秀传统文化及其所体现的价值观就不能得到应有的批判和继承。如果失去了对传统的自觉体认和本土文化资源的支撑，忘记了对我们自身有益的那些正面的、积极的文化传统，缺少了伦理价值资源的挖掘和培育，就会使我们在许多方面变得面目全非、无法辨认自我。我们必须牢记，文化传统是一个民族取之不尽、用之不竭的精神资源。文化传统的失传对于一个民族来说是最不幸的，会使这个民族从精神上处于危机的边缘；也会在很大程度上制约社会改革开放事业，制约我国政治经济的发展和精神文明建设，影响社会凝聚力和民族自信心。教育改革或者教育的现代化绝不是与自身的文化传统、文化谱系的彻底断绝，它一定是植根于自身文化脉络中的再造。新时代的教育应该而且必须扎根中国大地，自觉地吸纳传统文化的因子，使优秀的传统文化生命得以延续和成长。

因此，弱化"功利性教育"的根本在于对优秀传统文化的重视和对优秀文化生命的敬畏，也就是对作为社会主体的"人"的完整理解和全面把握。亦即，教育的目标和宗旨，不是培养作为工具、客体的单面人——单纯的技能型劳动者，而要着眼于造就现实的、完整的、能够全面承担未来社会生活的主体，即知识与文化统一、传承与创造统一、生活与生产统一、精神与实践统一的人。这类人的身上充满文化气息，满怀文化使命，他们不仅在学习和工作中，

---

① 李德顺：《对"文化养成"的粗浅理解》，载《当代青年研究》2008 年第 7 期，第 3 页。

而且在日常生活中，都能承继传统、弘扬传统、重构传统，他们的人生目标中不仅包含建设一个强大的"物质中国"和"物质自我"，更包含建设一个繁荣的"文化中国"和昌盛的"文化生命"，因为他们深知："任何一项伟大事业的背后都存在着一种支撑这一事业、并维系这一事业成败的无形的文化精神。"①

二、学校传统文化教育的现实问题

应该说进入 21 世纪后，中国教育的文化缺失问题有所好转，这主要得益于 20 世纪末的那一轮文化热潮。20 世纪 80 年代中期因改革开放带来的西方思潮涌入以及对"文革"的深度反思，直接引发了一波旷日持久的"文化热"。伴随文化热而产生的"文化寻根运动"及 20 世纪 80 年代末的时局变化，使国人热衷"向外看"的视野出现了明显转向，"向内审视"的态度加上蔓延甚广的人文精神大讨论，直接拉开了"国学热"的序幕。

这一波"国学热"至今已持续 30 多年，对此已有许多研究者加以论述。② 综合各种资料可以发现，迄今为止这一文化运动呈现出明显的阶段性：第一阶段是 20 世纪 90 年代，这一阶段的主要特点是学界率先倡议与民间自发升温，代表性事件是北京大学"中国传统文化研究中心"的成立与社会上"读经热"的流行；第二阶段是 21 世纪的头 10 年，这一阶段的主要特点是政府主动参与和媒体积极推动，代表性事件是 2005 年轰动海内外的"祭孔活动"与中央电视台《百家讲坛》的热播；第三阶段是 21 世纪的第二个 10 年，这一阶段的主要特点是国家大力倡导和相关制度出台，代表性事件是"文化自信"的提出和中央文件《关于实施中华优秀传统

---

① 衣俊卿：《文化哲学十五讲》，黑龙江大学出版社 2011 年版，第 35 页。
② 关于国学热的基本情况和发展脉络可参见以下 2 篇文章：陈来《新世纪国学热的发展》，载《中华读书报》2014 年 1 月 29 日；陈壁生《十年来大陆"国学热"现象鸟瞰》，载《文化纵横》2010 年第 2 期。

文化传承发展工程的意见》的颁布；第四个阶段则是 2019 年底至今后相当长一段时期，是文化传承发展迈向制度化、常态化和长效化的重要阶段。

上述四个阶段依次递进，滚动发展，整体上呈现出由点及面、由浅入深、由乱至治的演变规律。以学界和民间相互联动、率先促发的 20 世纪末国学热潮为迎接千禧年的中国人提供了久违的传统文化精神盛宴；随后政府的积极参与为传统文化回归带来了可靠的体制保障和强大的官方助力，再加上各种媒体竞相摇旗呐喊，可以说进入 21 世纪后，"国学热"持续升温，风头日盛，国人谈儒论道、吟诗读经，研习传统文化蔚然成风。这一具有极强精神感召力的文化热潮，自然体现了中国人文化认同的意识苏醒和文化自觉的心灵归依，是极具意识形态价值的文化思潮。然而，在热潮的轮动中也难免泥沙俱下，"蹭热度"者有之、图私利者亦有之。当时，各类"国学大师"粉墨登场，"天价国学班"频频涌现，"国学超女"屡博眼球，星象占卜盛极一时。这些乱象呈现出将文化传承商业化、娱乐化和形式化的趋势，一定程度上丑化了"国学热"的正面形象，并导致传统文化回归有误入歧路的危险。这些现象呼唤着文化传承的规范化和科学化，于是，2014 年教育部率先颁布了《完善中华优秀传统文化教育指导纲要》，随后中共中央办公厅、国务院办公厅联合发布《关于实施中华优秀传统文化传承发展工程的意见》。这些文件的出台，标志着文化传承逐步进入建章立制的轨道，"国学热"由此被引导进入规范化的正确轨道。

上述对"文化热"和"国学热"的回溯，是从时代格局和社会全局的层面来展示当代中国教育的文化背景。因为当代中国教育的发展离不开特定时代条件和社会影响，时局热点自然也会慢慢影响学校教育，所以我们才指出 21 世纪后学校教育的文化氛围逐渐浓厚，传统文化教育（国学教育）也随"国学热"而进入校园，在历史余烬中重新燃起星星之火。党的十八大以后，也就是上述第三阶段，传统文化教育在学校教育中渐成气候，具体表现为顶层设计上已有规划，政策安排上已有依据，义务教育阶段的课程和教材已有落实，各地传统文化教育实践已产生一定成果。然而，在取得这些成绩的同时，学校传统文化教育也仍然存在一些问题。概括而言，主要有以下几个方面。

一是对传统文化教育的认知依然存在偏颇。这首先表现为对中国传统文化的现代价值认识不足。如前所述，受近现代历史的影响，在相当长时期内，传统文化差不多都被视为过时的和无用的知识而备受冷落。尽管21世纪前后的国学热潮使这一局面有所改观，但对中国传统文化蔓延百余年之久的误解根深蒂固，而且中国尚处于现代化进程之中，对知识教育、科教兴国的需求十分强烈，加之随全球化浪潮席卷而来的西方文化的冲击，种种原因使当下许多国人对中华优秀传统文化的重要性缺乏正确认识，分不清中华传统文化中的精华和糟粕，不能充分认识中华优秀传统文化的内在精髓和时代意义，对于优秀传统文化的定位还不够准确，还不能随着世情、国情、社情的变化去思考传统文化的现代价值。也有一些人思维片面，总用孤立、静止、极端的眼光看待传统文化，要么全盘接受，要么绝对否定，不能用辩证的态度进行批判接受，自然无法从文化精神角度去正确理解和认识中华传统文化，甚至在思想深处怀疑或否认中华优秀传统文化的现代价值，认为中华传统文化是落后的代名词。总而言之，上述种种认知误区反映出许多人对传统文化的认同感较为薄弱，对民族文化缺乏自信，使得开展中华优秀传统文化教育缺乏广泛而深刻的社会文化心理基础。如此一来，在传统文化教育中，许多教师就会出现对中华优秀传统文化精神内核认识流于表面、内涵把握不够深入的问题。由于教师缺乏对传统文化内涵与价值的深刻挖掘，在中华优秀传统文化教育理念上存在偏差，导致传统文化教育很多时候仅停留在表面知识的传授上，未能将精神内核和理性概括转化为学生可理解的、感兴趣的内容。尽管《意见》对优秀传统文化的精神内涵进行了提炼，但落实到具体的文化形态、载体或者典籍上时，许多教育工作者就无法准确地进行阐释，或者不能结合时代变化去改造、转化和创新。另外，也有一些教师因为对中华优秀传统文化精髓的了解不全面，往往将文化传承教育变成了一种"表演"，在功利且浮躁的心态中仅仅关注传统文化教育的形式意义，而忽视了学生在学习过程中的文化感受和精神成长。在这种情况下，传统文化教育的效果十分有限，并未对学生的思想精神起到实质性的作用。因此，当下的传统文化教育还面临一个"讲清楚"教育内涵和方式的重要问题。正如习近平总书记指出的那样："要讲清楚中华优秀传统文化的历史渊源、发展脉络、基本走向，讲清楚中华文化的独特创造、价值理念、鲜明特色，增强文化自信和价值观自信。"①

二是传统文化教育的运行机制还不完善。所谓机制，是指系统内部各要素之间的结构关系和运行方式，按照《辞海》的定义，机制是"指一个工作系统的组织或部分之间相互作用的过程和方式"。传统文化教育本身就是一项系统工程，它需要良好的机制来协调组织运行。然而在当前的学校教育中尚未探索出卓有成效的传统文化教育机制，从而大大制约了文化传承的实效性。这方面的问题具体表现为：管理机制不科学，落实机制不均衡，督导机制不配套，评估激励机制未跟上。首先来看管理机制，其主要问题在于有多个部门参与文化和传承发展的管理，这种格局虽然能体现诸多部门对文化建设的重视，但有时也会因为政出多门而不利于文化资源的整合利用，也不利于基层单位的政策落地。因为政策多元，各部门的着眼点和侧重点不统一，从而形成了一些政策交叉或政策堵点，这样就会使执行者出现无所适从的情况。其次，落实机制不均衡。由于受计划经济体制的影响，我国的文化传承发展工程往往采用"自上而下"的推动模式。这一模式在实际执行过程中，由于各地具体条件不同，相关情况有异，往往会遭遇"上有政策、下有对策"的尴尬局面。有时由于政策不配套或多种政策相互间未能协同呼应及政

---

① 习近平：《习近平谈治国理政》第 1 卷，外文出版社 2018 年版，第 155 页。

策未能充分照顾各地具体实际等原因，基层部门在政策执行上大打折扣。这种政策落实的不均衡现象，明显背离了传统文化教育的初衷，急需得到纠正。再看教育督导机制。教育领域一直存在督导机制，其主要任务就是针对各教育单位执行教育方针政策进行指导、监督和促动，这是推动教育事业发展的一个有效举措。但到目前为止，在各地教育行政部门的督导机制中，很少有将文化传承发展的各项政策要求纳入督导范围，并细化为督导指标，切实督促有关部门和学校加紧落实的。由于教育督导这一重要环节落实不到位，传统文化教育的实施也就缺少了一大助力，学校传统文化教育在很大程度上处于放任自流状态。最后是评估激励机制尚未跟上。从教育管理的角度来说，评估激励机制是促使传统文化教育有效实施的强大动力。因为在教育系统，不论是学校，还是校长、教师个人，都要接受教育主管部门的多维评价及相应的激励机制。对学校而言，评价结果会与政策倾斜、经费划拨、资源分配等密切挂钩；对个人而言，评价结果会与职务升迁、职称晋级、收入增加等紧密联系。所以评价激励机制若运用得好，对于教育目标的达成将大有裨益。2020 年 10 月，中共中央、国务院专门出台《深化新时代教育评价改革总体方案》，就是希望运用好"评价"这根指挥棒，来完善立德树人体制机制，扭转不科学的教育评价导向，加快推进教育现代化。然而，目前在市县一级教育行政管理部门的教育评价方案中，不少部门并没有将传统文化教育作为重要的评价指标赋予其相应的评价权重并对学校和教师进行相应的评价，这就严重抑制了学校传统文化教育的积极性。当然我们也能理解传统文化教育是一项长期复杂的系统工程，它既不容易量化，也不能快速见效，但这并不意味着就不能创建相应的考评机制。我们相信，只要真正重视并根据广大学校的丰富实践去精心研制，就一定能制订出推动传统文化教育大发展、大繁荣的新型评价方案。

三是学校传统文化教育的纵向衔接还不顺畅。《关于实施中华优秀传统文化传承发展工程的意见》指出，传统文化教育要"贯穿

于启蒙教育、基础教育、职业教育、高等教育、继续教育各领域",
也就是说要贯穿国民教育始终,要使人生的各个阶段都能不断接受
优秀传统文化的熏陶和滋养。人生是一段不可逆的时间进程,在学
校教育阶段一般会经历幼儿教育、小学教育、初中教育、高中教
育、大学教育等几个学段。那么,如何使各个学段的传统文化教育
做到循序渐进、层层深入、环环相扣、衔接有效,这是学校传统文
化教育必须解决好的重要问题。2014 年教育部发布的《完善中华
优秀传统文化教育指导纲要》就特别提出要"以推进大中小学中华
优秀传统文化教育一体化为重点,整体规划、分层设计、有机衔
接、系统推进"。但目前传统文化教育的幼小衔接、中小衔接、大
中衔接等环节受重视程度还不够。许多学校的传统文化教育还是各
自为政、各念各经,没有做到瞻前顾后、承上启下,在目标、课
程、内容上都出现了交叉重叠的现象。在传统文化教育的目标设定
上,很多学校无法准确把握目标系统的制定原理和方法,未能对目
标进行有效分层,以设定传统文化教育的总体目标、学段目标、学
科目标、单元目标等。由于目标意识欠缺和目标定位模糊,学校传
统文化教育就不可避免地出现随意性和重复性。其实这一问题的解
决可以在《纲要》里找到方案。《纲要》明确指出:小学低年级,
以培育学生对中华优秀传统文化的亲切感为重点,开展启蒙教育;
小学高年级,以提高学生对中华优秀传统文化的感受力为重点,开
展认知教育;初中阶段,以增强学生对中华优秀传统文化的理解力
为重点,提高对中华优秀传统文化的认同度;高中阶段,以增强学
生对中华优秀传统文化的理性认识为重点,引导学生感悟中华优秀
传统文化的精神内涵;大学阶段,以提高学生对中华优秀传统文化
的自主学习和探究能力为重点,培养学生的文化创新意识,增强学
生传承弘扬中华优秀传统文化的责任感和使命感。从中可以看出,
《纲要》对各学段传统文化教育的目标设定提出了很好的思路,但
为何学校在执行中会产生偏差呢?其中原因除各学段、各学校各自
为政、"大中小幼"各学段教师之间缺少互动之外,还由于教育工

作者没有认真研究和挖掘优秀传统文化内涵，不了解各个学段应纳入哪些优秀传统文化教育内容，不清楚上下各学段之间的逻辑关联，没有将优秀传统文化内涵的层次性和各学段学生身心发展的阶段性有效结合起来，没有在一体化和系统性的思路下去认真设计文化传承内容，所以有时候知识重复，有时候知识断档，常常出现幼儿园学了《弟子规》、初中还要学习《弟子规》的情况。这种教育内容的重置、教育目标的重叠和教育方式的重复导致"大中小幼"文化传承出现明显的脱节和断裂，从而严重阻滞了传统文化教育的发展。

四是学校传统文化教育的横向协同还未见效。在教育场域内，传统文化教育的横向拓展应该包括这样几对关系：学科之间协同、课程之间协同、课内课外协同、校级之间协同、教育区域之间协同、"家校社"协同等。由于当前传统文化教育一体化建设机制还有待完善，教育共同体的概念也未深入人心，所以这些维度的协同情况均不理想。就学科协同而言，2021年1月教育部发布的《中华优秀传统文化进中小学课程教材指南》提出了"3＋2＋N"全科覆盖模式，即"以语文、历史、道德与法治（思想政治）三科为主，艺术（音乐、美术等）、体育与健康学科有重点地纳入，其他学科有机渗透"的传统文化教育格局。但从目前情况来看，除语文学科的传统文化教育落实情况较好之外，其他学科的"有机渗透"并不明显。这主要是因为其他学科对传统文化教育的载体、内容、方法还未能做出统一、细致的规划，所以无法有效执行。另外，由于旧有观念的惯性影响，其他学科教师也一时难以适应学科知识与优秀传统文化的融合。这些因素导致传统文化教育的"全科覆盖"的效果打了折扣。就课程协同而言，传统文化教育在各个学段可以体现为独立课、融合课、活动课、实践课等，这些样式不同、功能不一的课程，如何在文化育人总体目标的导向下相互呼应、相互补充，发挥各自的独特作用，是传统文化教育的重要课题。但是当前的情况是，绝大部分学校根本没有独立的传统文化教育课程，部分学校在语言文学课程中有所渗透，也有一些学校在活动课、实践课中融入了优秀传统文化要素。但极少有学校能将不同课程充分运用起来，或者投入力量创建校本课程及地域优秀传统文化特色课程，全方位、多角度地开展传统文化教育。一些学校未能立足课程教学落实传统文化教育，这不能不说是丧失了文化育人的一大阵地。因为在学校教育教学过程中，课堂教学一直是凝聚教师主要心血、占据学生主要精力的环节。只有将传统文化教育和学科课堂教学融为一体，发挥学科与课程教学的优势，才能改变传统文化教育"单兵作战"或"无后方作战"的局面，才能扭转学校教育"重知轻文"的状况。而课内课外协同主要指的是在课堂教学之外传统文化教育还要覆盖学校其他场域，比如在学校管理、校园环境、人际关系、后勤服务等方面都要渗透优秀传统文化要素，做到让学生能够全天候、全空间贴近优秀传统文化。在这一方面，很多学校由于受自己既有办学理念的影响，无法迅速或者顺利地向传统文化教育转型，所以在校园文化建设方面优秀传统文化的成分并不丰富，导致优秀传统文化教育效果不彰。而学校之间以及教育区域之间的协同目前已引起很多有识之士的重视。据了解，当前很多地方都出现了教育集团化、教育协作片区化的实践。这类协同能够实现资源共享，形成教育合力，确是值得推广的新模式。但深入了解也能发现，这种集团化、片区化的协作有时也无法突破因教育行政区划设置而带来的某些制约和壁垒，尤其是升学率排序、教学质量评价、教育资源划拨及地区经济发展水平等竞争性因素导致区域协同不可能走上"无障碍通道"。这种情势自然也会影响传统文化教育的校际协同和区域协同。当前较为普遍的情况仍然是沿袭了多年的做法，即"一校一品"、各领风骚。学校之间在传统文化教育方面的相互协作少之又少，至于上升到区域层面的传统文化教育共同体更是凤毛麟角。这就形成了传统文化教育"千人千面"、参差不齐的局面，十分不利于学校文化育人的共同推进。至于"家校社"协同方面目前留下的空白更多。党的十八大以来，整个社会对优秀传统文化的重视程度明显提升，尤其是一些影响力较大的媒体推出的宣传国学经典节目，如《百家讲坛》《中华诗词大赛》《典籍里的中国》《阅读经典》等，更是给社会大众亲近优秀传统文化提供了很大助力。在这种利好的文化氛围下，以学校为基点的常态化、稳定性的"家校社"文化育人协同机制应该尽早普遍建立。在一个相对完整的区域内，如果有影响力的学校没有在传统文化教育方面发力，就不可能带动千百万家庭参与进来，自然也无法与社会的传统文化热潮有效融合。所以目前在传统文化教育方面，除了个别学校与家庭建立了深度合作外，大部分地区的学校、家庭和社会依然处于分散割裂状态，沿着各自的轨道独立演进，没有开展高水平整合，从而使学校传统文化教育的推进既缺少环境支撑，又难以顺利拓展。

总而言之，当前学校传统文化教育确实还存在不少问题，但这些问题毕竟是发展中涌现出来的现象，是完全可以通过努力解决的。因为从整个国家大环境看，传统文化教育进入了一个非常好的时期。党中央十分重视，政策支持十分给力，社会氛围密切配合，又有20余年传统文化教育实践提供的丰富经验。因此，传统文化教育向纵深推进依然值得期待。我们要倍加珍惜中华优秀传统文化所积累的知识智慧和理性思辨，这既是我们的独特优势，也是我们的精神血脉。教育必须加强对中华优秀传统文化的挖掘和阐发，"使中华民族最基本的文化基因与当代文化相适应、与现代化社会相协调，把跨越时空、超越国界、富有永恒魅力、具有当代价值的文化精神弘扬起来"[1]。

---

① 习近平：《习近平谈治国理政》第2卷，外文出版社2017年版，第340页。

第三章
中华优秀传统文化教育一体化的
理论依据与实践逻辑

学校肩负着文化育人的重要使命，然而在相当长一段时期内，中国教育受到功利主义和应试教育的影响，导致了一定的文化缺失，尤其是传统文化教育存在诸多问题。为了改变这种状况，大力推动"大中小幼"传统文化教育一体化建设应该是除弊纠偏的一剂良药。那么，为何"一体化建设"能起到药到病除的效果？对其理论依据和实践逻辑的分析，将有助于我们认识它的内在机理和外在表现。

第一节　中华优秀传统文化教育
一体化的理论依据

"大中小幼"中华优秀传统文化教育一体化是一项社会系统工程，也是一次群体性、创造性的宏大实践。党的十九届四中全会审议通过的《中共中央关于坚持和完善中国特色社会主义制度、推进国家治理体系和治理能力现代化若干重大问题的决定》指出，"坚持共同的理想信念、价值理念、道德观念，弘扬中华优秀传统文化、革命文化、社会主义先进文化，促进全体人民在思想上精神上紧紧团结在一起"是我国国家制度和国家治理体系中的显著优势。

传统文化教育一体化建设实际上也是走向教育体系治理优化的重大实践。这一理念不是空穴来风，而是具备深厚的理论基础。

一、一体化理论

中华优秀传统文化教育一体化理论的首要内容就是"一体化"。"一体化"作为当前经济社会发展中运用广泛的概念，越来越受到人们的追捧。其实早在中国古代，"一体"概念就已出现。《管子·七法》中曾提到"有一体之治，故能出号令，明宪法矣。"《汉书·礼乐志》则记载："二者并行，合为一体。"可见，古代中国人很早就有了"一体"的概念，它也有一定的真理性。而"一体化"（integration）概念最早出现在 20 世纪初的西方，至 20 世纪 70 年代渐渐在欧美形成了较为完整的"一体化理论"。① 美国国际问题专家卡尔·多伊奇认为："一体化通常意味着由部分组成整体，即将原来相互分离的单位转变成为一个紧密系统的复合体。……在这种关系中它们相互依存并共同产生出它们单独时所不具备的系统性能。"② 中国学者也对"一体化"提出过自己的看法："一体化就是将两个或两个以上的互不相同、互不协调的事项，采取适当的方式、方法或措施，将其有机地融合为一个整体，形成协同效力，以实现组织策划目标的一项措施。"③ 由此可见，"一体化"是两个或两个以上的自然体（单元）为达成整体的利益诉求和一致的组织目标，基于平等理念和共同体意识，借助统一机构和相同政策，联合成为一个具有新的结构和功能的复合体的过程。"一体化"最为重要的意义在于事物之间的相互联系及在这种联系中所产生的新的结

---

① 胡延新：《"一体化"和"重新一体化"：概念的提出及其修正》，载《东欧中亚研究》1997 年第 2 期，第 23 页。

② ［美］卡尔·多伊奇：《国际关系分析》，周启朋等译，世界知识出版社 1992 年版，第 276 页。

③ 《集约型一体化管理体系创建与实践》编委会：《集约型一体化管理体系创建与实践》，中国石化出版社 2010 年版，第 9 页。

构和功能，它往往和部分与整体、复合与联系、重构与再造、平等与统一、合力与增效等关键词紧密相连。总之，"一体化"作为分散而又相互联系的多种要素组合而成的协调性整体，特别注重系统内各部分之间的协调性和有机联系，特别强调整体效果大于各部分、各部门效果之和。

一般认为，一体化理念在出现之后最初主要运用于政治和经济领域，其后逐渐向其他领域拓展。目前人们常常提到的有政治一体化、经济一体化、区域一体化、城乡一体化、制度一体化、管理一体化、交通一体化、功能一体化、横向一体化、纵向一体化、一体化设计、全国一体化政务服务平台等。可见，一体化理念正在向人类社会各个领域渗透，并逐步成为推动社会经济发展的一股重要力量。教育领域的一体化建设自然也不例外。在学校教育中，使用较多的有产学研一体化、家校社一体化、考评建一体化、课内外教学一体化及教育信息技术一体化设计等。具体到某一学科或课程，从现有可查找的资料来看，最常见的是"大中小学思想政治教育一体化"，因为习近平在学校思想政治理论课教师座谈会上特别强调，要"把统筹推进大中小学思政课一体化建设作为一项重要工程，推动思政课建设内涵式发展"[①]。受"大中小学思想政治课程一体化"的辐射和影响，大中小学德育课程一体化、大中小学爱国主义教育一体化、大中小学心理健康教育一体化、大中小学体育课程一体化、大中小学劳动课程一体化等理念纷纷进入人们的研究视野和实践范围。然而颇为遗憾的是，"大中小幼"中华优秀传统文化教育一体化建设的研究与实践却几乎没有成果和现成案例。

实际上，学校的优秀传统文化教育一体化建设十分必要。从前面所述国家政策演进的角度可知，国家层面已经统一制定了在国民教育体系中开展中华优秀传统文化教育的目标，即传承和发展民族文化，增强文化自信，培养中华民族共同体意识，提升国家文化软

---

① 《用新时代中国特色社会主义思想铸魂育人 贯彻党的教育方针落实立德树人根本任务》，载《人民日报》2019年3月19日，第1版。

实力等。然而一体化的总体目标并不能必然产生一体化的教育实践，当前学校传统文化教育依然存在许多不合理现象。从教育主体看，不同区域、学校和教师在文化育人方面的水平参差不齐，亟待统整和规范；从教育对象看，学生身心发展是一个由低到高的渐进过程，教育体系则相应的出现了"幼—小—中—高"的不同学段，不同阶段学生的学习能力和学习素养是有明显差异的，所以需要在整体规划中去照顾和耦合对象的不同特质，才能顺利实现有效"进阶"；从教育载体看，当前学校传统文化教育的课程、教材及运行机制并未完全统一，传统文化读物五花八门，教育方式千差万别，需要进行整合提升。总之，"大中小幼"中华优秀传统文化教育亟待通过形式一体化、内容一体化、外延一体化来实现教育要素整合、教育阶段衔接、教育关系耦合、教育学科融合。因此，将"一体化理论"运用于整个国民教育体系中的传统文化教育，就是要立足文化育人的根本任务，统合教育资源，形成整体合力，合理安排教育内容，有序衔接上下学段，强调整体性，重视系统性，突出贯通性，从而实现"大中小幼"中华优秀传统文化教育由浅入深、循序渐进、相互衔接、有机统一。

二、系统论

系统（system）一词来源于古希腊语，最初含义是"由部分组成的整体"[①]。《现代汉语词典》对"系统"的定义则是："由若干元素按一定关系组合的具有特定功能的有机整体，其中的元素又称为子系统。"作为一门理论的系统论，则是由美籍奥地利生物学家贝塔朗菲于1947年创立。这位创始人对"系统"的定义如下："处于一定相互联系中的与环境发生关系的各组成部分的总体。"[②] 在国内，大多数人比较认同著名科学家钱学森的观点，即"系统是相

---

① 闫昌锐：《系统德育论》（博士学位论文），华中师范大学2019年，第45页。
② 转引自王诺《系统思维的轮回》，大连理工大学出版社1994年版，第38－39页。

互作用和相互依赖的若干组成部分合成的、具有特定功能的有机整体，而且这个系统本身又是它所从属的一个更大系统的组成部分"①。从上述若干定义可以看出系统的主要特质，那就是：某些相互间既有区别又有联系的事物单元通过有机结合而形成的、能够达到共同目的的、相对独立的有机整体。

作为以系统为研究对象的科学理论，系统论认为世界上任何事物都可以看作是一个系统，而任何事物都以这样或那样的方式包含在某个系统之内。"系统是一切事物的存在方式之一，因而（一切事物）都可以用系统观点来考察，用系统方法来描述。每一个系统都是由许多相互联系、相互制约的子系统构成的整体，每个子系统又都由各要素所构成，系统中的诸多要素必须相互影响、相互作用、有机结合、和谐有序，才能使整个系统保持它的正常运转。"②由此可见，系统论的核心理念就是，要把研究或处理的对象看作一个整体系统，再用有机联系的观点分析事物的互动关系和动态发展。

从这一认识出发，我们可以梳理出"系统"有以下特点。一是集合性。系统，顾名思义，就是一系列事物的统合，"一系列"自然是复数，所以系统至少由两个以上的子系统组成，因而是"多"个元素集合而成的整体。二是整体性。如果"系列"是多的话，"统"则是"一"，是一个整体，所以系统是由"多"走向"一"的过程，是部分与整体的统一。当前流行的认知主义学习理论就十分重视学习的整体性，特别指出："从人们对客体的认识来说，只有认识了部分，才能更好地认识整体；也只有认识了整体，才能更好地认识部分，这是认识论的原则。"③所以，用整体视野看待事物，就能够将系统的各部分整合起来，使整体提升并形成强大合

---

① 转引自王雨田《控制论、信息论、系统科学与哲学》，中国人民大学出版社1986年版，第401页。

② 许国志：《系统科学》，上海科技教育出版社2000年版，第17页。

③ 孙小礼：《从部分与整体谈科学方法》，载《自然辩证法通讯》1993年第4期，第10－18页。

力。三是层次性或者说有序性。系统内部的多个子系统不是杂乱无章的堆积，而是根据各个子系统的不同特质和差异性，以及系统所需要的结构和功能进行自组织、自调节，形成层次分明、等级清晰的有序结构。四是关联性。在一个系统内部，系统与子系统之间、子系统与子系统之间、系统与外部环境之间都按一定关系相互联系、相互影响、相互作用。这种关联具体表现为横向关联、纵向关联、纵横关联等，它们一起构成系统内部立体交错的关系网络，由此保障系统内部之间的稳定结构和有效运行。

从系统的上述特征可以看出，系统论与一体化虽然都强调整体，但二者的着重点并不相同。一体化着重将互不相同的事物组成一个有机整体，强调"化"的过程，是一种动态机制；系统论则关注事物本身的组织归属，强调此事物与彼事物之间、部分与整体之间的相互联系和相互作用，是一种关系分析。因此，运用系统论来考察学校传统文化教育，将为我们提供一种全新的整体视野和系统思维。

首先，学校教育本身就是一个宏大系统。我们常说的国民教育体系，就是以学校教育为主体的巨型系统，其中包含着极为广泛的构成要素和数量庞大的子系统，诸如各学段教育就是一个子系统，各学科均为子系统，各门课程也是子系统，各个不同的学校也是一个独立的系统，师资队伍常被称为"教师系统"，系列教材也是系统，教育教学方法自成体系，自然也有不同的子系统，等等。这些子系统之间实际上具有结构和功能上的耦合关系，如果缺少任一子系统的作用，教育系统就会丧失整体功能，而各子系统的联结也会降低效能。所以，学校教育无论如何不能被排除在"系统"之外，反而具有极强的系统性。只有用系统论的原理来认识它、推动它，才能促使系统内部的有机联系和结构凝练出各子系统所不具有的新功能，从而取得更加理想更加丰满的成效。如果各个学段、各个学校各自为政，只顾部分不顾整体，就会陷入割裂式的自我封闭之中，无法展现教育的整体效应。正如恩格斯所说："我们抓不住整体的联系，就会纠缠在一个接一个的矛盾之中。"① 只有运用系统思维，把整体中各个组成部分按照一定的秩序组织起来，通过普遍联系而起作用，才能实现"整体大于部分之和"的作用。

其次，传统文化教育也是一个特殊系统。前面我们多次指出，从广义的角度而言，文化就是人类全部历史经验的总和，所以具有整体性和系统性。中华优秀传统文化作为人类文化的一个子系统，自然具有明显的系统特征。例如：从纵向看，中华优秀传统文化包括先秦子学、两汉经学、隋唐佛学、宋元理学、明清朴学、近代新学等；从横向看，则包括国德、国魂、国法、国制、国学、国艺、国俗、国技等。② 如果再进一步细分，中国优秀传统文化也可分为精神文化、制度文化、物质文化等，其中精神文化又包括三个层面的内容：一是核心思想理念，二是中华传统美德，三是中华人文精神。由此可见，中国优秀传统文化是一个内容极为丰富、层次结构鲜明、组织架构严密的庞大系统。当优秀传统文化与学校教育相结合的时候，自然是两个巨型系统的交叉融合，更需要运用系统理论来揭示其中存在的种种复杂性问题。唯其如此，传统文化教育才能从局部转向整体，从封闭转向开放，从单一要素转向多维综合。

最后，个体生命更是一个复杂精妙的系统。人是教育的主体，更是教育的对象。而人的身心成长是一个均衡发展的系统工程这个观点，则已为绝大多数人所接受。人的生命发展从纵向看，是具有层次性和阶段性的线性过程；从横向看，则是各种人际关系、社会关系的连接和拓展。因此，秉持系统理论观点来考察人的生命完满，就能更清晰地认识人的本质属性，更深入地挖掘人的素养内涵，更准确地规划人的成长轨迹。这一点将在下一节做进一步阐述。

---

① 《马克思恩格斯全集》第 20 卷，中共中央马克思恩格斯列宁斯大林著作编译局译，人民出版社 1971 年版，第 506 页。

② 参见柯可《国学教纲·导论》，世界图书出版广东有限公司 2015 年版，第 1 页。

三、人的全面发展理论

人的全面发展理论是马克思主义的重要内容。在马克思主义看来，人是社会存在的首要前提，是一切思想、理论的生活基础。因此，人的全面发展是社会发展的主要体现，也是人类追求的终极目标。教育的根本目的也是为了推动社会发展和人类进步，所以，教育与人的发展息息相关。

关于人的全面发展，马克思主义创始人的经典论述主要有五个方面的内涵。一是关于"人"，全面发展的人既包括每一个个体，也指向社会所有成员；每一个个体的全面发展是整个社会发展的前提，即"每个人的自由发展是一切人的自由发展的条件"，而所有人的全面发展则是个体发展的归宿。马克思关于人的全面发展的理论首先体现出他对人的高度重视，在马克思看来："全部人类历史的第一个前提无疑是有生命的个人的存在。"① 人类为了生存发展而进行的一系列实践活动及其结果就构成了人类历史，因而"历史不过是追求着自己目的的人的活动而已"②。就此而言，在人与社会发展的辩证关系中，人的发展是社会发展的目的和实质。所以，突出人的中心地位，推动人的全面发展，就成为人类全部活动的出发点和归宿点。马克思对"人"的这种认识，为人类教育确立了牢固的人本主义立场。这一点，无疑是文化育人一体化的重要理论依据。二是关于发展动力，即人的发展是人的需要的体现。马克思将人的需要产生看作是"人的本性"使然，并将人的各方面需要放在生存的首要位置予以重点考察。正如西方马克思主义者肖恩·塞耶斯所指出的："各种普遍需求确实在马克思的社会理论中起到了至关重要的作用。马克思以此来解释这样一种事实：即所有人类，无论他们属于什么特殊的社会，必需从事满足他们物质需求的某种活

① 《马克思恩格斯文集》第 1 卷，人民出版社 2009 年版，第 519 页。
② 《马克思恩格斯文集》第 1 卷，人民出版社 2009 年版，第 295 页。

动，因此，他们必定融入社会生产关系之中。这些观察构成了马克思历史理论的起点，也是其唯物主义的基础。"① 立足于这一基础，马克思运用历史唯物主义观点，对人的需要做进一步分析，认为人的需要是多维度多层次的，大体上可划分为生存需要、享受需要和发展需要三个层面。而人的需要的全面满足恰恰就是人的自由全面发展的内在动力和前提条件。可以这样说，正因为人产生了多层次的需要尤其是精神需要，并通过生命实践不断地满足自己的需要，人类才逐步超越了动物世界，走向生命演化的最高形式，成为智慧生物。而在人类的生命实践中，教育是满足人类精神需求、推动人类文化生命不断趋于完满的重要途径，所以文化教育在人的全面发展中不可或缺。三是关于"全面"，用马克思的话说，即"人以一种全面的方式，就是说，作为一个完整的人，占有自己的全面的本质"②。这句话中的两个"全面"，一个指手段的全面，一个指结果的全面，也就是说人类可以采取一切可能的手段，去实现自己的全面发展。马克思的这一观点，揭示了人的全面发展的本质，那就是"培养社会的人的一切属性，并且把他作为具有尽可能丰富的属性和联系的人，因而具有尽可能广泛需要的人生产出来——把他作为尽可能完整的和全面的社会产品生产出来"③。只有这样的人才能推动社会发展，才能生产出更符合人类自身进化的新的需求。这种"全面性"要求落实到人类的教育活动，就是要求教育应当向人的整个生命和生命的整个过程敞开。换句话说，就是让人人都接受合适的教育，让每一个人的教育都涵盖他的"全生命周期"，让教育的全部内容都为他的全面发展的需要服务。四是关于"发展"，马克思指出，发展是"使人自身的自然中蕴藏着的潜力发挥出来，并且是这种力的活动受他自己的控制"④。按照马克思的观点，人的全

① ［英］肖恩·塞耶斯：《马克思主义与人性》，冯颜利译，东方出版社 2008 年版，第 200 页。
② 马克思：《1844 年经济学哲学手稿》，人民出版社 2000 年版，第 85 页。
③ 《马克思恩格斯全集》第 30 卷，人民出版社 1995 年版，第 389 页。
④ 《马克思恩格斯选集》第 2 卷，人民出版社 2012 年版，第 169 页。

面发展就是通过各种有效的方式将自身的潜能充分挖掘出来并发挥作用，而且人在运用自己智慧和能力进行生命活动的时候，人是自主的、自由的。这种自由自觉的实践能力，被马克思称为"人的本质力量"。所以人的发展实际上就是人的本质力量不断获取、不断提升的过程。就人类整体的发展而言，这个过程既是循序渐进、螺旋上升的，也是动态开放、永无止境的。它呈现出由低到高、由表及里、由感性到理性、由量变和质变不断发展变化的演进轨迹，因而具有顺序性、阶段性、联系性的特征。这样一种运动变化的发展态势，无论是过程还是结果，都需要一种"能受控制"的机制予以驾驭和推动，而"一体化"模式就是在教育领域有效管控人的发展的运行机制。五是关于发展的条件，马克思说："一个人的发展取决于和他直接或间接进行交往的其他一切人的发展。"① 因为"只有在共同体中，个人才能获得全面发展其才能的手段，也就是说，只有在共同体中才可能有个人自由"②。马克思的阐述指明了人的全面发展的一个重要条件，那就是个体的自由发展是受人类整体的自由发展所影响的，没有其他一切人的全面发展，某一个人的发展就不可能。因此，只有人类社会的共同发展才能实现每一个人的全面发展。这一观点为传统文化教育一体化提供了强大的理论支撑，因为一体化的本质就是追求文化育人的整体发展和共同进步。

综上所述，马克思关于人的全面发展理论是"人""自由而全面""发展"三者的有机统一。他告诉我们，人的全面发展是人类社会进步的最大保障，这种发展，从横向看，是所有人的全素养的发展；从纵向看，是每一个人的全部生命历程的发展；从纵横联系看，是个人与他人、自由与全面、有限与无限、生成与完善、阶段性与全周期的互动发展。要实现这种发展，除了马克思所强调的劳动生产这一实践途径之外，还有一条重要路径就是教育。正如德国著名哲学家康德所言，人需要"一种均衡且合目的地发展人之一切

---

① 《马克思恩格斯全集》第 3 卷，人民出版社 1960 年版，第 515 页。
② 《马克思恩格斯文集》第 1 卷，人民出版社 2009 年版，第 571 页。

禀赋的教育"①。这种教育必须是均衡全面的、系统整体的，才能培育拥有"一切禀赋"的全人。而系统化、一体化的文化育人机制，就是通向这种教育的最佳途径。

四、共生理论

"共生"一词作为理论术语由德国植物学家安东·都·巴里于1879年提出，最初主要指不同种类的生物密切生活在一起。其后，随着对"共生"现象的研究、拓展，共生理念逐步引起社会学家、人类学家、生态学家、伦理学家、经济学家、管理学家乃至政治家的关注，共生理论也由此从生物学领域向人文社会科学领域推进，成为研究复杂社会现象或解决相关社会问题的新思路和新依据。

随着百余年来的不断研究，共生理论越来越具有丰富而确定的内涵。概括而言，共生"是指基于某些共同的价值、规范和目标向异质者开放的一种新的结合方式与关系，它体现了创生、发现、保持异质者的生命进程"②。也就是说，共生是一种以生命有机体为中心、以异质性为前提、以关系为方法、以密切交往和相互影响为途径的生命状态和生长过程，它以多元异质的生命保存、延续和提升为主要内容，具体表现为共同生存（包括共同存在）、共同生活和共同发展。三者是和谐统一的：共同生存是基础，这是生物层面上的生命保存，同时也是必不可少的前提；共同生活则指生命的延续，兼顾物质与精神两方面，重在精神生活的追求，同时又为生命质量的提升准备条件；共同发展则着眼于生命质量的提升，从未来着眼要求一种更高水平的存在。

考察三者的相互关系与作用，我们可以进一步梳理出共生理论的四个构成要素，即共生单元、共生模式、共生界面和共生环境。共生单元是指构成共生体的各个相对独立的组成单位，是构成整个

---

① ［德］康德：《论教育学》，赵鹏、何兆武译，上海人民出版社2005年版，第7页。
② 李燕：《共生哲学的基本理念》，载《理论学习》2005年第5期，第73-74页。

共生系统的基础元素。根据事物间共生关系的不同以及共同体特征的差异，共生单元的划分就会出现不同群组。例如，如果国民教育体系是一个共生体，那么它的共生单元就是各个学段和不同学校；如果一个年级是一个共生体，各个班级就是共生单元；同样，如果"大中小幼"传统文化教育课程是一个共生体，那么学前教育、义务教育、普通高中和普通高校各阶段的相关课程就是不同的共生单元。共生模式是指共生单元相互结合并产生相互作用的特定方式和形态，是影响共生系统运行的关键因素。根据共生单元间相互沟通、联系的不同方式进行划分，共生模式可分为寄生、偏利共生、非对称性互惠共生和对称性互惠共生四种。以教育系统的共生现象为例，许多高校的附属学校多为寄生模式，不同地区（尤其是发展不平衡区域）多所学校结对帮扶属于偏利共生（有一方会得利更多），某社区小学与幼儿园深度衔接属于非对称性互惠共生（在互惠过程中小学对幼儿园应有更多指导），某地区同类型高校结成创新联盟则属于对称性互惠共生。当然，这些不同性质的共生模式并不是一成不变的，而是随着共生单元之间联系方式的变化而变化，比如寄生可以向偏利共生、互惠共生等更高一级模式演化。共生界面是指共生单元之间能量传导、物质交换、信息传输的中介组织或媒介形式，是共生单元之间"共生"得以实现的各种路径或桥梁。比如教育指导中心就是乡镇中小学共生体的界面，教师发展中心就是县区各学校构建教研教改共生系统的界面，各地涌现的教育试验区则大多是师范院校与中小学校协同共生的界面。共生环境是指影响共生单元之间存在、发展的外部条件，包括整个共生体系得以运作的各种外部因素。比如国家相关政策、制度等就是构成共生环境的重要因素，具体到传统文化教育，前面提到的《完善中华优秀传统文化教育指导纲要》《关于实施中华优秀传统文化传承发展工程的意见》等文件就为广大学校构建了传统文化教育的良好共生环境。

　　在对共生系统的构成要素进行分析之后，对其特征的把握就有了一定的认知基础。大体而言，共生系统的特征主要有三点。一是异质差异性。只有"异"的存在，才有"共"的前提和追求。当今世界，各种事物的情状是千差万别的，也正是因为不同质的事物的存在，才构成了世界的多样性，才形成了各种生命共存共荣的生态系统。所以，多元共生原本就是这个世界的本质。因而在共生系统中，每一个共生单元都不是完全相同的，而是各自具有区别于其他单元的异质性。承认异质性、认清异质性，是了解共生系统的先决条件。二是整体共存性。这一点是共生理论的价值核心。有研究者认为，共生理论在某种程度上是对达尔文"生物进化论"的一种反拨。因为在共生理论看来，只要有存在的理由和愿望，"劣"的事物就不必一定被"优"的事物所淘汰，优胜劣汰并不是这个世界发展的唯一选择，甚至都不是主要选择。尊重每一个事物的生存权，实现整体的共存共荣，应该是人类进步的最佳方向。因此，共生理论完全可以上升为一种新的世界观和方法论，以便人类用一种整体思维和共生理念来对待每一种事物以及由各种事物组成的互动共生的生命体系。三是合作互动性。这一特质是共生体系得以形成和持续的内在机制。既然共生系统内部由多个单元组成，那么这些种类繁多的构成要素要实现相互依存、互动发展，就必须在相互之间形成有效联系、互惠合作。如果共生单元间能量传导、信息传递、效用传输不能到位，那么整个体系就很难达成有效共生状态。当然，合作互动不是相互替代，而是在保留自身特性基础上的有益补充、相互促进。①

有学者指出："新的时代背景下的真实需要——共生需要凸现在全世界面前，这为建构和认同共生理念提供了强大的内在动力。"② 确实如此，许多社会学家纷纷提出当今人类社会已进入一

---

① 以上关于共生理论的内涵与特征主要参考姜勇等《基于共生理论的大中小学体育课程一体化困境审视及优化策略》，载《辽宁师范大学学报》（社会科学版），2021年第6期，第121－127页。

② 方玮：《共生理念：全球化进程中的价值建构》，载《长白学刊》2001年第6期，第32页。

个"多元共生的时代"，只有秉持共生理念，才能解决许多因全球化蔓延以及强权政治、资本掠夺、文化霸权等带来的各种"排他性"问题，才能进入"四方民物俱昭融"的理想境界。因为"共生进化理念反映了共生系统的普遍本质，而共同优化、共同发展、共同适应则是单元共生的深刻反映"①。而共生系统中的互惠共生模式是最有利于生物进化和社会进步的发展模式，建构并推动这一模式的决定性条件就是"一体化"的共生条件，因为"一体化"共生条件特别强调共生系统的统一性和共生进化的同步性，强调异质共存的共生单元之间的共生度和亲联度，充分展现出共生单元在共同环境中对共生对象的自我协调与相互尊重，从而使各共生单元在一体化的互动合作机制驱动下不断自我完善、自行趋优，进而实现共生系统整体趋优的发展目标。毫无疑问，中华优秀传统文化教育一体化建设就是运用共生理论来改善共生关系、优化共生结构，使国民教育这一共生体系内的共生单元（各个学段、各个学校、各个受教育者）实现互惠、互补、合作，在相互激励、协同互助中共同发展进步。

第二节　中华优秀传统文化教育
一体化的实践逻辑

在理论上对中华优秀传统文化教育一体化的创建依据进行全面梳理之后，接下来阐述的重点将转向实践层面。传统文化教育本质上是人类的一项实践活动，归根到底要通过人类的生命实践来呈现其动态过程。因此，从实践维度进一步考察它的运行机制和演进逻辑，将有助于推动优秀传统文化教育一体化走上一条正确有效的

---

① 　袁年兴：《共生哲学的基本理念》，载《湖北社会科学》2009 年第 2 期，第 101 页。

轨道。

这种考察自然要从特定活动的相关要素入手。一般而言，教育活动包含主体（教育者和受教育者）、时间（教育过程）、空间（教育场域）、载体（学科课程）及组织方式和教育手段等因素。就主体而言，人是社会关系的产物，教育者与受教育者的同时存在与相互影响才能形成教育的人际架构和主体性质；就时间而言，人的生命是一段线性的、不可逆的进程，人是时间的产物，同时时间也是人的终结者；就空间而言，人是环境的产物，环境塑造了人，人在适应环境的同时也能动地改造环境；就载体而言，教育活动是有目的、有计划的课程活动，课程的出现既是人类知识经验的学科化凝练，也是人类发展需求的教育化实现，因此可以说人也是教育活动中课程的产物。而组织方式和教育手段则是将上述四个要素统筹整合并发生作用的运作机制。基于对上述四要素的简单分析，我们拟提出"全员育人、全程育人、全域育人、全课育人"的传统文化教育一体化新理念。这个理念也可概括为"四个全覆盖"，即学校传统文化教育要覆盖到每一个教育对象、覆盖到每一个学段、覆盖到学校的每一角落和教育的每一环节、覆盖到每一门课程。

一、全员育人

所谓"全员"，完整的理解应该是全部教育工作者和受教育对象，也就是以学校场域为基点参与教育活动的所有人，主要包括学生、教师、家长、学校其他人员以及受邀参与学校教育的社会人士等。众所周知，人的成长离不开其成长过程中逐步建构起来的各种社会关系。人是社会关系的主动编织者，人又在各种社会关系的影响中生存发展，因此人的生命是在与社会关系的互动中生成延展的。正是在这一意义上，马克思认为："人的本质是人的真正的社会联系，所以人在积极实现自己本质的过程中创造、生产人的社会联系、社会本质。……在现实上，人是一切社会关系的总和。"①
从这一认识出发，我们提出"全员育人"，当然首先指向受教育者
自身，然后包括对受教育者生命成长发生联系并产生直接影响的所
有"关系人"。

（一）教育者育人

这里的"教育者"是指学校教育工作者，包括学校教育活动中
的一切从业人员——教师、教育管理者和学校其他各个岗位上的工
作人员，其中，教师无疑是教书育人的主体力量。

从社会分工的角度说，教师是专门从事教育职业的一类人，教
书育人是教师职业的全部内涵。正如中国古代先贤所言："师者，
所以传道、授业、解惑也。"（韩愈《师说》）让生命从蒙昧走向智
慧，让人性从野蛮走向文明，是教师义不容辞的神圣职责。而在教
师的履职过程中，全面加强自身文化修养、全面落实"以文化人"
的教育使命是教师主要的职业素养。正如 2018 年发布的《中共中
央 国务院关于全面深化新时代教师队伍建设改革的意见》中所说：
要加强中华优秀传统文化和革命文化、社会主义先进文化教育，就
要"引导教师树立正确的历史观、民族观、国家观、文化观，坚定
中国特色社会主义道路自信、理论自信、制度自信、文化自信"。
由此可见，教师践行"立德树人""以文化人"是其必须承担的国
家责任和政治责任。因此，教师应该首先亲近中华优秀传统文化，
准确理解优秀传统文化的精神内核，并用其涵养自己的人格品德，
率先成为具有强大知性力量和丰富人文精神的"文化人"。也就是
说，教育者要先受教育，文化使者要先成为文化强者。在此基础
上，教师要充分把握文化养成规律，深入了解"以文化人"的长期
性、浸润性和内显性，悉心建构良好的师生关系，在"亲其师、信
其道"的师生良性互动中实现文化的育人功能。同时教师还应深刻

---

① 《马克思恩格斯全集》第 42 卷，人民出版社 1979 年版，第 24 页。

认识到，在现代教育过程中，人的文化生命的获得是一种主体性活动过程，受教育者对文化的亲近和融入从来不是被动的。这就要求教师要从尊重学生主体性出发，用学生能够接受的文化话语去和他们进行对话交流，进而搭建让师生间有效交往的文化平台，在双向互动中形成文化共识，从而让学生自觉地、主动地接受文化熏陶，最终实现文化生命的完满。除了教师外，学校其他工作人员也要切实履行"文化育人"的职责，不论是行政管理岗，还是后勤服务岗，学校的每一个成年人，都应该成为"文化传播者"或者是"传统美德的弘扬者"。唯其如此，学校场域的全员育人才能真正形成强大合力。

（二）父母育人

虽然学校是传统文化教育的主阵地，教师是传统文化教育的主力军，但家庭和家长在孩子的文化养成中依然起着不可或缺的重要作用。因为"儿童一出生之后，父母和其他照顾者的行为就影响着他们的个性"①。所以很多人都认可这样的观点：父母是孩子的第一任教师，也是孩子的终生教师。因此父母对孩子的成长影响深远，自然父母对孩子的教育也就十分重要。中国古语中的"养不教，父之过"就是强调父母对子女的教育责任。

另外，从一个人的成长历程来看，0—6岁作为人生的起步阶段，既是各种感知能力的关键发育期，也是世界观、人生观、价值观形成的启蒙期，对一个人的未来成长具有决定性意义。而这一阶段恰好是父母对孩子施加影响最频繁、也最有效的阶段，可以说家庭教育是培养人、塑造人的基础工程。因此父母要把孩子的早期教育作为极其重要的事情来认真对待，帮助孩子"扣好人生的第一粒扣子，迈好人生的第一个台阶"。在传统文化教育方面，家长可以从以下几点入手。一是营造良好的家庭文化氛围。父母可以从胎教

---

① ［美］爱丽斯·奥默德：《教育心理学（第4版）》，彭运石译，陕西师范大学出版社2005年版，第72页。

开始就让胎儿接触优秀传统文化，比如播放诗词吟诵视频、古典诗歌朗诵录音带等。孩子出生以后，家里可布置一些古典诗配画的艺术作品，购买一些古诗绘本让孩子阅读；在亲子活动中，也经常融入诗词背诵、古诗接龙等活动。二是做好家庭传统文化教育的行动计划。对孩子的早期教育一定不能随意，父母要切实遵循婴幼儿身心发展的规律，用其能够接受的方式和内容来开展文化滋养。一般说来，父母应选择中华民族传统家庭美德作为文化熏浸的主要内容，从具体而微的生活细节上点点滴滴地浸润孩子的品行和道德，帮助他们形成美好心灵。三是做好言传身教，让孩子学有榜样、习有示范。在早期教育阶段，父母在很大程度上就是孩子的模仿对象，是孩子行为准则的参照对象。因此，父母如果期望孩子成为一个有文化素养的人，自己首先就必须成为一个有修养的文化人。父母"熟读唐诗三百首"，孩子自然"不会背诗也会吟"；父母热衷于欣赏诗词，孩子自然也会对古典诗词兴趣盎然。这些现象已被无数家庭的教育状况所证明。

（三）榜样育人

榜样，此处主要指社会上具有正面影响和积极作用的公众人物。我们都知道，当今时代是一个信息化时代，高度发达的媒体和爆炸式增长的信息以无远弗届、无孔不入的渗透力影响着学生。从人际交往的效度看，发达迅捷的交通网络、丰富多彩的交往手段、形式多样的信息载体，正在促使人与人之间的交际变得日益密切和频繁。所有这些都在以前所未有的方式改变着人类的交往生态，也影响着社会个体的生命发展。在这种情况下，社会上的公众人物，无论是正面的还是负面的，对社会个体文化生命所产生的影响正在不断加大。目前各类媒体上常常报道的青少年疯狂追星等偶像崇拜现象，就是某些公众人物影响甚巨的体现。因此，在传统文化教育中，必须重视社会公众人物对学生文化养成的重要影响。学校可以采取"请进来"和"走出去"相结合的方式，让学生与偶样人物

"面对面"，以此充分发挥榜样人物的示范引领作用。

一般而言，可以利用的文化型榜样大致有这样几类：一是历史上的文化名人，他们或底蕴深厚、行为世范，如万世师表的孔子、格物致知的王阳明；或践行传统、光耀千秋，如矢志求索的屈原、精忠报国的岳飞。二是现时代的文化名家，他们或在《百家讲坛》谈古论今，或在《古籍里的中国》述说历史，当代亦有很多称得上是大师级的人物，他们完全可以成为受教育者的榜样并产生积极的引导作用。三是与青少年年龄相仿的文化新锐，他们或在《中华诗词大赛》中勇拔头筹，或在《越战越勇》上横扫对手，这些新鲜出炉的榜样人物最容易使青少年心向往之。总而言之，我们正处于一个崭新的融媒体时代，这是一个容易制造榜样并收获偶像崇拜的时代，如果我们善用媒体和网络资源，构建良好的社会人文环境，着力打造自己的文化品牌和文化英雄，无疑会使社会更快更好地演变成文化沃土，进而培育出一批批具有中华底色的文化新人。

（四）朋辈育人

朋辈合作学习是当代教育的一个新趋势，它是基于人际交往效应、资源整合效应和集体增力效应而形成的学习范式。这一新范式完全可以拓展至传统文化教育，因为学校教育本身就是一种集中学习模式，校园与班级的相对稳定也为朋辈交往提供了独特的时空条件。而就个人交往能力的发展进程来看，儿童从家庭走向学校，进而走向社会，就是一个扇形拓展过程。其结果是，交往面越来越大，交际对象越来越多，交流体验越来越丰富，对交际的依赖性也越来越强烈。在这种情况下，交往伙伴对个体的影响也越来越明显。换句话说，当一个人在生命早期较多地感受了家长、教师这种长辈式、代际间教育之后，对朋辈之间平等的交流和影响会产生不一样的期待。因为朋辈之间有着相同或相近的价值观、人生经历和生活方式，相互间心理距离小，互动性较强。朋辈活动可以让个人更多地感受到被尊重、理解和接纳，从而抛开可能有的抗拒和防范，在更富信任的氛围中接受文化熏陶。研究发现，在青少年行为发展的影响因素中，除学校教育因素之外，朋辈因素日趋重要，而且朋辈关系的影响力随着儿童年龄的增长而增加，到了 10 岁之后，教师对学生的行为影响不再起决定作用，而来自同伴小团体的影响则逐渐增强。[①] 因此，朋辈资源是一种非常珍贵的教育资源，学校应重视朋辈合作学习在教育活动中的有效运用，加强对朋辈小团体的正面教育和引导。尤其是在一个文化共同体中，通过朋辈参与来扩大文化养成的边际效应，是值得认真推行的举措。

当然，"朋辈"作为一个集合名词，指向的是由多人组成的群体。这种组成既有随意性又不能完全随意，尤其是在教育活动中，朋辈选择应有利于教育目标的达成。因为我们都知道这样一个道理：近朱者赤，近墨者黑。也就是说，个体的交往对象对交往者自身是具有明显的影响作用的，这从心理学角度来说，既有集体的虹吸效应，也有个人的从众心理。所以学校必须高度重视受教育者以友情为纽带的人际交往对其文化养成的积极作用，要为每一个个体建立有益于其成长的"朋辈"圈子。具体实施时可以先从培育班级文化和良好班风入手，因为这是建立良好的同伴关系的基础。在班集体中，教师要引导学生尊重他人，倡导朋辈之间互助互爱，鼓励学生向同伴中的优秀者学习，构建健康积极的同伴关系。同时，教师还可以根据学生不同的文化旨趣和文化背景，组建特色鲜明的文化团队或兴趣小组，让学生在自组织中实现自教育，以文化为媒介推动同伴之间建立更加紧密的联系。

全员育人除了教育者、父母、榜样、朋辈这四类群体外，当然还包括受教育者的自我教育。受教育者个体是具有双重性的，他既是教育对象，又是教育主体。作为教育对象，他要接受教育者、父母、榜样、朋辈等给他的教育，但这些都属于外因，他自己才是生命变化的内因。"内因是变化的根据，外因是变化的条件，外因

---

① 参见胡雁波《试论亲子关系对儿童发展的影响》，载《本溪冶金高等专科学院学报》2003 年第 6 期，第 91 页。

通过内因而起作用。"① 作为教育主体，他要在发现自身不完满的基础上生发受教育的需求，并不断地接受教育和自我教育。而个人自我教育意识的觉醒是一切教育得以实施的前提条件，由此，个体因外部教育和自身需求而引发的自我教育就成为其生命发展的决定性力量。也就是说，属于"外因"的施加性教育只有通过属于"内因"的受容性教育才能起到效果。正如苏霍姆林斯基所言："只有当一个人不仅努力认识周围的事物和现象，而且努力认识自己的内心世界的时候；只有当他的精神力量用来使自己变得更好、更完善的时候，他才能成为一个真正的人。这里说的就是学生在精神生活的一切领域里的自我教育。"② 因此，全员育人既要重视教育者、父母、榜样、朋辈这些群体对受教育者的重要影响，更要重视受教育者自我教育的关键性作用。在传统文化教育实践中要将两者很好地结合起来，将个体的文化养成看作一个"内外因素"相互影响、各类群体相互作用的系统工程，从而实现育人效益的最大化。

二、全程育人

全程育人是"大中小幼"中华优秀传统文化教育一体化在时间维度上的开展。这里的"全程"有两层含义：一是学段全程，即涵盖"大中小幼"整个国民教育体系；二是生命全程，即涵盖个人全生命周期。这两个层面切入角度虽然不同，但时间的重合度较大，即在学校教育这一时期二者是相吻合的，这自然也是论述的主体。将传统文化教育贯穿个人生命的全过程尤其是学校教育的全过程，一方面要尊重学段衔接规律，另一方面也要遵循生命个体认知发展规律和文化养成规律。

---

① 毛泽东：《毛泽东选集》第 1 卷，人民出版社 1991 年版，第 302 页。
② ［苏联］苏霍姆林斯基：《给教师的建议》，杜殿坤译，教育科学出版社 2004 年版，第 338 页。

（一）遵循学段衔接规律育人

在本书的论述对象中，"大中小幼"实际上包含五个学段，即大学、高中、初中、小学、幼儿园（即"大中小幼"四个阶段）。这五个学段从幼儿园开始，是一个依次递进、螺旋上升的教育过程。每个学段既要遵循一些共性的教育规律，又要把握住不同时间段的特殊要求，实现不一样的教育目标。五个学段都归属于国民教育体系，并担负同一目标下的不同职能，所以它们是一个整体；五个学段毕竟又分属于不同层次，对应受教育者的不同生命阶段，自然具有差异化特征。尤其需要指出的是，这五个不同部分又不是并列的，而是层进性、递升性、累增性的，前一个学段应该而且必须成为下一个学段的基础。因而这一体系里面既包含整体与部分的关系，又涉及部分与部分的联系。如果不厘清其中错综复杂的关系，就无法有效实现纵向衔接，传统文化教育一体化建设就名不副实。那么，学段衔接规律主要有哪些呢？

1. 把握阶段性规律

"大中小幼"五个学段大体上对应着受教育者的幼儿期、少年期、青年期三个阶段，人在不同阶段的身心发展状况是不一样的。因此，学校教育必须根据生命成长的阶段性来规划教育活动的阶段性。即按照学生不同发育阶段的特定成长规律，依据不同教育阶段学生成长的需求，来制定相应的传统文化教育目标、设计相应的教学内容。

2. 掌握连贯性规律

"大中小幼"各学段虽然在时间上有明显的分野，但其内里却存在紧密的联系。具体表现为，每一个低学段都是后面高学段的必要基础。换句话说，低学段是高学段的前提和基石，高学段是低学段的扩展和提升。它们之间必须遵循循序渐进、前后连贯的原则，最终形成一个顺承有序、进升通畅的逻辑整体，由此将传统文化教育成果不断延续、贯穿始终。

3. 认清层次性规律

如果说阶段性更多的是从时间意义上来设定的话，那么层次性则更侧重于教育目标和内容的难易区隔及学生学习能力与结果的高低分别。事实上当五个学段划分出来后，教育内容的层次性问题就相应地呈现出来。与学段和年龄相适应，传统文化教育的层次性渗透到整个学段衔接的过程中，应该是一个由少及多、由浅入深、由近及远的递进式过程，其中需要高度重视衔接的序列、层次，避免出现种种衔接重复、断裂、缺失等情况。

4. 把握整体性规律

尽管学校教育具有阶段性和层次性，但从整个国民教育的宏观视野看，学校教育终归是一个整体，是一项具有完整性和独立性的人类实践活动。因此，在民族国家的发展规划中，学校教育具有总体性方针、整体性目标和共通性评价体系。同样，中华优秀传统文化教育也是一个整体，是一项系统性工程，有其自身的整体特性和统一指向。因此，我们要在整体视野中来把握学校教育中的传统文化教育，使其成为一个阶段整合、要素融合、效用统合的有机系统。

5. 善用协同性规律

从以上四点可以看出，学校教育作为一个系统，它包含整体与部分的关系。阶段性与层次性意味着"部分"的存在，而这些"部分"又必须在整个学校教育的规划中发生作用。所以整体与部分、部分与部分以及主体与对象、目标与内容、过程与方法等要素之间必须相互呼应、相互联系，这就需要协同。协同是一种多样性的有序统一，传统文化教育的学段衔接恰好就是一种多样性与整体性的共存状态，因此只有协调好教育内部各要素之间的互动关系，学段衔接才能顺畅有效。

（二）遵循个体认知发展规律育人

个体的生命发展是一个连续的、不间断的，同时也是一个不可分割的成长过程。这个过程是渐进式、阶梯式的，同时又呈现出从量变到质变的明显的阶段性特征，其间每一个阶段都是不可逾越的，也是不可逆转的。在生命发展这种线性而又复杂的过程中，各种外部因素或影响只要达到了生命在每一个阶段得以生存和发展的条件，个体就会自主完成从出生到成熟直至死亡的过程，这是生命本身赋予的、由基因决定的生命成长历程。而在所有外部条件中，"学习是唯一能够满足生命持续发展的条件，这种广义的学习既包括生命对自身的认知，也包括生命对环境尤其是生存于其间的社会情境的认知能力"①。而个体系统而有效的学习主要在学校教育中完成，因此学校教育在人的成长过程中起到了极为关键的作用。学校教育之所以如此，就在于它能为个人提供一个专门的、系统的以及有明确标准和系统目标的教育情景和学习场域。这体现了学校教育的专业性和科学性，其中很重要的一点就是，学校能够按照个体认知发展的规律来开展教育活动。

　　一般来说，学生的身心发展是其生命发展的主要内容，自然也是一个从量变到质变、连续不断的变化过程。在此过程中，学生个体的生理、认知、社会性等方面均互相影响，并不断成长和变化。西方著名教育心理学家皮亚杰在研究人的认识发展过程时就指出：人的心理发展是一个连续的过程，该过程具有阶段性的特点，这一过程可以分成四个阶段，即感知运动阶段、前运算阶段、具体运算阶段和形式运算阶段。这四个阶段的顺序是不可改变的，其中每一个阶段的心理素质及其教育都既是其前一个阶段发展的延伸和超越，同时也是后一阶段发展的起始和基础。四个阶段的出现可能会受外界环境的影响而呈现时间上的错位，但是任何一个阶段都不可能跳过或遗漏。② 在这里，皮亚杰指出了个体生命发展的阶段性和

---

① 张志勇、赵福庆：《中小学德育一体化原理》，山东教育出版社 2019 年版，第96 页。

② 参见张文新《青少年发展心理学》，山东人民大学出版社 2002 年版，第 53 - 54 页。

周期性，尤其是强调依次渐进的阶段所具有的不可逾越性，这就提醒我们要切实遵循学生认知发展的规律，善于把握好学生身心发展过程中各个阶段之间的联系和过渡，既重视其前后联系，又把握其阶段性特征。落实在传统文化教育中，就是要针对受教育者不同认知阶段的特点，来安排不同的教育目标和内容，采取不同的教育方法和手段。要"充分考虑学生随着年龄增长由浅入深、从感性到理性的认知发展特点，努力贴近学生生活、学习、思想实际，确定不同学段的教育目标以及具体学习内容、载体形式，区分层次、突出重点，体现学习进阶，内容和形式适宜，容量适中"①。既不能搞"阶段性割裂"，又不能搞无差别化的"一锅煮"。也就是说，既不能把某一阶段的教育内容和任务不加分辨地推到下一个教育发展阶段，也不能把下一个教育阶段的内容盲目提前。例如，当前有些学校在中学阶段还在教《弟子规》与《三字经》、小学却开始教《大学》与《中庸》，这就是无视学生认知发展规律导致的学段倒置。

（三）遵循文化养成规律育人

传统文化教育实际上是对人的文化养成，是促使人的文化生命不断走向完满的过程。"养成"就是通过培养、陶养和滋养以促成生命的发展和完满，这就意味着文化养成"既不是崇尚自发、放任自流，也不是刻意制造、强制灌输，而是通过营造合理的文化机制和氛围，更多地依靠启发示范、陶冶熏陶、潜移默化的文化方式，去引导和帮助受教育者充分调动自己的潜能，主动地实现自我提升、健全成长"②。如果这种理解没错的话，那么"文化养成"就具有自己的一些特殊规律和演进方式。

首先，文化养成不应该是片段性、运动式和碎片化的，而是应

---

① 《中华优秀传统文化进中小学课程教材指南》，见中华人民共和国教育部网站：http：//www. moe. gov. cn/srcsite/A26/s8001/202102/t20210203_512359. html（2021－01－19）［2022－8－22］。

② 李德顺：《对"文化养成"的粗浅理解》，载《当代青年研究》2008 年第 7 期，第 4 页。

该涵盖一个人的全生命周期。这一方面是因为，文化作为人类全部经验的总结，其内容是极为丰富深远的，个体有限的生命自然无法穷尽无限的文化信息。因此只有不断地学习，才能尽可能多的获得文化的充盈。另一方面，人对自身生命发展的期待也是没有止境的。换一句话说，人有巨大的潜力，也有无尽的需求，这就决定了只要生命还在延续，需求就会一直产生，人也就不可能停止对美好生活的向往，因而文化对人类生命的滋养就不可能消失。

其次，文化养成对人的作用方式是软性的、浸润式的。前面我们曾对文化内涵做过分析，指出文化既包含物质文化和制度文化这些显性的形而下层面，也包括精神文化这种隐性的形而上层面。文化养成虽然也包括对显性知识的传承，但更多也更重要的是用精神文化来描绘人的生命底色。而精神文化对人的滋养则如春风化雨、润物无声，这种过程是潜移默化的、是悄然改变的，自然也是持续长久的。因此，学校对于传统文化教育不能抱有短期的功利目的，更不能追求文化养成效果的"快速变现"，而是要久久为功、持之以恒。

最后，文化养成对人的效果只能通过内化来实现。一个人接受了文化的陶养，有时候可能体现为外在知识的量的积累，但这只是第一步，更重要的一步是，要将获得的知识内化为文化素养，文化养成的功效才有可能固化。根据前述皮亚杰关于儿童认知发展的理论，我们可以把握受教育者的文化认知需要遵循"认知—实践—体验—内化"的内在逻辑，这进一步说明了"内化"在文化教育中的重要性。因此，学校在进行传统文化教育时，要重视对受教育者"内化"情况的跟踪、督促和监测，以真正达到文化养成效果。

三、全域育人

"全域"是全部场域的概称，属于空间和环境的范畴。传统文化教育的"全域育人"，首先是指各级各类学校的全部场域，然后是指以学校为基点延伸出去的家庭和社会场域，以及虚拟的网络空间。

我们都知道，人是环境的产物。这里的环境，既指由各种社会关系建构而成的人际环境，也指由各种物质要素和空间条件构成的地理环境。前者可以称为"软环境"，后者可以称为"硬环境"，一个人的成长就是在"软硬"环境的双重作用下逐步完成的。可以说，一个人的成长史就是一部借助环境的推动而不断进化的历史。一个人生活、学习、活动的所有场域，都构成了其文化生命成长的环境和背景。在这些场域里，既存在个体的人自身所构建的社会关系，也存在特定环境所赋予的社会关系，还存在各种空间条件和环境因素所呈现的具有文化意义和精神价值的诸多影响。这些其实都是生命个体成长无法回避的"课程"。正是在这一意义上，"全域育人"就成为优秀传统文化教育一体化理念中不可缺少的一部分。

需要强调的是，从教育的角度来说，任何育人环境，都不应该是自发的、原生态的客观环境，而应该是按照教育的需要进行重构和再造的具有主体性色彩的人文环境，也可以叫作"人化的环境"。全域育人，实际上就是通过这种"人化的环境"，赋予受教育者的生存场域以丰富的教育意义和教化功能。基于这一认识，我们可以这样定位：家庭环境是个人成长的第一空间，是文化养成的奠基性场域；学校环境是个人成长的第二空间，是文化养成的主导性场域；社会环境是个人成长的第三空间，是文化养成的辅助性场域；网络环境是个人成长的第四空间，是文化养成的增值性场域。

（一）家庭育人

家庭是一个人从母体出生后进入的第一个具有教育意义的生存场域，所以有人说"家庭是人生的第一所学校"。要经营好家庭这所学校，为个人成长创造良好的家庭环境，就必须重视家庭建设。在这方面，中国优秀传统文化中值得借鉴的经验就是家风建设，这自然也是当今时代家庭育人的主要途径。

家风，也称"门风"，是指一个家庭的传统风尚，主要由一个家庭的生活方式、文化氛围构成。我国古代的家风文化起源甚早，相传春秋时期成书的《尚书·无逸》就记载有周公对其侄子成王的告诫之辞。成王当政后，周公恐其贪图享乐、荒废政务，故作此文告诫他不要逸乐。史传孔子看见经过庭院的儿子孔鲤，问他"学诗乎""学礼乎"，并告诫他"不学诗无以言""不学礼无以立"。《论语·季氏》后世把上面这个例子看作是中国古代家风建设的源头。其后历朝历代家风建设逐步发扬光大，如南北朝时期的《颜氏家训》、清代的《曾国藩家书》长期被"奉为明训"，成为家风建设的经典。由此可知，家风建设已成为中国文化的优良传统。今天，我们要发挥家庭在传统文化教育方面的奠基作用，就应该继承这一优良传统，切实抓好家风建设。

中国古代家风建设的主要内容是强调尊祖宗、孝父母、和兄弟、严夫妇、训子弟、睦宗族、厚邻里、勉读书、崇勤俭、尚廉洁。其核心是以家庭伦理为主体，以勤俭持家为根本，重视齐家善邻和修身成德。这在今天看来依然有许多可取之处。因为现代家风建设尽管需要立足于变化了的时代条件，但家庭的基本伦理和核心道德并没有发生多大变化。正如习近平所说："尊老爱幼、妻贤夫安，母慈子孝、兄友弟恭，耕读传家、勤俭持家，知书达礼、遵纪守法，家和万事兴等中华民族传统家庭美德，铭记在中国人的心灵中，融入中国人的血脉中，是支撑中华民族生生不息、薪火相传的重要精神力量，是家庭文明建设的宝贵精神财富。"① 可见，新时代的家风建设依然要把传统家庭美德作为核心内容，用优秀传统文化涵养家庭文明的精神内核，通过对家庭成员的持久浸润和滋养，使每一个家庭都形成崇德尚善的浓厚氛围，树立健康向上的良好家风。优良家风又反过来推动家庭成为传播文明、传承美德的温床，使优秀传统文化在后辈心中生根发芽，从而使民族文化基因代代相

---

① 习近平：《在会见第一届全国文明家庭代表时的讲话》，载《人民日报》2016 年 12 月 16 日，第 2 版。

传。由此形成家教实施与家风培育的良性循环，最大限度的发挥家庭在传统文化教育中的基础性作用。

（二）学校育人

学校是儿童从家庭走出后进入的第二个稳定长久的生活场域，是个人文化养成的主要场所。这一点，我们在前面阐述学校的文化使命时已经有过较深入的论析。由前述可知，一部人类发展史就是一部人类教育史，一部教育史就是一部如何让人成为人的历史，也就是一部逐步让人拥有完整的文化生命的历史。从口耳相传的早期教育到设班定科的学校教育，教育一直承担着为人类社会的延续与发展培养人的重任。可以说，贯穿整个人类教育发展历程的最重要任务，就是包括个体文化养成在内的人才培养过程。不仅如此，学校教育尤其是现代高等教育，在实现文化传承的同时还必须顺应时代发展的要求，推动文化转化与创新。因为只有文化传承与创造齐头并进，学校教育的文化育人功能才能得到最大限度的扩展。基于这样的思考，改善或重建学校文化养成的环境就是当前学校传统文化教育的一项重要任务。

要完成这项任务，有几项紧迫性工作需要学校优先发力。一是在学校办学理念方面要坚决摒弃应试教育思想。当前许多有识之士已经认识到，要推动中国教育真正走上素质教育的轨道，就必须首先破除应试教育的顽瘴痼疾。诚然，在教育还存在竞争性和选拔性考试的前提下，培养受教育者的应试和升学能力，仍然是教育的题中之义。但是，如果把考试和升学当成教育的主要任务甚至是唯一职能，那就背离了教育本质，走向了素质教育的反面。因为如前一章所述，这种以应试为目的的教育，是一种单一的知识教育和功利教育，它必定会压缩甚至削减文化教育的份额。所以要想学校文化成为育人的理想场所，首先在办学理念上就要摆脱应试教育的桎梏，回归教育初心，将文化育人摆在学校教育的中心位置。二是在学校育人模式方面要重视培养具有中国底色的文化新人。学校办学理念的具体化就是人才培养模式的构建，这是教育活动的施工图。习近平在全国教育大会上的讲话中强调，培养什么人，是教育的首要问题。在此基础上习近平进一步指出，教育要落实立德树人的根本任务，要引导学生树立共产主义远大理想和中国特色社会主义共同理想，增强学生的中国特色社会主义道路自信、理论自信、制度自信、文化自信。[①] 从中可见，增强学生的文化自信是学校教育的重要任务。因此，学校必须把文化育人作为人才培养的重要内容，用优秀传统文化持续滋养学生，使他们不断增强对民族文化的理解度和认同度，最终成为具有坚定文化自信的堂堂正正的中国人。三是在学校环境建设方面要让学校的每一方天地都成为文化育人的平台。这一点可以说是微观层面的"全域化"体现，具体指学校场域内每一处空间都要呈现优秀传统文化内容，以实现随时随地、润物无声的文化育人效果。学校育人的主阵地当然在课堂，所以教室内文化氛围的营造十分重要。除此之外，学校门廊、墙壁、行道、穹顶及其他空间，甚至广播台和上下课铃声等，都可以成为优秀传统文化的传播载体。古代名人画像、古典诗词名句、古代名言警句、古代励志故事、优秀传统文化核心理念等，都可以将其呈现在学校各个场所。如此一来，整个学校便成为一座文化熔炉，学生在其中被铸造、被形塑，文化养成的功效大大增强。

（三）社会育人

一个人在走向学校的同时也在接触社会，但在婴幼儿时期，个体对社会的认知是非常模糊的，因此，社会不像幼儿园和学校那样能够给孩子比较确定的印象。所以社会对孩子的影响大体上应该发生在学校之后。基于此，我们认为社会是孩子生活的第三个空间。

人是群居动物，所以是一种社会性存在。人需要在社会中验证自己的存在并延续自己的生命，社会则要求每一个人都要符合社会

---

① 参见《坚持中国特色社会主义教育发展道路，培养德智体美劳全面发展的社会主义建设者和接班人》，载《人民日报》2018 年 9 月 11 日，第 1 版。

准则和伦理要求，人与社会是共生共存的。所谓"社会育人"，指的是人在社会活动中受到的各种影响，包括社会风俗、社会制度、社会思潮、社会活动和事件等给予人的种种冲击。可以说，社会对人的影响就像空气之于人的作用一样，似乎观察不清、触摸不到，但无时无刻不在改变着人的生命样态。因此，在传统文化教育方面，社会同样承担着非常重要的职责。

中华民族几千年的发展，形成了许多值得称道的社会美德和文化精神，如尊老爱幼、与人为善、见义勇为、心怀天下、精忠报国、崇文重教等，这些极富传统色彩的人文情怀和悲悯品格，构成了我们民族在文化发展进程中的社会性公序良俗，对国民的文明教化具有重要而持久的价值。同时，和而不同的社会共处之道，"己所不欲、勿施于人"的人际交往之仪，谦逊礼让的容人之量，吃苦耐劳的生存之志，积德行善的奉献之心，都为中国社会的稳定发展提供了源源不断的文明力量。因此，全社会都应深入理解优秀传统文化的现代价值，努力形成弘扬正道正气、倡导文明精神的社会风气，让每一个人都生活在风清气正、文化浓郁的社会氛围之中。

（四）网络育人

今天，我们正处于一个信息化时代。伴随着网络信息技术的迅猛发展，特别是大数据、云计算、区块链、5G 技术的广泛运用和智能终端设备的不断推出，人类生活发生了翻天覆地的变化。在这种背景下，学校教育环境也在发生深刻的变革。其中非常明显的改变就是，网络已经成为当代受教育者无法回避、甚至深度沉浸的虚拟空间，并逐渐成为这些从出生起就接触网络的"网络原住民"的"第四所学校"。

在这所特殊的"学校"里，网络已经代替书本、电视、磁带、广播等传统载体，成为受教育者研习文化、获得知识的重要渠道。由电脑、互联网、智能手机、一体化教学设备等构成的虚拟网络世界，以及微课、慕课、翻转课堂、视频连线、远程教育等新型教育方式，正在重构当代教育的技术生态，并从多个维度改变着学校教育和个体生活的现实图景。高速运转的网络空间，不断地生产、承载、传递着巨量的信息和丰富的内容，其中蕴含的文化多元性、思想复杂性、精神多样性对个人的影响自然也极为芜杂深远。由此可见网络对人类社会（当然包括教育活动）的影响力、冲击力之大。在这种情况下，学校教育必须高度重视网络对学生的影响，必须采取有效措施充分发挥网络的育人作用。

具体实施可以从以下两个方面入手：一是切实遵守国家的有关法律法规，积极配合"净网行动"。网络空间是一个纷繁复杂的虚拟世界，海量信息泥沙俱下、良莠并存。对此，学校不可能不加选择地让学生全部接受，而是要充分利用网络平台中符合国家利益、有利社会发展、有利学生健康成长的内容，以达成育人目标。二是要有效运用"互联网＋"模式，积极挖掘、整合和开发网络资源，运用学生喜闻乐见的媒介手段和呈现方式，有针对性地开发一批传统文化教育课程，或者创建传统文化教育线上学习平台，借鉴网络游戏"闯关"模式，寓教于乐，将学生对互联网的兴趣吸引到文化养成中去。

四、全课育人

课程是学校教育活动的主要实施载体，离开了课程，学校教育也就名存实亡。所以，抓住课程这一"牛鼻子"，传统文化教育就能落到实处。全课育人的出发点和立足点也在这里，其实践依据就是通过课程渗透和课程统合，实现传统文化教育的"课程一体化"。具体来说，就是让学校有计划地组织学生的一切课程，承担文化育人的神圣使命。从内容角度看，这些课程既包括人文艺术课程，也包括理工医药课程；从表现形式角度看，既包括理论课程，也包括实践课程；从形态角度看，既包括独立课、融合课，也包括主题课、活动课。总之，全课育人体现了传统文化教育在学校课程中的

"全覆盖"，是课程统合与文化育人的有效对接。

课程统合又称"课程统整"，是课程整合理论或课程综合化理论在教育活动中的具体体现。其基本内涵是指基于一定的逻辑基础或价值依据，使原本分化的课程按照特定的要求和规范形成有意义的整体的过程。其目的是将跨学科的课程进行有意义的联合，使原本分化的课程要素形成有机整体，或把未分化的经验、知识形态纳入学校课程的持续性行动。其关注的焦点在于理解生活问题或扩大学习范围。① 随着研究深入和实践展开，目前的课程统整已不仅仅是内容组织方式的横纵联结，更多的是从课程目标、内容、实施、评价等要素出发对课程进行多维度、多层次、立体化的整合，以产生强大的溢出效应。一方面，这种深度进入、强力扩展的课程统整思路，使课程的独立性和边界性逐渐模糊，从而在共同目标导向下逐步增强融合性和互动性，课程作用的共性构建日趋明显。另一方面，这种思路又使教育者的课程观发生了明显变化，教育者会更自觉地倡导以学习者的需求和发展规律为依据，由师生共同设计和规划课程并建构意义。概而言之，课程统整理论强调学科之间、课程之间、学习内容之间、学习主客体之间的有效联结，联结的动机和目标都在于按照某种教育目的去设计和整合课程效能，以求形成更强大的教育合力。正是基于这一认识，学校传统文化教育必须将文化育人理念下的课程统合当作重要任务，切实落实"全课育人"要求。

（一）独立课程育人

学校传统文化教育的独立课程，是指国家规定的统一课程计划之外的专门开展传统文化教育的校本课程。这类课程不附属于任何学科，而是有自己独立开设的固定时间及配套的教材、教学方案和评价体系。

---

① 参见刘登珲《课程统整的概念谱系与行动框架》，载《全球教育展望》2020年第1期，第38－51页。

　　就目前各地学校的实施情况看，这类课程的主要形式有古诗词吟诵课、古代经典诗文朗读课、优秀传统文化常识课、传统故事演讲课、传统才艺展示课、古代经典戏剧化展演课等。这类课程的设置在目标和内容上要"遵循辩证唯物主义和历史唯物主义，秉持客观、科学、礼敬的态度，对传统文化取其精华、去其糟粕，有鉴别地加以对待、有扬弃地予以继承，突出传统文化素材的经典性。结合时代要求，衔接古今，赋予中华优秀传统文化新的时代内涵和现代表达形式，促进创造性转化和创新性发展，使其成为涵养社会主义核心价值观的重要源泉"①。同时还要结合地域文化特色及学校的办学理念，遵循不同学段学生的身心发展特点，做到精准设课，自成体系。

　　例如，广州市天河区五山小学就较早开设了独立的国学课程。该校将独立课程主要定位为古诗文诵读，每周每个年级均开设一节国学课（研修长课），然后再安排每天早读 10 分钟（诵读短课）。为此，学校自主研发了一套《少儿国学读本》丛书，该丛书全套六册，每个年级一册，集名言、诗词、古文为一体，六册共含名言120 句、诗词 100 首、古文 38 篇。名言格言和诗词都按照爱国、好学、敦亲、明志、诚信、勤俭、景趣、友情、荣辱等十几个主题编写，突出学校"仁智兼修、明理导行"的办学理念，也切合儿童年龄特征，适合学生展开联想记忆。在"长课"的内容安排上，学校也十分注意梯度进阶。一、二年级学生思想单纯，可塑性极强，养成教育正逢其时，因此学习内容主要选用《三字经》《弟子规》《千字文》《百家姓》等有关行为规范、史地常识的蒙学名篇和关于亲情、爱国、勤学等主题思想的诗词、格言，以及《夸父逐日》《刻舟求剑》等短小有趣的小古文。三、四年级学生的自我意识开始加强，懂得做人要讲信用，要勤俭节约，还要有自强不息的精

---

　　① 《中华优秀传统文化进中小学课程教材指南》，见中华人民共和国教育部网站：http://www.moe.gov.cn/srcsite/A26/s8001/202102/t20210203_512359.html（2021－01－19）［2022－8－22］。

神，因此学习内容大多选择《大学》《论语》等论述世情事理的古文和关于诚信、自强、勤俭等主题思想的诗词、格言，以及《陋室铭》《爱莲说》等小古文。五、六年级的学生有一定的是非观念和价值观，但在为人处事上还需要学校为他们指明正确的方向，引导他们自我修身，增强荣辱意识、思辨意识，因此学习内容则安排《论语》《道德经》和关于节操、荣辱、友谊等主题思想的诗词、格言，以及《劝学》《岳阳楼记》等小古文。有了固定的课程规划和合理的内容安排，加上 10 余年持之以恒的实践，五山小学在国学教育方面取得了丰硕成果。该校的成果提炼《"浸习式"小学国学课程的构建与实践研究》获广东省基础教育教学成果奖二等奖，《中国教育报》以《经典诵读下的学校"变形记"》《国学经典育文化自信》为题，两次报道了五山小学国学教育特色实践。由此可见，将优秀传统文化融入学校课程，确实大有作为。

（二）融合课程育人

所谓融合课程，就是指学校所有的课程都必须融入优秀传统文化因素，都要落实文化育人的主体职责。在融合课程中，如果把各门专业课程比作一杯水，那么传统文化教育就是一勺糖，糖溶于水后变成糖水，这杯糖水看着只有水，但喝起来却很甜。然而在当下的学校课程教学中，这种"糖水交融"的状况比较少见，反而是"只教知识不讲文化"的现象依然普遍存在。部分学校所谓的文化教育，往往只是在课程收束的时候安装一个"光明的尾巴"，将少许文化内容生拉硬扯地对接起来。这种流于形式、缺少内在体验的文化传输，是不可能真正促进受教育者的文化养成的。

因此，广大中小学校应该认真贯彻教育部 2021 年颁布的《中华优秀传统文化进中小学课程教材指南》的要求，将传统文化教育渗透于每一门课程之中。基本原则是：各门课程应"基于中华优秀传统文化与学科的内在联系，结合学科具体主题、单元、模块等，融入相应的中华优秀传统文化内容和载体形式"，"贯通中小学各学段，使核心思想理念、中华人文精神、中华传统美德等贯穿教育过程始终。统筹各学科，确保中华优秀传统文化内容全覆盖，形成纵向有机衔接、横向协同配合的格局"。① 为此，《指南》还提出了"3＋2＋N"模式，即"以语文、历史、道德与法治（思想政治）三科为主，艺术（音乐、美术等）、体育与健康学科有重点地纳入，其他学科有机渗透，'3＋2＋N'全科覆盖"。具体要求如下。

（一）语文

语文是落实中华优秀传统文化教育的核心课程，要全面体现中华优秀传统文化蕴含的核心思想理念、人文精神和传统美德，引导学生理解和热爱国家通用语言文字，体悟中华优秀传统文化中蕴含的爱国情怀、中华精神、荣辱观念，提高审美情趣，厚植中华文化底蕴，坚定文化自信。主要载体为汉字、书法、成语、古诗词、古代散文、古典小说、神话传说、民间故事、历史故事、寓言故事、格言警句、风俗习惯、传统节日等。

（二）历史

历史是落实中华优秀传统文化教育的核心课程，在传承人类文明的共同遗产方面起着不可替代的作用，有助于学生系统、深刻地理解中华优秀传统文化的历史渊源、形成发展过程及其在人类文明进程中的重要地位，理解中华文化的博大精深、源远流长，领悟中华民族的独特智慧。主要载体为遗迹文物、神话传说、事件人物、典章制度、文学艺术和科技成就等。

---

① 《中华优秀传统文化进中小学课程教材指南》，见中华人民共和国教育部网站：http：//www. moe. gov. cn/srcsite/A26/s8001/202102/t20210203_512359. html（2021－01－19）［2022－8－22］。

（三）道德与法治（思想政治）

道德与法治（思想政治）是落实中华优秀传统文化教育的核心课程，要注重传承崇德向善的传统美德，帮助学生了解中华优秀传统文化中蕴含的社会伦理和风尚，养成恪守诚信、严于律己、敢于担当等优秀品质，培养关心社会、关爱他人、奉献社会的思想意识，形成正确的世界观、人生观和价值观，坚定理想信念，增强国家认同感和民族自豪感。主要载体为相关格言、人物、故事、民俗、文物图片等。

（四）艺术

艺术是落实中华优秀传统文化教育的重要课程，对提高学生艺术修养、弘扬中华美育精神具有不可替代的重要作用，要注重引导学生体会中华优秀传统艺术中反映出来的中华民族独特的表现方式、艺术特征、风格特点和文化内涵，形成系统认识，感悟中华优秀传统文化的魅力，提高审美与人文素养，坚定中华文化立场，提升文化艺术传承能力与创新能力，增强民族自豪感。主要载体包括两个方面：一是经典艺术作品，具体包括民族民间音乐、民族民间舞蹈、戏剧（戏曲）、曲艺、美术、书法，以及有关中华优秀传统文化的动画、影视作品等；二是特色技艺，具体包括年画、剪纸、泥人、刺绣、皮影戏、木偶戏、服饰等适合进入学校教育的非物质文化遗产项目。

（五）体育与健康

体育与健康是落实中华优秀传统文化教育的重要课程，对于帮助学生强身健体、涵养情趣，促进健康行为习惯养成和身心和谐发展，传承和弘扬中华优秀传统文化有着重要作用。主要载体形式为民族民间传统体育活动（如抽陀螺、跳房子、踢毽子、滚铁环、抖空竹、舞龙、舞狮、荡秋千、踩高跷、竹竿舞等）、武术、中国式摔跤、跳绳、毽球、珍珠球、赛龙舟、传统健身功法（如五禽戏、八段锦、易筋经等）和我国传统体育文化知识等。

（六）其他

数学、地理、物理、化学、生物学等是中华优秀传统文化教育的载体，也要结合学科特点，选择有关学科领域典籍、人物故事、基本常识、成就、文化遗存等，引导学生体会其中蕴含的思想方法，感悟中华民族智慧与创造，培养学生勇于探索、自强不息的精神，坚定文化自信，增强民族自豪感。[①]

《指南》除对上述各学科的优秀传统文化渗透提出基本要求之外，还对各门课程教学提出了具体实施细则，可以说为传统文化教育的学科渗透与融合提供了科学细致的路线图。

但《指南》只涵盖了中小学校，对于学前教育和高等教育如何实现传统文化教育的学科全覆盖还值得相关部门认真思考。虽然学前教育还没有学科之分，但存在课程设置，那么，便有可以进行传统文化教育的基础。比如，在学前教育的"一日活动课"中就可以融入优秀传统文化内容，幼儿主题活动就可以传统节日或传统礼仪为中心，区域游戏就可以传统游戏为内容，阅读活动可以传统经典诗歌绘本为对象，生活与户外活动则可以传统儿歌朗读以及传动故事演讲为主要内容。

大学优秀传统文化的学科渗透比中小学难度要大，因为大学的专业细分程度更高，课程知识更趋于"专精尖"。目前很多高校的做法是，在中文系和历史系强化独立的优秀传统文化课程（当然有的高校还专门成立了"国学院"），在全校公共课程中增加传统文

---

① 《中华优秀传统文化进中小学课程教材指南》，见中华人民共和国教育部网站：http：//www. moe. gov. cn/srcsite/A26/s8001/202102/t20210203_512359. html（2021 - 01 - 19）［2022 - 8 - 22］。

化选修课，在能够展示优秀传统文化内涵的课程中要求开展文化教育，同时在网络课程资源开发中，大量创建或引入优秀传统文化教育课程，并要求学生限选一定的相应学分。通过上述措施，高校的优秀传统文化教育学科覆盖也在一定程度上得以实现。

（三）活动课程育人

优秀传统文化教育的活动课程包括各种主题活动课和实践课，是各类应用型课程的集合。通过活动课程育人，是传统文化教育的应然要求，因为文化来自人类的实践，人类获取文化也是为了更好地实践。所以从本质上说，传统文化教育是一门实践性课程。基于此，学校传统文化教育是否有效，不在于学生吸收了多少文化知识，而在于学生有没有将这些文化知识内化于心、外化于行。因此，活动课程既是学校文化教育的有效形式，也是检验学校文化教育效果的重要标准。

"大中小幼"中华优秀传统文化教育的活动课程种类繁多、形式多样。以广东第二师范学院文学院为例（最后一章有详细介绍），国学教育班的学生"晨读经典""午练太极""夕习书法"，还利用寒暑假参加公益国学夏令营和冬令营活动及乡村国学讲堂活动，同时还以国学教育班学生为主体成立了面向全校的"国学教育协会"，相关活动更是丰富多彩。中小学则按照国家有关部门出台的课程设置方案，开齐开足综合实践活动课程，将其作为文化实践的重要载体。具体活动形式有少先队及团日活动、艺术展演、吟诵大赛、劳动实践、研学旅行、教育戏剧会演、民俗采风和研究性学习等。上述这些活动都可以融入优秀传统文化内容和元素，从而使学生在活动中受到优秀传统文化的熏陶。

第四章
中华优秀传统文化教育一体化的
路径选择与策略运用

　　遵从人的全面发展的根本宗旨，将人类教育看作一个结构严密、层次清楚、内容丰富的宏大系统，其中优秀传统文化教育是一个功能独特、影响深远的重要子系统，进而运用共生理论推动系统内部各要素在相互联系、相互作用的基础上共同发展、共同优化，最终实现教育全域的整体进步和教育对象的整体成长，这就是"一体化"建设的主要思路。这一思路奠基于深厚的现实基础，也拥有丰富的理论依据，值得在实践中大力推广。因此，如何选择正确路径和有效策略将这一设想变成现实，是接下来需要重点思考的问题。

第一节　中华优秀传统文化教育
一体化的路径选择

　　文化教育有自己的独特性，主要体现为内生性、浸润性和长期性。所以传统文化教育不是一种可以短期见效的行为，而是需要长期坚持、久久为功的努力。这种短期无功、长期见效的行动很容易被功利主义者的弃置，目前教育现状中的诸多问题可以提供佐证。因此，如何使传统文化教育得以在各级各类学校实施并长期施行下去，选择一条正确路径十分重要。我们认为，将传统文化教育一体化建设推向"制度化"是十分不错的选择。

基于文化传承发展的重要性，以及当前文化建设的现状，党的十九届四中全会从制度层面提出过明确要求，即"深化文化体制改革，加快完善遵循社会主义先进文化发展规律、体现社会主义市场经济要求、有利于激发文化创新创造活力的文化管理体制和生产经营机制"①。也就是说，要从体制、机制、规制等方面将文化传承发展的任务落到实处，使之成为国家制度的有机组成部分，进而从文化维度充分体现国家治理效能和治理能力的现代化。由此可见，用制度显优势，向制度要效能，是教育现代化的必由之路。

一、努力彰显优秀传统文化教育一体化的制度效能

前文已专门论述过传统文化教育的政策演进，一般而言，政策还不等于制度，政策主要是提供一种导向和要求，制度则是将政策精神变为行动纲领和刚性规范。当然，制度建设和制度绩效也不是一回事，建章立制是前提，执行制度并取得预期成效才是后续行动。所以"制度"与"制度化"是内涵明显不同的两个概念，也正是两者的差异才使我们认识到在文化教育中将诸多政策转化成丰厚的制度效能是多么重要。正如党的十九届四中全会公报明确指出的那样："制度的生命力在于执行。各级党委和政府以及各级领导干部要切实强化制度意识，带头维护制度权威，做制度执行的表率，带动全党全社会自觉尊崇制度、严格执行制度、坚决维护制度。健全权威高效的制度执行机制，加强对制度执行的监督，坚决

---

① 《中共中央关于坚持和完善中国特色社会主义制度 推进国家治理体系和治理能力现代化若干重大问题的决定》，载《人民日报》2019年11月6日，第6版。

杜绝做选择、搞变通、打折扣的现象。"① 由此可见，制度（包括政策）只是静态的文本，制度化才是赋予制度生命力并使制度价值得以实现的动态行为。

关于制度化，美国政治学家亨廷顿的观点为较多的人所接受。他认为："制度化是组织和程序获取价值观和稳定性的一种进程。"② 这句话有四层含义：其一，制度化是一种体系建构，无论是制度设计主体还是制度执行主体，都是一种具备组织特征的系统性要件；同样，无论是制度设计流程还是制度执行步骤，都应该具备相互协调、环环相扣的程序性特质；所以，制度化是将多项单一孤立的制度通过组织协调予以统合的过程，是将静止悬置的制度通过程序推动予以执行的过程。其二，制度化是一个动态过程，"进程"二字显示着趋势性、流动性和持续性，是"化"的全面体现；而所谓"化"者，本身就有"彻头彻尾彻里彻外之运动"的意蕴；所以制度化涵盖着制度执行的方向、过程和结果，是制度落实的实践流程。其三，制度化是一种观念自觉，它包含着制度执行者的制度认同和制度意识的确立，也就是制度价值观的获取；一项制度若要人们的自觉遵守和有效执行，一个重要前提就是该项制度能够获得人们的高度认可；因此，制度化的题中之义还包含着通过制度优化提升制度的适应性、通过制度宣传提升制度的接受度、通过制度创新提升制度的吸引力。其四，也是最重要的一点，制度化是使制度效能获得稳定性保障的行动机制；一项制度能否获得预期成效，不仅取决于制度设计的水准，而且取决于制度实施的程度。有些制度没有产生效应甚至产生负效应进而导致制度认同危机，这固然与制度自身的建设有关，但制度没有得到切实贯彻或被选择性实施往往是重要原因；因此，在制度实施过程中配套推出促进机制、协调

---

① 《中共中央关于坚持和完善中国特色社会主义制度 推进国家治理体系和治理能力现代化若干重大问题的决定》，载《人民日报》2019 年 11 月 6 日，第 6 版。

② ［美］塞缪尔·P. 亨廷顿：《变化社会中的政治秩序》，王冠华等译，上海人民出版社 2008 年版，第 10 页。

机制、保障机制、反馈机制、评估机制等等，就成为制度化的内生行动体系。

要而言之，上述四个层面分别从制度建构的合理性程度、制度推进的持续性程度、制度认同的共识性程度、制度实施的有效性程度诸方面展示出制度化的价值追求。可见，从制度到制度化不仅是一次行动转换，更是一次价值跃升。制度建构当然是重要的。常言道："没有规矩，不成方圆。"古人云："小智治事，大智治制。"制度用标准意识和底线思维，为人们的行为提供硬性规范和刚性约束，从而保障行动的方向性、内容的统一性和结果的有效性，因而在传统文化教育中构建系统完备、科学规范、运行有效的制度体系是十分必要的。但制度体系毕竟是静态的系列文本，它只有在实践中被有效执行才能达到预期目标。制度优势要转化为制度效能，唯有制度化才能实现。所以具有导向定位、控制保障、协调整合、规范推进等多种功能的制度化，才是制度建构的出发点、落脚点和归宿点。总而言之，制度化"是指从不稳定、不严谨、非结构的形式发展为稳定的、有序的、有结构的形式的过程，也就是从不明确的结构到明确的结构，从非正式的控制到正式的控制的过程"①。唯有将传统文化教育一体化纳入制度化进程，传统文化教育才能迸发出更强大的传承动力和创新活力，重振文化伟业的强国梦想才会获得更为牢固的制度支撑和机制保障。

党的十八大以来，关于文化传承发展的制度供给应该说处于一个逐步活跃、渐次丰富的阶段。除了上述《完善中华优秀传统文化教育指导纲要》《关于实施中华优秀传统文化传承发展工程的意见》等专项制度外，党的十八大报告、十九大报告都有专门篇幅论及文化强国建设，国家"十三五""十四五"规划纲要也有专章阐述文化建设规划，中共中央办公厅、国务院办公厅印发了《国家"十三五"时期文化发展改革规划纲要》，文化部（文旅部）还专

---

① 陈桂生：《教育原理》，华东师范大学出版社2000年版，第36页。

门制定了《文化部"十三五"时期文化产业发展规划》《"十四五"文化和旅游发展规划》，国务院各部委、全国各省市也相继出台了相关制度，如教育部、国家语言文字工作委员会联合制定了《中华经典诵读工程实施方案》，省市层面的如甘肃省委办公厅、省政府办公厅在 2017 年中办国办文件之后随即印发《甘肃省实施中华优秀传统文化传承发展工程方案》，等等。可以说近十年来，文化传承发展的制度建设，从立柱架梁、夯基垒台，到层层推进、多点开花，再到专门领域、重点环节的制度攻坚，蹄疾步稳，成效显著，一扫之前各种乱象，营造了文化建设风清气正的氛围，并初步构建出文化传承发展的良好制度环境。

但是新时代文化传承发展制度化的路上也面临着若干困境。第一，文化毕竟是一个内涵宏大的概念，随着时代的变化和人们认知的移易，作为传承与创新对象的文化，其容量和质素也在不断发生改变，所以冀望通过制度构建来一次性确定文化的意义边界，确是一件难度甚巨的工作，其中的空白和缺漏有时会使制度的遵循者无所适从。第二，21 世纪前后 10 余年，"国学热"有过一段时间的无序发展，其间种种弊端因为披着传统文化的外衣而蒙蔽甚广、贻误甚深，使许多学校、家庭、企事业单位论及"国学"时至今日仍心有余悸，这为相关制度的执行埋下了心理障碍，从而导致制度执行并不通畅。第三，有些制度的推出对执行主体和责任主体的界定不甚清晰，对制度实施的层级性、深广度未做明确安排，制度的针对性和可操作性不强，致使上层制度出台后下层的实施方案或细则未能如期推出，制度落实未能达成预期效果。第四，制度的配套供给还不完善，制度体系建构还不健全，实体性制度偏多，程序性制度偏少，如何在现有制度的基础上推出相应的保障制度、评估制度、反馈制度、问责制度等工作仍处于亟待加强的状态。第五，当前文化环境较为复杂，随着信息技术的迅猛发展，各种文化形态、社会思潮、价值观念纷纭激荡，导致文化领域呈现出多元、多变、多样化的新趋势，从而使人们对当下中国文化制度的认同面临严峻挑战。

上述种种困境恰恰就是制度化未能全面深入、精准到位的体现。须知文化传承发展是一项难以全面量化的巨大工程，是一个长期、渐进、累加的历史进程，更是一种软性、柔性、隐性的精神活动，尤其需要"制度化"这种硬性规约、刚性措施来为其保驾护航。所以，进一步拓宽文化传承发展的制度化路径、优化传统文化教育的制度化环境、健全文化传承发展的制度化体系，就成为当务之急。

二、优秀传统文化教育制度化的优化策略

（一）加强顶层设计，明确文化传承发展的目标内容任务

制度的顶层设计是制度化的重要环节和首要前提。作为制度顶层，自然是制度体系中的纲目和关键，规定着制度行为的方向、内涵和执行标准，是制度化的指南针、路线图与任务书。具体到文化传承发展制度的顶层设计，十八大以来党中央和国务院高度重视，出台了《关于实施中华优秀传统文化传承发展工程的意见》等系列文件，为新时代文化建设提供了根本依据。然而随着形势变化和社会发展，新的问题持续涌现，对该领域制度的顶层设计提出了许多新的要求。

首先，文化传承发展的总体目标需要进一步细化。制度目标"规定了制度运动和发展的方向，是制度体系的灵魂所在"①，所以文化传承发展的目标不能仅停留在"建设文化强国"这一表述层面。尽管在高层相关文件中还有"提升文化软实力""实现文化复兴"等类似宣示，但与"建设文化强国"一样，均属于比较笼统

---

① 贺培育：《制度学：走向文明与理性的必然审视》，湖南人民出版社 2004 年版，第 17 页。

的目标定位，不像"两个一百年"的奋斗目标——"建成小康社会（2021）""建成社会主义现代化强国（2049）"——那样有比较明确的量化指标。尽管"文化"的许多内涵是难以量化的，但文化建设的目标尽量明确化具体化却是可为之事。比如，文化传承达到何种程度，文化研究达到何种深度，文化创新达到何种力度，文化事业（产业）发展达到何种效度，国民文化素养达到何种高度，中华文化影响力达到何种广度等等，作为文化建设目标系统的下属要素，都应该可以进一步细化阐述。如果在此基础上构建出指向更加明确具体的"文化强国"目标体系，将为文化传承发展提供更大的助力。

其次，文化传承发展的主要内容需要进一步规范。如前所述，文化的内涵非常宏阔也非常庞杂，传承什么发展什么，每一个国家每一个时代都应有所区分、有所侧重。比如对于中国传统文化，习近平就指出："要坚持古为今用、以古鉴今，坚持有鉴别的对待、有扬弃的继承，而不能搞厚古薄今、以古非今，努力实现传统文化的创造性转化、创新性发展，使之与现实文化相融相通，共同服务以文化人的时代任务。"① 为此，在《关于实施中华优秀传统文化传承发展工程的意见》中，中共中央、国务院就明确界定了中华优秀传统文化的核心思想、道德规范和人文精神，这为全体国人准确把握传统文化的精神实质提供了权威依据。今天，我们需要传承的文化已不仅仅是优秀传统文化，还有革命文化和社会主义建设改革文化。那么，这二者的具体内涵是什么，到目前为止还没有权威阐释。教育部2021年初颁布的文件《革命传统进中小学课程教材指南》将二者概括为"革命传统"是不太周延的临时表述，这与顶层设计尚未跟上文化传承有关。所以，我们需要尽快从诸如井冈山精神、长征精神、延安精神、沂蒙精神、西柏坡精神、建党精神等种种概括中提炼出革命文化的精髓，从大庆精神、雷锋精神、两弹

---

① 习近平：《在纪念孔子诞辰2565周年国际学术研讨会暨国际儒学联合会第五届会员大会开幕会上的讲话》，载《人民日报》2014年9月25日，第2版。

一星精神、改革开放精神、抗疫精神、脱贫攻坚精神中提炼出社会主义建设改革文化的精髓。

最后，文化传承发展的任务要求需要进一步明确。前几年曾发生过两省三地争夺"西门庆故里"的闹剧，名义上似乎是光大地域文化，实际上是文化恶俗化的表演。究其原因，主要是地方政府在文化建设过程中对文化发展要求把握不准、过分功利化所致。因此，文化传承发展的顶层设计应该像《中华人民共和国非物质文化遗产法》对"非遗"一词详加规定那样，对"地域文化""民俗文化""红色文化"等都给出统一且规范的表述。这样一来，各地在文化建设过程中需要发展什么、保护什么、倡导什么，就有了明确要求。在此基础上，制度设计也应对"创造性转化、创新性发展"这一重要的文化发展策略做出具体阐释，即在制度安排上明确指导各级政府对传统文化和已经沉淀的现代文化如何进行甄别、整理、挑选、改造、升级，挖掘其合理内涵并赋予其符合新时代要求的文化精神，完成传统向现代的文化价值转换，使之成为当代民众喜闻乐见的文化新形态，最终深刻影响国民的文化精神，激活文化的创新动力。

（二）完善配套制度，健全文化传承发展的制度供给体系

制度化价值追求的首要前提是制度构建的合理性，这种合理性除体现在制度规约的设计是基于现实状况、事实基础和社会需要因而具有针对性、恰切性和可操作性之外，还在于制度体系自身具有系统性、自足性和可持续性。制度本身的这些特性在制度运行过程中具体表现为以下三点：制度设计的层次清晰完备、制度运行的环节完整通畅、制度供给的机制新颖有效。就第一点而言，制度设计的层次大体体现为，党中央国务院是制度设计的宏观层面，侧重于把方向、定原则和给出指导意见；省部一级是制度设计的中观层面，主要任务在于制定行动纲要、做出执行计划；市县司局一级是

制度设计的微观层面，着力点在于推出实施细则和具体行动方案。比如，中共中央办公厅、国务院办公厅出台《关于实施中华优秀传统文化传承发展工程的意见》（2017）后，教育部随即推出《加强和改进中小学中华优秀传统文化教育工作方案》（2019），然后教育部发布《中华优秀传统文化进中小学课程教材指南》（2021），层次清楚明晰，制度配套较为完备，执行起来自然就有章可循，宏观政策最终在微观层面得以落实。然而，就目前的情况而言，这种制度层级的完备还有提升空间，比如两办的《意见》颁布后，仅有部分省市闻风而动、推出相应方案，也有部分省市按兵不动，未见有关措施面世。[①] 如此一来，县局一级无法越级行动，从而导致一些地方在文化传承发展方面不作为或乱作为。这种现象当然应该立即得到纠正。就第二点——制度运行环节的完整性而言，一项完备的制度除讲清楚做什么、如何做之外，还应该有怎样才能做好、做不好怎么办等内容，即价值阐释、目标定位、任务说明、落实措施、组织推动、保障体系、评估方案、问责方式等等。如上述《关于实施中华优秀传统文化传承发展工程的意见》就由"重要意义""总体要求""主要内容""重点任务""组织实施""保障措施"六部分构成，逻辑清晰，环节完整，内容性与程序性相结合，是一项代表性制度。然而也有一些已经发布的制度在这方面并不严谨，要么内容阐述不准，要么组织措施不力，要么保障措施不全，要么评估督导机制阙如，从而导致制度的严肃性和科学性大打折扣。就第三点——制度供给机制的新颖有效来说，指的是制度化体系能够根据不断变化的新情况持续性的供给新制度或对原有制度进行优化。如2011年国家出台了《中华人民共和国非物质文化遗产法》，经过10年的施行，成效十分显著，但因为社会的发展及形势的变化，也出现了一些新的情况和新的问题，需要通过制度给予回应，于是2021年两办发布《关于进一步加强非物质文化遗产保护工作

---

① 本部分关于制度及法律法规的论述依据均来自"北大法宝"的检索结果。

的意见》；同样，教育部 2014 年印发了《完善中华优秀传统文化教育指导纲要》，2019 年再次出台《加强和改进中小学中华优秀传统文化教育工作方案》，就是一次制度的改善与优化，是制度持续创新和持续供给的体现。当前，传统文化教育领域还有一些制度空白地带，需要相应的制度供给，比如在教育评价改革制度中如何真正体现传统文化教育的分量，各级各类学校（包括教育行政管理部门）的文化培育制度中如何保障优秀传统文化的传承发展，学校周边的社会公共场域中如何规范文化传播与宣传等等，都需要专项制度来妥善填补。总之，如何使传统文化教育制度上下衔接、横向贯通、环节完备、流程配套、供给持续、创新有力，是制度化路径上持之以恒的工作。

（三）强化制度认同，创建制度意识培育的国民教育机制

"制度认同是人们在一定时期内关于制度的一种积极的认知评价、价值评价、情感体验和现实行动的总和。"① 可见，制度认同是一个观念层面的概念，它包括两个方面的含义，一是对抽象性普遍性制度的认可，即制度意识的确立；二是对某一项具体制度的赞同，进而产生执行某项制度的意愿，即制度自觉的出现。在制度化运行中，制度认同是由制度制定向制度落实转化的重要中介，因为如果没有制度执行主体对制度本身的肯定和对具体制度内容的接受，制度绩效就很难得到保证，制度在很大程度上就会变成一纸空文。

在一些政府机构、事业单位，制度往往只是写在纸上、挂在墙上、说在嘴上，但没有落实在行动上。究其原因，主要还在于制度意识的淡薄以及缺少对制度的敬畏之心。而文化传承发展，本来就是一项较为柔性、隐性的素质素养工程，其相关制度可能更容易遭

① 郭莉：《中国特色社会主义制度认同教育研究》，中国社会科学出版社 2016 年版，第 1 页。

到人们忽视，因此尤其需要制度意识的助力。所以，必须加强制度意识（包括规矩意识）的培养，要像狠抓国家意识、诚信意识、核心价值观养成那样，也要下大力气创建制度意识培育的常态化机制，从娃娃抓起，从多途径入手，加大宣传力度，创新传播方式，优化制度环境，在全社会形成按规矩办事、按制度行动的优良风气，最终使制度的外在规范内化为人们遵从制度的强烈意愿。

强化制度认同的另一项工作，就是提高人们对文化制度内涵的认可度和接受度。这项工作的主要着力点在于不断提升制度设计的科学性、针对性和可操作性，也就是说，制度设计的质量和水平对人们制度认同的确立会产生重要影响。因此，传统文化教育制度制定者一定要遵从"从群众中来、到群众中去"的方针，不能纸上推演、闭门造车，而是要深入群众中去，沉到实践中去，准确把握不同地域传统文化教育发展的现状，全面掌握不同学段不同学校的关切之处，充分了解各地教育发展的多样性、变异性和不平衡性，在深入调研、扎扎实实拥有一手材料的基础上，集思广益，和广大教师、广大家长一起想办法、定规矩，使制度确立获得最广泛的群众基础，并使制度执行的"预期获得感"深入人心，这样才有可能保证"制度正确"，进而获得广泛、深入的制度认同。

总之，"制度化"绝不是一个抽象的概念，它的任何一个环节都需要现实的、具体的个人在特定环境中来推动、完成，去情境化、去人性化的制度化是不存在的。因此，"制度化"必须考虑"人"的因素——人的情感态度、价值观念、行为趋向，都在很大程度上决定着制度执行的效率。尤其是每一个人都是在文化中生活的人，每一种文化都是由人在传承和表现，人与文化的结合尤为紧密，正如马克思所强调的："人们总是在直接碰到的、既定的、从过去承继而来的条件下创造自己的历史。"① 所以在文化教育中重视人的意识作用，通过全过程全方位来培养人们对文化制度的高度

---

① 《马克思恩格斯全集》第 2 卷，人民出版社 1995 年版，第 131－132 页。

认同，确是当下文化传承、发展、创新的一项重要策略。

（四）实现制度整合，构建文化传承发展的协同联动机制

党的十九届四中全会公报指出："中国特色社会主义制度是党和人民在长期实践探索中形成的科学制度体系。"① 作为该制度体系的一部分，中国特色社会主义文化制度自然也具有体系特性，即它是母系统中的一项子系统，也应该具备"系统完备、科学规范、运行有效"的质性。当然，"应该具备"不等于"已经具备"，中国社会主义文化建设依然处于不断发展、不断丰富的阶段，文化传承发展的制度化仍"在路上"。

按照系统论的观点，系统内部各要素之间应该相互关联、相互呼应、相互协调，并在运动中实现整合集成，产生叠加溢出效应。即在一个相对完整而又开放的系统中，由于大量联系紧密的要素在相互作用中所产生的协同效应，导致系统的整体属性不再是简单的部分之和，而是已具有部分所没有的、特殊的增量属性。② 也就是说，在系统内部要素协调、运行协同、力量整合的情况下，系统会产生"一加一大于二"的效果。由此可见，传统文化教育的制度化如果注重要素整合，实现协同联动，制度效能会大大增强。

为此，我们应该首先在制度设计环节实现整体协调，这其实也是"一体化"的题中之义。前面论述制度配套时也谈到各项制度间要做到层级明晰、上下衔接、左右贯通、环节完备，其中也包含协调之义，但这只是针对同一系列、同一指向的制度集群而言。就像中国特色社会主义制度有着根本制度、基本制度、重要制度的区分那样，文化传承发展制度体系也有专项制度、领域制度、关联制度的差别。我们此处所论的整体协调指的就是让这一类定位不同、功

---

① 《中共中央关于坚持和完善中国特色社会主义制度 推进国家治理体系和治理能力现代化若干重大问题的决定》，载《人民日报》2019 年 11 月 6 日，第 6 版。

② 参见苗东升《系统科学精要》，中国人民大学出版社 2010 年版，第 21－23 页。

能不一的制度尽量处于各要素协调状态，进而形成内容上呼应、功能上互补、标准上同步的协调共生格局。例如，《关于实施中华优秀传统文化传承发展工程的意见》就是专项制度，专门规范推动优秀传统文化的传承发展，是"点"的深入；《国家"十三五"时期文化发展改革规划纲要》就是领域制度，全面规划文化领域的发展改革，是"面"的涵盖；2018年出台的《中共中央　国务院关于全面深化新时代教师队伍建设改革的意见》强调要"引导教师树立正确的文化观……加强中华优秀传统文化和革命文化、社会主义先进文化教育"，这种制度就属于关联制度，是文化建设"范围"的拓展。就目前情况而言，这三种制度的系统集成，在党中央国务院的顶层设计层面是非常科学规范的，但在省市一级仍存在提升的空间。因此，需要各级党委政府在文化制度设计时充分运用"协调发展"的理念，尽力消除盲点、连接断点、打通堵点，使各项相关制度功能互补、融通合力、协调高效。而具体到每一所学校，传统文化教育的相关制度如何与学校的其他制度协同发力，更是一个需要抓紧解决的问题。

同时，我们还要在制度运行环节实现协同联动。制度运行靠的是制度执行主体的发力，而文化是融渗到社会生活方方面面的，所以文化传承发展的主体也是多样化的，并形成了"内外双系列主体"格局。领域内主体指的是文化管理主体、文化事业主体、文化服务主体、文化产业主体等（其中学校是最重要的主体），领域外主体指的是政府机构、社会组织、教育系统、家庭和企事业单位等。除此之外，还要考虑制度运行的渠道、平台和方式方法。在制度化进程中，如果不能让上述运行要素全部发挥既定效用，文化涵养全局的功能无疑会受到阻滞。因此，在文化传承发展的制度运行中，需要确立"党委领导、政府负责、部门落实、学校为主、社会协同、公众参与"的协同联动机制，有效激活全社会对文化发展的期待，充分挖掘广大民众的文化创新活力，切实推动跨界整合、内外协同，构建持续高效的文化发展生态系统。

第二节 中华优秀传统文化教育一体化
的策略运用

制度化能够保证中华优秀传统文化教育一体化建设真正落地，但落地之后取得多大的效果还需要进一步借助若干策略的运用。根据系统论、共生理论以及一体化理论等有关思想，遵循人的全面发展规律，本书制订了"纵向衔接、横向贯通、内外协同、四位一体"的总体策略，以保证传统文化教育一体化取得预期效果。

一、纵向衔接

"大中小幼"中华优秀传统文化教育一体化体系中的"纵向"，主要体现为依据学生身心发展的阶段性而设置的由低到高的学段层次，在本书中主要指从幼儿园到小学、初中、高中乃至大学这五个学段。"正如植物的成长具有节律一样，人的成长及发展也有着自己的节律，其中的每个发展阶段都有着特殊的地位、特殊的性质，承载着特殊的任务。"① 因此，如同人的生命发展需要遵从线性时间规律和不同阶段节律一样，学段安排也是一种不可逆的节奏演进和纵向提升。传统文化教育一体化的纵向衔接策略，就是要按照个体生命的成长逻辑，充分考虑不同学段的教育要求，精准设定教育目标，合理安排教育内容，有效使用教育方法，使每一个学段的文化育人活动都取得相应成效。同时，学段与学段之间的衔接性、联系性非常紧密，层次性、递增性表现明显，五个学段的效应整合实现了"一加一大于二"的增益效果。

---

① 陈瑛：《遵规重行：青少年道德教育成功之本》，载《学校党建与思想教育》2008 第 6 期，第 24 页。

（一）中华优秀传统文化教育一体化的目标衔接

"目标是一种动态的规格要求。这种要求可以随着学生年龄、知识、经验、觉悟和思想水平等的提高而提高。而且这种提高总是前后衔接、承前启后的，所以才能构成序列。"① 本书即根据这一观点来思考文化教育的目标体系。可以这样说，人的文化生命的完满是人生的一个总体目标，在此基础上依据人的不同发展阶段的特殊性，即个人在文化认知、理解、情感、意志及行为等方面表现出的不同年龄特点再设定不同任务，这种阶段性目标就是分层目标，不同层次的教育目标在整个目标体系中具有不同的作用和地位。再具体到"大中小幼"中华优秀传统文化教育，其一体化的目标序列应该包括一以贯之的总体目标、各有侧重的学段目标、具体明确的年级目标、渗透各科的课程目标。这一目标体系必须始终保持总分关系明确、层次递进清晰、梯度设置科学、纵向衔接严密、整体互动有效。

1. 一以贯之的优秀传统文化教育总体目标

优秀传统文化教育总体目标在目标体系中居于核心地位，是优秀传统文化教育目标一体化的总纲，也是全部优秀传统文化教育活动的方向和指南。它不仅决定着学段、年级、学科各层次的教育目标，而且对教育内容、途径、方法、评价和管理等都有重要影响。本书根据教育部颁布的《中华优秀传统文化进中小学课程教材指南》的有关表述，将中小学优秀传统文化教育的总体目标概括为：厚植中华文化底蕴、涵养家国情怀、增强社会关爱、提升人格修养、铸牢中华民族共同体意识。

也有学者根据《完善中华优秀传统文化教育指导纲要》和《中小学传统文化教育指导标准》的总体要求，将中小学优秀传统文化教育的总体目标概括为：形成文化记忆、增进文化理解和提升

---

① 鲁洁、王逢贤：《德育新论》，江苏教育出版社 2010 年版，第 181 页。

文化自信。①

2. 各有侧重的优秀传统文化教育学段目标

不同学段的优秀传统文化教育是依据学生不同发展阶段的特征制定出来的，对此，《完善中华优秀传统文化教育指导纲要》做出了大体安排：小学低年级，以培育学生对中华优秀传统文化的亲切感为重点，开展启蒙教育，培养学生热爱中华优秀传统文化的感情；小学高年级，以提高学生对中华优秀传统文化的感受力为重点，开展认知教育，了解中华优秀传统文化的丰富多彩；初中阶段，以增强学生对中华优秀传统文化的理解力为重点，提高对中华优秀传统文化的认同度，引导学生认识我国统一多民族国家的文化传统和基本国情；高中阶段，以增强学生对中华优秀传统文化的理性认识为重点，引导学生感悟中华优秀传统文化的精神内涵，增强学生对中华优秀传统文化的自信心；大学阶段，以提高学生对中华优秀传统文化的自主学习和探究能力为重点，培养学生的文化创新意识，增强学生传承弘扬中华优秀传统文化的责任感和使命感。

3. 具体明确的优秀传统文化教育年级目标

这一层级的目标旨在充分发挥以年级为单位的文化育人优势，在传统文化总体目标的引导下，围绕学段目标，按照不同年级进行分解和细化。年级目标必须贴近学生的学习和生活实际，反映学生成长发展的现实需要，因而必须更加具体明确。

4. 渗透各科的优秀传统文化教育课程目标

中华优秀传统文化内容在不同学科中的表现是不一样的，同时不同课程呈现传统文化内涵的载体和方式也不相同，因此不同学科

---

① 参见明成满、赵辉《中小学中华优秀传统文化教育目标一体化研究》，载《基础教育》2021 年第 4 期，第 52 – 61 页。该文对优秀传统文化教育总体目标的表述为：形成文化记忆，通过对优秀传统文化的学习，形成对优秀传统文化的基本认知与情感积淀，增进对优秀传统文化的亲切感和学习兴趣。增进文化理解，在文化记忆的基础上，通过对优秀传统文化的学习，获得对其所承载内容或意蕴的解释、评析、鉴赏和实践的综合能力。提升文化自信，在对优秀传统文化的精神实质以及世界主要民族文化有基本了解的基础上，提升对文化的自信心和自豪感。

课程所担负的传统文化教育功能也有差异。在这种情况下，各门课程的传统文化教育在制定目标时既要服从于总体目标的引领，又要充分展现学科属性和课程特点，形成多点发散又拱卫中心的格局。

总而言之，传统文化教育一体化的目标序列是一个总分关合、层级清楚、递增明晰、进阶有序、衔接紧密的完整体系，这一目标体系的建构仅靠某一学段或某所学校是难以完成的，它需要较高层级的教育管理部门在一体化理念下，至少以省域为单位，会同"大中小幼"各学段研究制定。所以一体化建设的体制保障也很重要，这一点将在后面再作阐述。

（二）优秀传统文化教育一体化的内容衔接

中华优秀传统文化的主要内容本身就具有循序渐进、相互衔接的特点，这一点从传统教育的内容设置可以观察得知。例如，《三字经》有云："孝经通，四书熟。如六经，始可读。"这就是说，学完《孝经》、"四书"，才开始读"六经"。据史料记载，元代教育家程端礼曾编写了一个循序渐进、系统完备的优秀传统文化教学计划，即《读书分年日程》。此计划规定了从当时的"小学"到"大学"阶段具体的经史文献教学程序，具体内容为：八岁入学以前，吟读《性理字训》；八岁入学以后，学习教材的先后顺序为《小学》《孝经》"四书""五经""春秋三传"；15 岁以后则依次学习《四书章句集注》和《资治通鉴》等。[1] 这些教材的内容由浅入深、循序渐进，体现了优秀传统文化内容的衔接性和系统性。

优秀传统文化教育一体化在内容上的纵向衔接自然应比古代更加紧密顺畅、精准有效。这方面，《完善中华优秀传统文化教育指导纲要》《中华优秀传统文化进中小学课程教材指南》为我们提供了很好的思路，具体如何安排，将在下一章详细展开。这里，我们特别强调一下传统文化教育内容一体化应该遵循的几项原则。

---

① 程瑞礼：《程氏家塾读书分年日程》，姜汉椿校注，黄山书社 1992 年版，第28 - 44 页。

一是目标导向原则。各学段、各学校在选择传统文化教育内容时绝不能自行其是，而是要围绕传统文化教育总体目标而确定。因为教育内容是教育目标的具体化，二者是相辅相成、紧密联系的。只有根据目标来选择内容，才能保证教育内容没有偏离正确方向，并产生预期效果。在此基础上，再根据学段目标、年级目标和学科课程目标确定更加具体的教育内容。做好这一工作的前提有两个，①对传统文化教育目标体系进行认真解读和领会，掌握其内在逻辑和具体要求。②对中华优秀传统文化的内涵有准确认知，能根据目标牵引在丰富的宝藏中挖掘出合适的精品作为教育内容。

二是循序渐进原则。如果目标导向是保证内容选择的准确性和适宜性的话，那么循序渐进则是保证内容选择的层次性和阶梯性。在制定学段目标和年级目标时就已经需要注意有序进阶，同理，目标导向下的内容安排自然也要体现由浅入深、螺旋上升的演进轨迹。具体来说，主要是依据学生身心发展尤其是认知发展规律，让学生接受知识的过程，逐步实现从具体到抽象、从认知到理解的转变。根据皮亚杰的认知发展理论，人对事物的认知需要经历四个阶段，① 这大体上对应"幼小中大"四个阶段，即在幼儿园阶段，人的认知主要表现为直观形象；小学阶段，人的认知偏向于情景体验；中学阶段，人的认知侧重于理解探究；大学阶段，人的认知聚焦于抽象概括。这种阶段性变化自然需要知识内容的配套跟进，所以传统文化教育的知识传递也应该由表层性、直观性知识向认知性、理解性知识过渡，再拓展至概念性、体系性知识。

三是学用结合原则。传统文化教育的根本目的就是人的文化养成，而文化养成的标志则是一个人具有深厚的文化素养和强大的力量，既能促使自身生命正向成长也能为社会进步作出贡献。这样的结果自然需要教育过程直抵人心，也就是要将知识接受内化于心、外化于行。所以优秀传统文化教育内容的选择一定不能是僵死的知

---

① 左仁侠、李其维：《皮亚杰发生认识论文选》，华东师范大学出版社1991年版，第17-18页。

识和机械的观念，而应该是那些在时代要求、社会需要及个人发展观照下依然具有重要价值和现实生命力的内容。这些"活性"知识既能滋养人的内心世界，又能规范和完善人的外在行为，最终在内外结合、学用并行的维度上实现文化生命的完满。

二、横向贯通

如果纵向衔接侧重于从线性时间角度来构建传统文化教育一体化的"主梁"的话，那么，横向贯通则是从广域空间角度来架设传统文化教育一体化的"重椽"。纵向衔接关注的是全程育人的整体性、梯次性和上下紧密联系，横向贯通则着力于全域育人、全方位育人的周延性、全面性和左右拓展融通。当然，这里的"全域"主要指学校场域，学校以外的社会公共空间如何与学校教育贯通，将在"内外协同"中论及。

学校场域的空间要素大体上包括校园、课室（含实验室、多功能教室等教学场所）、图书馆、体育馆、虚拟空间（网络环境）等。传统文化教育要在这些场域中实现渗透融通，应主要从四个方面努力：一是学科贯通，二是课内外贯通，三是线上线下贯通，四是校际融通。

（一）学科贯通

学科贯通，指的是在学校设置的各门学科中融入优秀传统文化教育，各学科都要发挥优秀传统文化育人功能。一方面，在学科知识体系的建构时要适当嵌入优秀传统文化内容；另一方面，在学科教学中要充分利用传统文化开展育人活动。也就是说，在优秀传统文化育人方面，既要充分尊重学科特点，发挥不同学科传承文化的独特优势；又要尽力打破学科壁垒，使文化育人在各个学科教学中畅行无阻。当然，学科教学最终都要落实到具体课程，所以学科贯通在一定程度上与前面阐述过的全课育人有较多的相似之处。总之，传统文化教育一体化在学科课程上的体现，就是要使每一门学科、每一门课程都切实承担起文化育人的职责。

换一个角度来看，学科贯通也体现为文化育人在德、智、体、美、劳五方面的全面渗透。培养德、智、体、美、劳全面发展的社会主义建设者和接班人是新时代中国教育的根本宗旨，而文化育人则是贯穿上述"五育"的一条精神主线。我们知道，不同学科课程所包含的知识信息对受教育者的作用是各有侧重的，比如人文学科与理工科的知识体系对人的素养形成会有不同影响。但不管学科的知识指向如何不同，其中的文化精神却有相通之处。所以抓住文化内核这一着力点，完全可以实现以文育德、以文启智、以文润体、以文蕴美、以文促劳。因为有了文化的浸润与融通，人在德、智、体、美、劳诸方面的全面发展就有了深厚的人文底蕴。

（二）课内外贯通

课堂教学当然是文化育人的主阵地和主渠道，但学校教育活动除了课堂教学之外，还有很多课外形式，这是课堂教学的必要延伸和重要补充。因此，在抓住课堂教学这一主线的同时，充分重视课外活动的有效支撑和辅助，实现课内外贯通无碍，无疑是中华优秀传统文化教育一体化的重要内容。

由学校组织的学生课外活动可以分为两类，一类发生在校园内，一类发生在校园外。校内活动一般有课间十分钟、升旗仪式、国旗下讲话、校运会、文艺汇演、趣味赛事、社团活动、节日庆典、技艺训练、单项体育比赛等常规性活动；校外活动一般有研学旅行、春游秋游、生活体验、定点参观、生产实践等。针对上述活动，学校除了根据不同活动特点来设计活动内容之外，还应尽量在活动中渗透文化育人内涵，或者有意识地使这些课外活动成为课堂文化养成的自然延伸，从而全面拓展文化育人的效应。除此之外，学校还可以有针对性地规划一些特别活动，如举办国学讲堂、庆祝传统节日、追忆重大历史事件、缅怀历史文化名人、诗词经典新唱、古诗词吟诵、汉字书写比赛、历史故事讲演、经典诗词戏剧化展演、汉字文化趣谈、古代礼仪流变等课外活动，将传统文化教育融入学生喜闻乐见的活动之中，使学生在轻松愉悦的氛围中感受传统文化之美。

（三）线上线下贯通

网络育人已成为学校教育的一条重要途径，尤其是新型冠状病毒感染出现以后，线上教育活动陡然增多，学生接触网络的时间也大大增加。在这种情况下，中华优秀传统文化教育一体化就必须关注网络这一重要育人空间，力争通过网络教育供给侧结构性改革来赋能传统文化教育，使学校文化育人实现线上线下贯通，真正达成全时空、全方位的育人目标。

就传统教育方式而言，文化育人主要发生在线下实体课堂，这种线下环境有利于师生的面对面交流和学生的合作学习，但同时也有受众群体和范围受限、教育覆盖面和影响力受到制约、教育手段与方法固化、教育资源得不到及时有效拓展等问题。"而互联网的发展，打破了原有单一线下教育环境的空间格局，扩展了教育环境……在技术条件支撑下，以网络直播、回放等形式，打破了现实空间教育活动的即时性限制……有效增加受众范围，扩大教育活动的影响力"；而且线下教育的"典型工作经验和做法可以通过网络平台进一步传播，形成可复制的样板，以此形成可供多维传播和重构的教育资源。"[1] 因此，线上线下相结合，能够实现文化育人双重场域交互发展，变"灌输式""独白式"教育为"渗透式""对话式"教育，从而进一步提升育人实效。基于此，各级各类学校在优秀传统文化育人过程中，应在优化线下育人的基础上，有效利用主题网站、微信公众号、微博、QQ、论坛、数字化刊物等网络资源和平台，巧妙运用动画视频、创意图讯、VR 技术、航拍技术等

---

[1]　吴素红、陈庆宾：《三元交互理论视角下高校交互网络育人模式的构建与实践》，载《黑龙江教育》2022 年第 7 期，第 31 页。

多种新颖形式，精心驾驭"网言网语"，打造一批优秀传统文化育人的"爆款"产品，使学校的文化养成充满人文温度、情感厚度、思想深度。

（四）校际融通

校际融通指的是学校与学校之间在优秀传统文化教育方面的合作与交流，这是打破校际壁垒、畅通协同渠道、实现文化育人的优质均衡发展的重要举措。早在 2012 年，国务院就颁布了《关于深入推进义务教育均衡发展的意见》，明确提出要通过探索集团化办学的新模式来推进教育均衡发展。2016 年国务院又出台了《关于统筹推进县域内城乡义务教育一体化改革发展的若干意见》，再次要求名校牵头推进集团化办学，从而更好促进校际与城乡义务教育资源均衡配置、均衡发展。上述文件的出台，大大促进了校际的协同发展。近年来，各种集团化办学形式不断涌现，既有县域内教育联盟，也有跨区域教育联盟；既有同层次学校联盟，也有不同层次学校组建的教育联盟。这一趋势为区域内优秀传统文化教育一体化提供了强大助力。笔者所在的广东第二师范学院文学院国学教育团队于 2009 年就开始与区域内中小学校开展多方面合作，并于 2015 年牵头成立了广东省国学教育协作学校联盟，联盟成员有 100 多所学校。2016 年在此基础上成立了广东教育学会国学教育专委会，理事单位增至 200 多个。利用这些平台，团队引领和协调各级各类学校共同开展传统文化教育，推动信息共享、资源共享、成果共享、师资共享，实现合作共生、共同发展，充分展现了校际融通的巨大优势。因此，中华优秀传统文化教育一体化建设不能局限于一校一区，而是要突破区域限制，通过交流互鉴、协同创新，最终实现整体的不断升级。

三、内外协同

中华优秀传统文化教育之所以要走向一体化，主要原因在于它是一项系统工程。虽然其核心是学校教育，但决然离不开家庭参与和社会支持。因此，在优秀传统文化教育一体化建设中，必须实施校内外协同策略，也就是做好家校社协同。

家校社协同育人，指的是家庭、学校和社会三方协调合作，共同承担育人责任，共同促进受教育者的全面发展。如果人类教育是一个宏大的母系统，那么学校教育、家庭教育、社会教育（社区教育）就是其中的子系统，而政府组织则是独立于这个系统的外部控制参量。按照系统论的观点，每个子系统都应受到系统整体的控制和影响，子系统之间也应协调互动，最终产生"一加一大于二"的协同效应。由此可以看出，家校社协同育人具有以下特点：一是育人主体多元。家、校、社在教育体系中是处于同一层次的子系统，它们之间的关系是平等的，都是教育活动的主体之一，都应该履行同等的教育责任，不存在谁更重要或者谁可以越位和缺位的问题。二是育人资源共享。家校社协调合作，就是要通过多方参与以充分调动和整合各方资源，实现信息共享、平台共享、技术共享，使教育在开放协调中获得更多资源配置。三是育人效应增值。家校社协同形成育人共同体，实际上就是汇集多元主体的智慧和能力，形成育人的强大合力。这一多维主体的共育过程，就是教育效果的整合倍增过程。综上所述，家校社协同育人是推动教育发展、实现教育效应最大化的必由之路。

早在 20 世纪 80 年代，就有国外学者提出"家校社协同育人"的理念。[①] 受其影响，20 世纪 90 年代，中国教育界开始了家校社协同育人的尝试，并逐步推广。其后这一育人模式得到国家层面的重视和政策支持。2017 年，中共中央办公厅、国务院办公厅发布《关于深化教育体制机制改革的意见》，指出要加强学校教育、家庭

---

① 参见［美］爱普斯坦等《学校、家庭和社区合作伙伴：行动手册（第三版）》，吴重涵、薛惠娟译，江西教育出版社 2012 年版，第 4－6 页。爱普斯坦认为，家庭、学校和社会在学生成长角度拥有相同的目标、承担共同的教育责任，并且会对学生的发展产生相互交织且持续积累的影响。通过家校社之间优质高效的交流互动，青少年可在多元视角下达成认知与实践的统一，从而激发自我内驱力，实现个体发展。

教育、社会教育的有机结合，构建共同育人的格局①；2019 年，中共中央、国务院印发《中国教育现代化 2035》，指出建成学校教育与社会教育、家庭教育密切配合、良性互动的终身教育化体系②；2020 年中共十九届五中全会通过的《中共中央关于制定国民经济和社会发展第十四个五年规划和二〇三五年远景目标的建议》，再次强调要健全学校家庭社会协同育人机制③；2021 年 10 月 23 日，第十三届全国人民代表大会常务委员会第三十一次会议通过《中华人民共和国家庭教育促进法》，该法明确指出，家庭教育、学校教育、社会教育要紧密结合，协调一致。这些国家层面的方针政策，明确了家校社协同在教育协同育人中的重要价值，为家校社协同指明了前进方向。

传统文化教育作为家校社协同育人的重要内容，在构建一体化的"文化社会"进程中发挥着独特作用。因此，在推动优秀传统文化教育一体化建设时首先要明确家庭、学校和社会的角色功能，厘清三方的权责边界，建立以文化育人为核心的学校主导、家庭参与、社会支持的协同育人新格局。

（一）学校与家庭协同

有学者指出："家庭是学生无法自主选择和难以摆脱的生活环境和发展背景，对学生的个人成长与人格完善具有其他影响因素无可比拟、不可替代的优越性和终身重要性。"④ 家人的言传身教对学生的文化养成有着非常重要的影响，可以说，父母是孩子的第一

---

① 《关于深化教育体制机制改革的意见》，见中国政府网：http：//www.gov.cn/xinwen/2017－09/24/content_5227267.htm（2017－09－24）［2022－8－22］。
② 《中国教育现代化 2035》，见中国政府网：http：//www.gov.cn/xinwen/2019－02/23/content_5367987.htm（2019－02－23）［2022－8－22］。
③ 《中共中央关于制定国民经济和社会发展第十四个五年规划和二〇三五年远景目标的建议》，见中国政府网：http：//www.gov.cn/zhengce/2020－11/03/content_5556991.htm（2021－11－03）［2022－8－22］。
④ 张志勇、赵福庆：《中小学德育一体化原理》，山东教育出版社 2019 年版，第179 页。

任文化导师，也是伴随一生的文化伙伴。家庭教育对学生文化养成的这种基础性、终生性作用，决定了学校教育必须与家庭教育协同，才能使中华优秀传统文化教育一体化建设落到实处。

　　然而，当前家校合作依然存在一些问题。从学校方面来说，有些学校姿态摆得比较高，不太重视家庭在文化育人方面的作用；也有一些学校依仗自身的资源优势和专业优势，对家庭教育进行挤压，不愿意对家庭教育进行指导和培训。从家庭方面来说，有的家长则过分干预学校教育，动不动就投诉学校或教师，导致家校关系紧张，协调不畅；有的家长则走向另一个极端，放弃自身的教育职责，过分依赖学校教育，对孩子在校学习的情况几乎不管不问；有的家长自身文化素养不高，无法给孩子带来正面积极的影响，无法有效地参与学校协同；也有一些家长受功利主义、应试教育的影响，对于孩子的教育只看重分数和排名，与学校沟通也只关注升学率，这无疑也阻碍了文化育人的家校贯通。针对上述问题，传统文化教育的校内外协同还需要探索一些有效策略。

　　一方面，学校作为传统文化教育一体化建设的主导方，要主动实施"既走出去又请进来"的互动策略，强化与家长的沟通和交流。走出去，就是开展常态化家访和专题性家访；请进来，就是以家长会、家长论坛、家长委员会、学校开放日等方式，邀请家长走进学校，走进班级，走近教师和学生，让家长们了解学校文化育人的新思想、新理念，力争获得家长的理解和共鸣。同时通过班级群、家长论坛、家长意见表等方式，让家长分享自己对孩子文化养成的困惑、经验和想法，提出对学校教育的意见和建议，以便学校对育人理念和行为适时做出调整。另外，学校还应积极构建和完善家校合作机制，通过家长委员会、家长联合会、家长学院、学校治理委员会等多种组织形式让家长参与学校教育事务和家庭教育指导活动。并借助这些平台发布家长课程，举办培训或讲座，为所有家庭尤其是弱势家庭提供教育服务，引导家长主动有效地参与文化教育活动。学校还可以通过校长开讲、班主任讲堂、志愿者宣讲、家长成长营、"好妈妈"成长驿站、爷爷奶奶协会、家长义工协会等多种渠道，激活和增强家长的教育意识，由此提升家庭教育水平。

另一方面，借助家长委员会这一政策支持下的中介组织，通过多种宣传手段和沟通方式，比如家长读书沙龙、家庭教育图书漂流、优秀父母养成计划、家长夜校等形式多样的读书活动，组织家长进行系统化、专业化的文化学习，多多接触优秀传统文化，多方面提升家长的文化水平，使他们尽快成为传统文化教育的支持者和推动者，进而在传统文化教育方面与学校"同向同行"。所谓"同向"，就是学校教育与家庭教育在传统文化教育方面保持方向一致。这里的"一致"体现在两个方面，一是家庭和学校在文化育人责任上要有一致的重要性，二是家庭和学校在文化育人行动上要有一致的追求。要做到两个"一致"，一要唤醒家庭的教育责任感，让家庭和学校成为孩子文化养成的"双责任主体"；二要树立正确的教育观，让学校教育和家庭教育真正做到"去功利化"，走上"素质化"。所谓"同行"，就是学校教育与家庭教育在"志同道合"的基础上要做到行为一致，形成一种相互支持、相互合作的互补关系。在现代教育体系中，学校和家庭是不同的教育主体，对受教育者有着不同的影响，所以二者不可能相互替代，而是互补共生。因此家校做到行为一致，就是一种为了共同目标而真诚互助、有效协作的异质同构关系。

（二）学校与社会（社区）协同

一个人的文化素养只有在他进入社会生活并产生各种行为之后才能显示出意义和价值，脱离了社会生活的文化养成就无法完成，也无法获得检验。因为如前所述，文化教育施加于受教育者，往往是先内化于心、再外化于行。也就是说，受教育者文化素养的高低，只能是通过与他人交往或者在群体性事务中才得以体现。因此，社会生活既是受教育者文化养成的平台和机会，又是受教育者文化养成的资源和助力。社会有着极其复杂的环境和丰富多彩的情状，总在或隐或显地影响学生的文化表现和文化生长。基于这一认识，我们可以确定，学校文化教育不可能脱离社会环境而独立发展。只有重视学校文化教育和社会文化滋养的协同，才能为受教育者创造良好的成长环境。

不过从目前的形势看，学校和社会的协同还很不理想。一方面，受社会分工的影响，学校教育的独立性和区隔性决定了它和社会始终存在着明显的边界，这一现状导致学校教育往往远离社会而孤军奋战，结果是学校和社会之间缺乏有效的沟通渠道和互动方式；另一方面，社会本身就是一个巨大而松散的模糊体，学校和家庭之外的一切似乎都属于社会，这样的社会既多元开放又松散无序，其中产生的纷繁复杂的一切都会给学校带来冲击，是学校无法控制又无法躲避的存在。更具体点说，当今社会对学校教育的支持还十分乏力，有研究者这样描述："影视作品对于青少年的价值导向存在偏差，网络和游戏监管存在漏洞，众多的培训机构大量占用孩子时间和精力，社区教育缺失，社会教育资源缺乏有效开发和联动机制，'破五唯'的社会用人评价机制还没有执行到位，社会教育机构缺乏专业力量，社会教育理论缺乏学科支持，实践缺乏指导。"[1] 可见，上述存在的种种问题都会在某种程度上削弱学校教育的成效。在这种情况下，如果没有合适的联系路径和对接渠道，社会的影响对学校来说始终是巨大的挑战。因此，如何有效发挥社会教育的正向作用，充分利用社会资源实现其与学校的协同教育，是学校和社会需要共同面对的时代课题。

首先，要在政府主导下加强学校与社会的协同制度建设。学校受自身的角色所限，无法对社会施加足够影响，必须依靠社会管理者——政府来推动与社会的协同。政府虽然不在家、校、社三个子系统中，但应当是家校社协同育人的"元治理者"，由政府出面来协调和构建学校与社会的制度化合作，才能见出成效。因此，各级

---

① 黄胜勇：《构建家校社协同育人的教育工作新格局》，载《山西教育》2022 年第7 期，第 67 – 68 页。

政府特别是文化、宣传等部门，要出台相应的配套制度，切实加强全社会文化建设，有效扼制社会不良因素，净化社会文化环境，努力消除社会对学校教育的不良影响。同时通过制度化保障，为社会提供源源不断的优质文化产品，以提升整个社会成员的文化水平，从根本上优化国民文化素养，从而为社会教育打造一片净土和沃土。学校文化教育的相关制度建设也要与时俱进，要在"开门办学"的理念下勇于和社会对接，使学校文化养成与社会文化陶养需求一致、行为相契。

其次，要加强学校教育与社会教育的良性互动。一方面，学校要引领学生"走出去"，通过各种社会实践活动，包括考察民俗文化、参观文化古迹、体验民风家风、研学旅行、专题文化调研、追踪历史遗迹等，让学生切实感受到社会上优秀传统文化的丰富传承和多样发展；另一方面，学校也要将社会人士"请进来"，让他们亲身感受学校文化育人的做法与特色，充分理解学校的育人理念和办学追求，从而成为学校教育的支持者和同道人。同时社会层面也要向学校开放各种文化资源，包括图书馆、博物馆、科技馆、影剧院、艺术中心、文化宫、少年宫及各种大众传播媒介（如书报、广播、电视、网络等），都应和学校教育实现需求对接和资源共享，并成为学生认识社会文化的"优质窗口"。

最后，要构建学校与社区的常态化合作关系。社区是社会与学校之间的联系中介，社区在某种程度上既是社会的缩影，也是政府的"代理人"，因而在学校与社会的协同中起着重要作用。当前，通过多年来的政府引导和行政手段的推动，"社区意识"已越来越被广大民众所接受，对社区角色的认同度也越来越高。在这一背景下，学校与所在社区的合作交流就成为协同育人的必要内容。为此，学校和社区要建立常态化的合作机制，包括互相开放、共享资源、共建平台、共同营造文化氛围、共同组织文化活动等等，都应纳入长效化、制度化的合作范围，同时创新社区参与家社合作的方式，开放社区对学校管理的监督和建议渠道，形成社会力量参与协同育人的体制性保障，以保证校社协同落到实处。

以上虽然以学校为基点对家校、社校协同分别做了论述，但实际上家校社协同是一个整体，不能截然分开。从一个人文化养成的全部效果来看，家庭教育是起点和根基，学校教育是平台和关键，社会教育是拓展和补充，三者共同服务于人的全面发展。所以，中华优秀传统文化教育一体化的校内外协同就是构建以政府为主导、学校为主体、家庭为基础、社会为依托的协同育人新格局，最终实现"做优家庭教育指导力，做强学校育人领导力，做大社会教育支持力"的文化共育目标。

四、四位一体

四位一体，是指四个不同维度的事物构成一个联系紧密、互动发展的整体。上文在论述优秀传统文化教育校内外协同时涉及学校、家庭、社会和政府四方共同参与的情况，有很多研究者将这种格局概括为"家校社政"四位一体。如有学者在论及青少年爱国主义教育时这样阐述："教育是一项系统工程、合力工程、基础工程，需要家庭、学校、社会、政府多方发力、综合施策，形成'发挥政府保障作用、学校主导作用、家庭基础作用和社会依托作用'的协同机制。"① 这一说法颇为中肯，是从全局性角度看待教育一体化的代表性观点。但本节将要论述的"四位一体"并非指向这一方面，而是紧紧围绕本书的中心论题，特别强调"大中小幼"四个阶段的四位一体。也就是说，要在国民教育的整体视野中将大学、中学、小学、幼儿园四个阶段统一起来，在传统文化教育工程中形成一体化效应。

之所以要特别强调"四段一体"，就在于当前各学段之间的衔接问题依然没有得到有效解决，学段割裂性、封闭性等问题仍然存

① 梁超锋：《新时代青少年爱国主义教育"四位一体"协同机制研究》，载《学校党建与思想教育》2020 年第 3 期，第 37 页。

在。诚然，不同学段确实有不同特点，这是由受教育者的年龄特征和知识体系的逻辑进路决定的。但学段划分的初衷恰恰是在尊重差异的基础上实现目标的同一，而不是因为差异而走向目标的背离和行为的区隔。关于这一点，早在 20 年前知名教育家顾明远就曾提出过担忧："自从把教育分成大、中、小学，并在不同的学校学习以后，就出现了教育的衔接问题。特别发展到今天，愈演愈烈。"① 这么多年过去了，这个问题业已成为顽癥痼疾，最主要的原因应该有两个，一是主观方面，即教育者的学段衔接意识较为薄弱；二是客观原因，即教育环境缺乏学段衔接的有效支撑。两个原因在一定程度上又互为因果，因为没有促进衔接的保障制度和实施平台，所以教育者自然缺少主动衔接的意识和动力；反过来因为各层级教育者（包括教育管理者）的意识阙如，又使学段衔接的制度建设和平台打造相当滞后。所以，运用一体化理念彻底扭转学段分割的态势已经显得十分紧迫。目前顶层设计的政策支持已经到位，关键是要尽快构建学段衔接的体制机制以及实施衔接的各种渠道和平台。

需要特别指出的是，"大中小幼"四个阶段的一体化不是一个抽象的理念或空洞的口号，而是要落实到它的功能体系上来。具体而言，就是要在教育活动的四个要素上都要实现一体化，即教育目标体系一体化、教育内容一体化、保障体系一体化、管理机制一体化。这是主层次"四位一体"引领下的分序列"四位一体"，只有总分两个层面都保持一体联动，一体化教育效果才能逐步呈现。

关于优秀传统文化教育目标一体化，前面已有论及。这里需要强调的是，文化育人目标本身就是一个层次严密、分合有序的体系，应根据传统文化教育的现实要求和受教育者身心发展的规律，使总体目标具备很强的统一性、学段目标具备明显的层次性、年级目标具备鲜明的递进性、学科目标具备清晰的序列性。有了这种主线贯穿而又网格交织的目标结构，优秀传统文化教育一体化就有了

① 余立：《教育衔接若干问题研究》，同济大学出版社 2003 年版，"序"第 2 页。

科学的目标导向。

优秀传统文化教育内容一体化主要体现在三个方面，一是课程内容，二是教材内容，三是实践内容。要根据目标要求将优秀传统文化教育内容进行多维分解，在规划课程内容时要做到结构安排从简单到复杂、内容选择从低级到高级、知识传递从具体到抽象；在设置教材内容时要注意历时性维度的循序渐进和共时性维度的精准精确；在安排实践内容时则要注意两个场域的不同特点，即课外活动（校园内）和校外活动（社会实践）内容要有所不同，要根据课外和校外的不同环境、活动条件、关联因素以及人员组成设定不同的活动主题。

优秀传统文化教育一体化的保障体系主要有两方面构成，一是队伍保障，二是资源保障。队伍保障就是要通过系统性的培养和培训打造一支能够适合各个学段传统文化教育的师资力量，这个师资队伍既有深厚的学术基础——自身的优秀传统文化素养非常深厚，又有强大的专业技能——掌握了传统文化教育的独特方法，还有牢固的一体化意识——能积极主动地推动学段衔接和与同行交流。资源保障就是要在传统文化教育的特定区域内尽可能广泛地实现资源创生和共享。传统文化教育资源包括信息资源、课程资源、影像资源、场地资源、成果资源、平台资源及地方文化资源等，这些资源至少要实现在县（区）域内各学段的共生共享，并不断更新和再造。

优秀传统文化教育一体化的管理机制同样包括两个方面，一是评价机制，二是组织机制。教育评价是教育事业发展的重要推力，2020年10月，中共中央、国务院印发了《深化新时代教育评价改革总体方案》，就优化教育评价提出了许多新的改革举措，为全面、精准、科学地开展教育评价提供了根本依据。组织机制主要指的是要构建强有力的一体化领导体系。具体做法是，各级党委政府和教育行政管理部门要树立一体化领导理念，在常态化的上下联动中形成纵向贯通、横向协调的一体化工作格局；同时要创新优化一体化组织形式，要充分利用现代信息技术，打破地域空间局限，利用微信群、腾讯会议和其他数字技术平台等线上形式组织交流分享，开展教研活动，实现更加灵活多样的互联互通。

第五章
中华优秀传统文化教育一体化的
目标体系与内容设计

在中华优秀传统文化教育一体化实施中，构建一体化的课程目标体系是当务之急。因为课程目标是指导整个课程实施的最为关键的准则。确定课程目标不仅有助于明确课程与教育目的的衔接关系，从而明确课程编制工作的方向，而且还有助于课程内容的选择和组织，并可以作为课程实施的依据和课程评价的准则。① 另外，中华优秀传统文化教育跨度特别大，复杂程度非常高，因此只有首先确立明确的课程目标，才能更好地保证中华优秀传统文化教育分学段有序推进。

第一节　中华优秀传统文化教育一体化
的目标体系

大家应该注意到，教育部 2014 年印发了《完善中华优秀传统文化教育指导纲要》，文件曾指出传统文化教育存在"对中华优秀传统文化教育重要性的认识有待进一步提高，教育内容的系统性、整体性还明显不足"等不少突出问题。时隔五年，教育部在其印发

---

① 参见施良方《课程理论：课程的基础、原理与问题》，教育科学出版社 1996 年版，第 83 页。

的《加强和改进中小学中华优秀传统文化教育工作方案》中再次指出，当前的优秀传统文化教育主要存在着"内容安排系统性不够，存在碎片化倾向"等亟待解决的问题。

之所以仍然存在这些问题，并不是对优秀传统文化教育的重要程度估计不足、实施力度投入不够而需要更进一步的重视和加强，而是尽管很多人都认识到中华优秀传统文化教育很重要，但对其为什么重要、怎样重要却说不清楚。这是因为中华优秀传统文化教育失去了方向感，即对中华优秀传统文化教育的任务目标没有清晰说明与界定。因而优秀传统文化教育只停留在"热热闹闹开展"的初级阶段，而始终无法向更深更高层次有效推进。

我们现在开展优秀传统文化教育不能再仅仅靠敬意与情怀，而必须对中华优秀传统文化教育进行科学理性的思考，在课程的层面上科学合理地选择和确定培养目标，把党和国家对中华优秀传统文化教育总的要求转化为具体明确的课程目标和教学目标，这样优秀传统文化教育才可能真正得到有效实施。

有学者认为，从教育目的到课堂教学目标需要经历一系列转化，以概括程度为准则可以分为教育目的、培养目标、课程目标和教学目标，又认为教育目的和培养目标没有实质性的区别。① 据此，我们将中华优秀传统文化教育的目标体系分为培养目标和课程目标两个层次，并以此为框架，根据两办的《意见》和教育部的《纲要》的规定和要求，结合近年开展优秀传统文化教育的实践经验，对这两个目标分别予以阐述。

一、培养目标：立德树人，传承弘扬优秀传统文化

培养目标是根据国家的教育目的和学校的性质及任务，对培养

---

① 参见施良方《课程理论：课程的基础、原理与问题》，教育科学出版社1996年版，第90－91页。

对象提出的特定要求①，居于目标体系的上位。在论及开展中华优秀传统文化教育时，很多人就会马上想到"立德树人""践行社会主义核心价值观"这些关键词，因为这的确是从国家层面对中华优秀传统文化教育提出的十分明确的基本要求。

"培育和弘扬社会主义核心价值观必须立足中华优秀传统文化"是党的十八大以来以习近平同志为核心的党中央独特的坚持和表达，深刻揭示了优秀传统文化与社会主义核心价值观的内在关系，深刻阐明了优秀传统文化对培育和践行社会主义核心价值观的重要意义。习近平指出，"中华优秀传统文化是中华民族的精神命脉，是涵养社会主义核心价值观的重要源泉，也是我们在世界文化激荡中站稳脚跟的坚实根基。增强文化自觉和文化自信，是坚定道路自信、理论自信、制度自信的题中应有之义"，"中国传统文化博大精深，学习和掌握其中的各种思想精华，对树立正确的世界观、人生观、价值观很有益处"。②

2014 年，教育部在其下发的纲领性文件《纲要》中指出，"中华优秀传统文化是中华民族语言习惯、文化传统、思想观念、情感认同的集中体现，凝聚着中华民族普遍认同和广泛接受的道德规范、思想品格和价值取向，具有极为丰富的思想内涵"，"加强中华优秀传统文化教育，对于引导青少年学生增强民族文化自信和价值观自信，自觉践行社会主义核心价值观具有重要作用"。该纲要强调，"加强中华优秀传统文化教育，是培育和践行社会主义核心价值观，落实立德树人根本任务的重要基础"，要求围绕立德树人根本任务，把中华优秀传统文化全方位融入教育各环节。

2019 年，两办文件《意见》是我们国家最高规格的文件。它要求"围绕立德树人根本任务，遵循学生认知规律和教育教学规

---

① 参见施良方《课程理论：课程的基础、原理与问题》，教育科学出版社 1996 年版，第 91 - 92 页。

② 《习近平在中共中央政治局第十三次集体学习时强调把培育和弘扬社会主义核心价值观作为凝魂聚气强基固本的基础工程》，载《人民日报》2014 年 2 月 25 日，第 1 版。

律，按照一体化、分学段、有序推进的原则，把中华优秀传统文化全方位融入思想道德教育、文化知识教育、艺术体育教育、社会实践教育各环节，贯穿于启蒙教育、基础教育、职业教育、高等教育、继续教育各领域"。

2021 年 1 月，教育部《中华优秀传统文化进中小学课程教材指南》，明确在中小学开展中华优秀传统文化教育，对于永续中华民族的根与魂，坚守中华民族的共同理想信念，筑牢民族文化自信、价值自信的根基，维护国家文化安全，增强国家文化软实力，培养青少年做堂堂正正的中国人，具有重要意义。

由此我们把培养目标表述为：立德树人，传承弘扬优秀传统文化，培育和践行社会主义核心价值观。这是中华优秀传统文化教育最重要的培养目标，也是整体方向性目标。它是对整个教育事业和教育活动的根本性、总体性和全过程的规定，但不是对优秀传统文化教育特殊的专门性的规定。比如教育部在 2014 年发的《教育部关于全面深化课程改革落实立德树人根本任务的意见》（教基二〔2014〕4 号）中，也同样提出了"立德树人"的要求。需要提请注意的是，在优秀传统文化教育课程的实施中，不能用这个培养目标，即整体方向性培养目标代替课程目标，更不能将此作为教学目标。因为培养目标通常不涉及具体的学习领域，过于宏观的概括往往不具有可操作性。因此为了课程的有效实施，培养目标还需要进一步具体化，即要构建和确定课程目标。

二、课程目标：传承中华文脉，培养文化自信，提升文化素养

当某类教学内容需要被设置为独立的课程时，那么这个课程应有独特的任务和独一无二的课程目标是其他课程所不能取代的，否则就没有独立设置课程的意义和价值，也就是这个课程一定要有其独当之任。那么优秀传统文化教育的课程目标是什么呢？概括来说就

是传承中华文脉，培养文化自觉和文化自信，提升文化素养。具体的课程目标可以做如下表述：就是要通过中华优秀传统文化教育让学生加深对中华优秀传统文化的了解与理解，受到中华优秀传统文化的审美和文化熏陶，形成正确的核心价值观，增强民族的自信心和自豪感，并给他们心灵精神的滋养涵养和人生智慧的启示启迪。

这个课程目标是目前现有的课程中无论道德、政治还是语文、历史等任何一门课程都无法涵盖和容纳的，具有独一无二的特性。因此，这个课程目标的确立有着充分的文化理论依据和政治现实依据。

1. 传承中华文脉

"传承中华文脉"首先出现在《意见》这个重要的文件中，文件强调实施中华优秀传统文化传承发展工程"对于传承中华文脉、全面提升人民群众文化素养、维护国家文化安全、增强国家文化软实力、推进国家治理体系和治理能力现代化，具有重要意义"。并指出，随着中外"各种思想文化交流交融交锋更加频繁，迫切需要深化对中华优秀传统文化重要性的认识，进一步增强文化自觉和文化自信；迫切需要深入挖掘中华优秀传统文化价值内涵，进一步激发中华优秀传统文化的生机与活力"，并要求到2025年实现"具有中国特色、中国风格、中国气派的文化产品更加丰富，文化自觉和文化自信显著增强，国家文化软实力的根基更为坚实"的总体目标。

所谓文脉就是一个民族的魂脉，更是一个民族的命脉。中华民族之所以能绵延不绝，就是因为中华文明没有中断、中华文脉没有枯竭。习近平在多个场合反复强调，中华优秀传统文化是中华民族的精神命脉，已经成为中华民族的基因，积淀着中华民族最深层的精神追求，是中华民族独特的精神标识，"抛弃传统、丢掉根本，就等于割断了自己的精神命脉"①。

---

① 《习近平在中共中央政治局第十三次集体学习时强调把培育和弘扬社会主义核心价值观作为凝魂聚气强基固本的基础工程》，载《人民日报》2014年2月25日，第1版。

传承中华文脉就是把一个自然的生物学意义上的中国人，变成一个自觉的文化意义上的中国人。

2. 强化文化自觉和文化自信

所谓"文化自觉"是费孝通在1997年北京大学举办的第一次社会学人类学高级研讨班上提出来的一个概念。费孝通认为，文化自觉的意义在于"生活在一定文化中的人对其文化有'自知之明'，明白它的来历，形成过程，所具有的特色和它的发展的趋向"，"自知之明是为了加强对文化转型的自主能力，取得决定适应新环境、新时代文化选择的自主地位"①。费孝通又说"文化自觉是一个艰巨的过程，只有在认识自己的文化、理解并接触到多种文化的基础上，才有条件在这个正在形成的多元文化的世界里确立自己的位置，然后经过自主的适应，和其他文化一起，取长补短，共同建立一个有共同认可的基本秩序和一套多种文化都能和平共处、各抒所长、连手发展的共处原则"②。这也就是一种建立在文化自觉基础上的文化自信，即不忘本来、吸收外来、着眼将来，在坚守自己的优秀文化的同时，也能正确对待别人的文化。

对于中华优秀传统文化教育，习近平反复强调，"要讲清楚中华优秀传统文化的历史渊源、发展脉络、基本走向，讲清楚中华文化的独特创造、价值理念、鲜明特色，增强文化自信和价值观自信"③。并且指出"文化自信，是更基本、更深沉、更持久的力量"④。增强文化自觉和文化自信，是坚定道路自信、理论自信、制度自信的题中应有之义。

文化自信和文化自觉相互依存、相互联系。文化自信是文化自

---

① 费孝通：《孔林片思：论文化与文化自觉》，生活·读书·新知三联书店2020年版，第46页。

② 费孝通：《孔林片思：论文化与文化自觉》，生活·读书·新知三联书店2020年版，第46页。

③ 习近平：《在哲学社会科学工作座谈会上的讲话》，人民出版社2016年版，第17页。

④ 《习近平谈治国理政（第2版）》第1卷，外文出版社2018年版，第164页。

觉的必然结果，文化自觉是文化自信的基础和保障。没有文化自觉，不可能达到文化自信；而没有文化自信，文化自觉也是装腔作势、虚假自觉。[①]"万物并育而不相害，道并行而不相悖"，我们自古便有这样的胸襟和气度，在包容竞争中实现人类文明的共同进步，共同成就人类文明的辉煌。

3. 学生的文化素养

真正的文化语境意义上的素养，既包括对中华优秀传统文化的了解、掌握、理解，也包括将中华优秀传统文化内化于心、外化于行，形成自己的文化基因以及价值观和行为规范。

第二节　中华优秀传统文化教育一体化的课程设计

教育部在《中华优秀传统文化进中小学课程教材指南》中指出，"开展中小学中华优秀传统文化教育，对于永续中华民族的根与魂，坚守中华民族的共同理想信念，筑牢民族文化自信、价值自信的根基，维护国家文化安全，增强国家文化软实力，培养青少年做堂堂正正的中国人，具有重要意义"。因此为了达成立德树人、传承弘扬优秀传统文化的教育目标，以及传承中华文脉、培养文化自觉的文化自信、提升文化素养的课程目标，我们确定了优秀传统文化教育一体化实施的教学目标，即初步了解承载中华优秀传统文化的经典文献和重要人物，基本掌握中华优秀传统的发展脉络与传承关系，诵记并积累深刻体现优秀传统文化表达的名段名句，理解感悟中华优秀传统文化的意蕴精髓和思想价值，体验参与优秀传统文化项目的传承和活动，重点提高学生对中华优秀传统文化的学习

---

① 参见郑承军《文化自信：更基本更深沉更持久的力量》，载《深圳特区报》2016 年 7 月 5 日，第 9 版。

兴趣，养成终生热爱经典、阅读经典的习惯。

由于大中小幼的时间跨度较大，跨跃了幼儿园和大学。这里我们将其更具体地分为六个学段，第一学段（3—6岁）、第二学段（1—3年级）、第三学段（4—6年级）、第四学段（7—9年级）、第五学段（10—12年级）、第六学段（大学1—4年级）。每个学段又具体包括了解与掌握、诵读与积累、兴趣与习惯、体验与感悟、传承与践行等方面的学习内容。

第一学段（3—6岁）以培育孩子对中华优秀传统文化的感知为重点，开展蒙养教育，初步感知和识别日常生活中优秀传统文化的元素符号，引导幼儿实际感受祖国文化的丰富、优秀，激发幼儿对优秀传统文化的情感。听讲中华美德智慧故事（包括神话、传奇、童话、寓言、戏曲等），发挥优秀传统文化的教化作用；了解中华民族重要传统节日，初步了解传统礼仪，慢慢学会待人接物的基本礼节；记诵一些浅近的古诗，获得初步的情感体验，初步感受语言的优美；初步感受经典的民间艺术和传统音乐，对一些传统艺术形式开始产生兴趣；了解并喜欢参加一些民间游戏和传统体育活动；参观游览历史文化古迹和景观。

具体要求包括以下8点。

（1）听讲10个以上中华美德智慧故事。

（2）初步学习了解一些基本的传统礼仪，学会迎来送往的基本礼节。

（3）能识别10种以上特有的中华元素符号，如中国结、龙凤造型、祥云图案、文房四宝、太极、阴阳、八卦等。

（4）学会记诵20首浅近古诗，初步感受语言的趣味。

（5）初步接触一些传统的艺术活动、民间艺术、传统音乐。

（6）每年参观2处民俗博物馆。

（7）养成守时、节俭、整洁、早起等良好习惯。

（8）参与有情趣的传统习俗活动，如清明赏花踏青、七夕节穿针拜月、重阳登山等。

第二学段（1—3 年级）以培育学生对中华优秀传统文化的亲切感为重点，开展启蒙教育，培养学生热爱中华优秀传统文化的感情。认识常用汉字，学习独立识字，初步感受汉字的形体美；诵读浅近的古诗，获得初步的情感体验，感受语言的优美；了解一些爱国志士的故事，知道中华民族重要传统节日，了解家乡的生活习俗，明白自己是中华民族的一员；初步了解传统礼仪，学会待人接物的基本礼节；初步感受经典的民间艺术。引导学生孝敬父母、尊敬师长、友爱同学、礼貌待人，养成勤俭节约、吃苦耐劳、言行一致的生活习惯和行为规范，培育热爱家乡、热爱生活、亲近自然的情感。

具体要求包括以下 7 点。

（1）让学生从小接触优秀传统文化，产生亲切感和亲近感。

（2）知道春节、端午、中秋等重要传统节日。

（3）知道并至少参与 1 项当地的民俗活动。

（4）学习 50 首浅近古诗，并了解诗的作者及其所在的朝代，同时拓展识字。

（5）能诵读熟记 50 首浅近的古诗，感受古诗的趣味和美感。

（6）至少学习 1 项简单的传统文化工艺制作。

（7）初步了解作揖、拜师等传统礼仪，学会待人接物的基本礼节。

第三学段（4—6 年级）以提高学生对中华优秀传统文化的感受力为重点，开展认知教育，了解中华优秀传统文化的丰富多彩。熟练书写正楷字，理解汉字的文化含义，体会汉字优美的结构艺术；诵读古代诗文经典篇目，理解作品大意，体会其意境和情感；了解中华民族历代仁人志士为国家富强、民族团结作出的牺牲和贡献；知道重要传统节日的文化内涵和家乡生活习俗变迁；感受各民族艺术的丰富表现形式和特点，尝试运用喜爱的艺术形式表达情感；培养学生对传统体育活动的兴趣爱好。引导学生学会理解他人，懂得感恩，逐步提高辨别是非、善恶、美丑的能力，开始树立人生理想和远大志向，热爱祖国河山、悠久历史和宝贵文化。

具体要求包括以下 8 点。

（1）让学生充分接触优秀传统文化，提高对优秀传统文化的感受力和兴趣。

（2）知道二十四节气、二十八星宿、天干地支等重要传统文化知识。

（3）知道并至少参与 1 项当地的民俗活动，并成为其团队重要成员（长期坚持参加活动，或者成为其专业骨干成员）。

（4）熟知 20 件（处）当地产出和自己感兴趣的重要历史文物或古迹。

（5）诵读熟记 100 首古诗，获得初步的情感体验，感受汉语的优美。

（6）学习记诵论语等语录体经典句段 150 句，自然接触文言文。

（7）初步了解 50 位历史名人和 50 部经典文献。

（8）能够至少制作或掌握出 1 项有一定水平传统文化作品或工艺。

第四学段（7—9 年级）以增强学生对中华优秀传统文化的理解力为重点，提高对中华优秀传统文化的认同度，引导学生认识我国统一多民族国家的文化传统和基本国情。临摹名家书法，体会书法的美感与意境；诵读古代诗词，初步了解古诗词格律，阅读浅易文言文，注重积累、感悟和运用，提高欣赏品位；知道中国历史的重要史实和发展的基本线索，理解国家统一和民族团结的重要性，认识中华文明的历史价值和现实意义；欣赏传统音乐、戏剧、美术等艺术作品，感受其中表达的情感和思想；参加传统礼仪和节庆活动，了解传统习俗的文化内涵。引导学生尊重各民族传统文化习俗，珍视各民族共同创造的中华优秀文明成果，培养作为中华民族一员的归属感和自豪感。

具体要求包括以下 9 点。

（1）让学生深度学习优秀传统文化，增进对优秀传统文化的理解力。

（2）长期参与1项当地的民俗活动，并成为其团队重要成员（长期坚持参加活动，或者成为其专业骨干成员）。

（3）诵读古代诗词，初步了解古诗词格律，学习填词赋诗。

（4）诵读经典古文篇目50篇以上，并能够完整背诵30篇。

（5）系统完整阅读经典文献（如《论语》《道德经》《庄子》《文心雕龙》等）至少1部。

（6）了解100位历史名人和100部经典文献。

（7）初步掌握中华文明发展传承的脉络关系与代表人物。

（8）认真走访或者考察1处历史古迹或者遗址。

（9）高水平掌握1项优秀传统文化的技艺技能。

第五学段（10—12年级）以增强学生对中华优秀传统文化的理性认识为重点，引导学生感悟中华优秀传统文化的精神内涵，增强学生对中华优秀传统文化的自信心。阅读篇幅较长的传统文化经典作品，提高古典文学和传统艺术鉴赏能力；认识中华文明形成的悠久历史进程，感悟中华文明在世界历史中的重要地位；认识人民群众创造历史的决定作用和杰出人物的贡献，吸取前人经验和智慧，培养豁达乐观的人生态度和抵抗困难挫折的能力；感悟传统美德与时俱进的品质，自觉以中华传统美德律己修身；了解传统艺术的丰富表现形式和特点，感受不同时代、地域、民族特色的艺术风格，接触和体验祖国各地的风土人情、民俗风尚，了解中华民族丰富的文化遗产。引导学生深入理解中华民族最深沉的精神追求，更加全面客观地认识当代中国、看待外部世界、认识国家前途命运与个人价值实现的统一关系，自觉维护国家的尊严、安全和利益。

具体要求包括以下11点。

（1）让学生系统学习优秀传统文化，增进对优秀传统文化的理性认识。

（2）长期参与1项当地的民俗活动，并成为其团队重要成员

（长期坚持参加活动，或者成为其专业骨干成员）。

（3）了解掌握古诗词格律及创作特点，自己创作诗词2—5首。

（4）熟读经典古文篇目100篇以上。

（5）系统完整阅读经典文献（如《论语》《道德经》《庄子》《文心雕龙》等）至少3部。

（6）有自己最喜欢的1位或几位历史人物，并对其有一定程度的了解。

（7）有自己最喜欢的1部或几部经典文献著作，并对其有较系统的阅读。

（8）认真体会优秀传统文化对自己人生的规范与引导价值。

（9）发现和感受优秀传统文化在现代社会发展中的作用和价值。

（10）认真走访或者考察过3处历史古迹或者遗址。

（11）掌握1项传统文化的技艺技能。

第六学段（大学1—4年级）以提高学生对中华优秀传统文化的自主学习和探究能力为重点（感悟思考与实践探究力），培养学生的文化创新意识，增强学生传承弘扬中华优秀传统文化的责任感和使命感。深入学习中国古代思想文化的重要典籍，理解中华优秀传统文化的精髓，强化学生文化主体意识和文化创新意识；深刻认识中华优秀传统文化是中国特色社会主义植根的沃土，辩证看待中华优秀传统文化的当代价值，正确把握中华优秀传统文化与中国化马克思主义、社会主义核心价值观的关系。引导学生完善人格修养，关心国家命运，自觉把个人理想和国家梦想、个人价值与国家发展结合起来，坚定为实现中华民族伟大复兴的中国梦不懈奋斗的理想信念。

具体要求包括以下9点。

（1）让学生专题探究优秀传统文化，增进对优秀传统文化的转化与创新能力。

（2）长期参与1项当地的民俗活动，并成为其团队重要成员

（长期坚持参加活动，或者成为其专业骨干成员）。

（3）经常性地阅读古诗词或古文并对其保持强烈的兴趣。

（4）反复阅读至少1部经典文献。

（5）至少对某1位历史人物有较深入的了解与研究。

（6）深刻体验优秀传统文化对自己人生的智慧启迪与引导价值。

（7）认真感受优秀传统文化在自己专业发展方面的启发贡献。

（8）发现和体会优秀传统文化在现代社会发展中的作用和价值。

（9）对于优秀传统文化对世界文明的发展贡献有自己的理性认知。

第三节　中华优秀传统文化教育一体化的内容选择

中华优秀传统文化博大精深，从中挑选出适合不同学段学生学习的内容是非常不容易的。因此，当前的优秀传统文化教育中也存在着一些的乱象。这就涉及优秀传统文化教育内容的系统分类与组织的问题。

一、优秀传统文化内容的选择维度

当前中华优秀传统文化教育中存在诸多问题，但最突出的是"教育内容的系统性、整体性还明显不足，重知识讲授、轻精神内涵阐释的现象还比较普遍，课程和教材体系有待完善"① 的问题依然没有得到有效的解决。当前中华优秀传统文化教育之所以存在很大争议，主要是由于人们对什么是"中华优秀传统文化教育"的理解不同造成的。很多人都把学习中华优秀传统文化的某一具体内容，或开展的某项具体活动，当成是中华优秀传统文化教育。

因此，开展中华优秀传统文化教育的当务之急，是要解决教育内容的系统性、整体性还明显不足的问题，着力"构建中华文化课程和教材体系"。在构建中华文化课程和教材体系的过程中，课程内容的组织和分类是一项基础性的工作，也是当前课程建设亟待解决的难点和重点，应该从以下几点来把握。

第一，课程内容的组织和选择要瞄准中华优秀传统文化教育的目标。由于"中华优秀传统文化是中华民族语言习惯、文化传统、思想观念、情感认同的集中体现，凝聚着中华民族普遍认同和广泛接受的道德规范、思想品格和价值取向"② 的文化，因而开展中华优秀传统文化教育，最主要的就是要把这些品质和精神传承至下一代，成为他们的文化基因，传承中华文脉，培养文化自觉和文化自信。所以要特别强调应该围绕这个教育目标来组织和选择内容，而不能"眉毛胡子一把抓""剜到篮子里就是菜"，在实施的过程中必须克服碎片化和随意性，并选择那些"跨越时空、超越国界、富有永恒魅力、具有当代价值"的先进性文化。

第二，课程内容的组织和选择要关注各种不同来源文化的多样性和各种不同性质文化的平衡性，特别是要廓清优秀传统文化教育中的主体内容和非主体内容。首先，从中国传统文化的源流来看，中国传统文化，尤其是作为其核心的思想文化的形成和发展，大体

---

① 《完善中华优秀传统文化教育指导纲要》，见中华人民共和国教育部网站：http://www.gov.cn/xinwen/2014 - 04/01/content_2651154.htm（2014 - 04 - 01）［2022 - 8 - 22］。

② 《完善中华优秀传统文化教育指导纲要》，见中华人民共和国教育部网站：http://www.gov.cn/xinwen/2014 - 04/01/content_2651154.htm（2014 - 04 - 01）［2022 - 8 - 22］。

经历了中国先秦诸子百家争鸣、两汉经学兴盛、魏晋南北朝玄学流行、隋唐儒释道并立、宋明理学发展等几个历史时期①，虽然后来儒家思想在中国思想文化领域长期取得了主导地位，但中国思想文化依然是多向多元发展的。因此，这些文化都应被尊重，在课程内容中有所体现，不能独尊儒术只学四书五经。其次，尽管文化的内容十分庞杂，但不同的内容在文化中的地位并不相同，有些属于核心，有些则属于外围或者是外壳。如果按照物质文化层、制度文化层、精神文化层结构关系划分的话，从文化结构自身的生存角度来看，精神文化是"内核"②，也应该成为中华优秀传统文化教育的主体内容。

第三，关注不同课程内容实施的策略与方法。文化的内容门类庞杂，多到数不胜数。按照英国人类学家泰勒的定义，文化或文明，就其广泛的民族学意义而言，是一个复杂的整体，包括知识信仰、艺术、道德、法律、习俗，以及作为社会成员的人所获得的其他能力或习惯。③ 这些不同的内容，在实施途径和方法方面大相径庭。因此在诸多的优秀传统文化内容中，应该尽量把具有相同或相似实施途径和方法的文化划分在一起，从而以有利于课程的具体实施。

二、优秀传统文化的内容体系

课程内容的选择和组织，是课程建设过程中的一项基本工作，它涉及方方面面，也是许多课程问题的集结点。虽说课程内容是实现课程目标的手段，但由于内容直接指向应该教什么的问题，因而

---

① 参见习近平《在纪念孔子诞辰 2565 周年国际学术研讨会暨国际儒学联合会第五届会员大会开幕会上的讲话》，载《人民日报》2014 年 9 月 25 日，第 2 版。

② 参见邹文贵《文化学十四讲》，黑龙江大学出版社 2015 年版，第 128 页。

③ 参见［法］丹尼斯·库什《社会科学中的文化》，张金岭译，商务印书馆 2016 年版，第 20 页。

导致一些人以为内容是课程工作者要解决的最主要的问题。① 因此，在推动和促进优秀传统文化课程化实施的过程中，课程内容的组织选择处于非常重要的地位。

在汲取和借鉴现有优秀传统文化教育内容分类成果经验的基础上，基于内容分类与课程形态的对接问题，以及对传统文化教育与现有课程兼容问题的考虑，我们将优秀传统文化的内容分为思想精神文化、技艺器物文化、民风民俗文化三大类。

（一）思想精神文化，沉淀为民族的文化基因

思想精神文化就是影响和塑造中国人的民族性格、价值观念、思维方式，形成我们的文化基因和精神血脉的经典作品，包括核心思想理念、中华传统美德、中华人文精神。这部分是中华优秀传统文化教育的主体和重点内容，要开设专门的课程进行系统的教学。

思想精神文化主要包括三方面的内容：先秦时期诸子百家的经典作品；自秦以来历朝历代贤哲仁人的作品；中华诗词曲赋、楹联等。在做具体内容的选择时，应该坚持这样几个原则：从教育目标看，应该是初识优秀传统文化的入门导引；从价值判断看，应该是中国传统面向世界的先进文化；从内容范围看，应该是跨越千年、兼顾百家的多元文化；从实际效用看，应该发挥优秀传统文化的多种价值功能；从呈现形式看，应该是以学习优秀传统文化中的原文经典为主，从中感受文言文的独特魅力。这部分作品当中，以诸子百家为代表的经典作品是学习的重点，他们是中华思想文化的源流。

思想精神文化的学习目标可以确定为：初步了解承载中华优秀传统文化的经典文献和重要人物，基本掌握中华优秀传统文化的发展脉络与传承关系，重点感悟中华优秀传统文化的意蕴精髓，诵记积累深刻体现优秀传统文化表达的名段名句，提高学生对中华优秀

---

① 参见施良方《课程理论：课程的基础、原理与问题》，教育科学出版社1996年版，第106页。

传统文化的学习兴趣，养成终生热爱经典、阅读经典的习惯。具体的学习要求是，让学生熟悉和了解对中华文化产生重要影响的主要代表人物和经典作品，并能够熟记背诵部分句段、篇章内容，将其储备成为影响学生一生的精神财富。

此外，由于"语文课程是一门学习语言文字运用的综合性、实践性课程"[①]，而优秀传统文化又是语言文字运用的经典精品范例，所以此类内容的学习在培育学生精神思想的同时，也能够有效提升学生的语言文字运用水平和能力，是对现有语文课程的有效补充。

（二）技艺器物文化，标识着民族特色的元素符号

技艺器物文化是我们聪明智慧的先民在长期的生产生活中创造发明出的许多娱乐性、技巧性的游戏和工具，以及制作工艺、技能等。它反映了中国人的性格气质和生活情趣，如果说思想精神文化是中国人的文化基因，那么技艺器物文化就是中国人明显的符号元素特征。主要包括以下几方面的内容。

（1）益智类的娱乐游戏，如象棋、围棋、华容道、七巧板等等。让孩子在熟悉了解，甚至掌握这些游戏的基础之上，同时发展孩子的智力和思维。

（2）健体类游戏，如中华武术、太极拳、五禽戏、踢毽子等。

（3）技能制作类，如折纸、剪纸、书法、绘画和风筝、孔明灯、戏曲等。

（4）科技类应用类，如珠算、中药炮制、针灸等。

这些技艺器物文化不但是我们的宝贵遗产，更是学校开展各种活动的丰富资源，对于此类内容的教授，应该与现有课程的整合渗透，并与学校现已开展的活动兼容。比如，太极拳、踢毽子等可以整合在体育课内进行，戏曲、舞蹈、绘画等可以整合在艺术课内进行，围棋、象棋等项目可以结合学生的社团活动的开展，其他很多

[①]　中华人民共和国教育部：《义务教育语文课程标准（2022版）》，北京师范大学出版社2022年版，第1页。

活动，还可以渗透融入综合实践活动课程中。

技艺器物文化的学习目标是：熟悉了解部分富有中国特色的技艺器物文化，特别是仍然留存在当地的"活的"技艺器物文化，感受古代先民的生活情趣、人生态度和聪明智慧，学会和掌握部分技能，并从古人修身养性的部分技能中陶冶情操，丰富自己的闲暇生活，提升生活的品质。具体要求是，参与这些项目的学习传承活动，并能熟练掌握一两项技能，将其发展成陪伴自己一生的爱好特长。

（三）民风民俗文化，形成民族的行为特征

民风民俗文化泛指一个国家、民族、地区中集居的民众所创造、共享、传承的风俗生活习惯，是在普通人民群众的生产生活过程中所形成的一系列非物质的东西。民风民俗文化是一个民族区别于另外一个民族的行为特征。主要包括以下几种。

（1）传统节日，如春节、元宵、清明、端午、七夕、中秋、重阳等。

（2）人生礼仪是一个人一生中在不同年龄阶段所举行的仪式。贯穿人生的传统礼仪主要有诞生礼、冠笄礼、婚嫁礼、丧葬祭礼等，传统礼仪不仅存在于人际交往中，也存在于家庭、家族的发展中，且贯穿于人生中。

（3）节气历法，二十四节气、阴阳五行、十二生肖。

（4）本土文化资源，如非物质文化遗产、传统工艺、方言文化、民族音乐、民间文学、传统体育项目、特色饮食。

（5）民间传说，特别需要说明的是，民间民俗文化中有非常优秀的需要继续传承的文化，但是也有相当的部分与时代发展不相适应，要注意鉴别和选择。

民风民俗文化的学习主要是在校外完成的，学校可以给予必要的引导指导，作为社会考察实践的要求和内容，其主要方式是参与、浸入、体验。其学习目标可以确定为：熟悉了解当地家乡有特

170

色的民间民俗文化，乐于主动参与这些活动，并在参与活动的过程中体验和感悟这些文化的内涵；受到这些文化的熏陶，培养对家乡的归属感、形成永远的家乡记忆。具体要求是：了解自己的家族史，能够深度参与一些重大的民风俗活动，熟知一些民间风民俗文化的来龙去脉。

上述内容体系的构建，充分考虑了学校课时的有限性与优秀传统文化内容无限性的矛盾，充分考虑了学校教育活动的丰富性与优秀传统文化多样性兼容的问题，在不明显增加课时量的情况下实现中华优秀传统文化教育的最优化、教育效益的最大化，保证中华优秀传统文化教育内容的先进性、多样性和均衡性。

三、优秀传统文化课程教材开发原则

中华优秀传统文化教育在内容选择方面应该遵循上述标准维度与内容，在课程内容开发建设方面则应该从中华优秀传统文化"博大精深"的特点来把握。

所谓"博"，就是要博采百家，兼收千年，尽可能全景式的呈现中华优秀传统文化各家各派在不同时期所取得的重要成果，给学生以全面的中华优秀传统文化教育。因为中国人的思维文化不但崇尚儒家，也受到道家、佛家、法家等诸子百家的影响，而且在内心深处崇尚法家。

所谓"大"，就是教材容量要大。尽管中华优秀传统文化的教材可能会是薄薄的一本书，但我们还是建议在这有限的空间里提高知识的密度，尽可能多地把优秀的传统文化呈现给学生。打个比喻的来说的话，就是没必要给学生提供一份精美的套餐，而是尽量给他们提供品种丰富的自助餐。让学生在充分了解和鉴别各种食物的基础上选择自己喜爱的东西，增长他们的见识。

所谓"精"，就是呈现展现精神文化的精品、精髓。优秀传统文化课程，特别是专门课程的开发，要以精神文化为重点，选取经

171

典典籍中最有价值的部分，选择语言表达典雅优美的句段，精心地编辑和创新性地开发。

所谓"深"，就是内容要有深度、功能价值要多样。因为优秀传统文化经典诗文中，不但有深邃的思想、人生的智慧，更有优雅的文辞、独特的审美，还有创意的思维、独特的表达，最后给人隽永的滋味、精神的享受。因此，学习优秀传统文化，就要把蕴藏其中的厚重的内涵挖掘出来，实现优秀传统文化的价值和功能。

根据《意见》中提出的"以幼儿、小学、中学教材为重点，构建中华文化课程和教材体系"以及"遵循学生认知规律和教育教学规律，按照一体化、分学段、有序推进的原则"开展优秀传统文化教育的要求，针对现有传统文化教材存在的问题，我们建议在课程教材开发中具体突出以下特点。

（一）拓展性——呈现更新鲜更多彩的内容

拓展性也可以叫新颖性，就是在选取优秀传统教育内容的时候，要尽量纳入学生以前接触很少且对他们来说比较新颖的内容，拓展优秀传统文化内容的学习范围，让学生对传统文化有更深更广的认知，不能总在他们已知的范围内转圈圈。举个例子，对于唐诗《春晓》《悯农》等，学生们已经耳熟能详了，再编入专门的传统文化教材就没有意义了。如果确实要选取古诗作为学习内容的话，那么选取对学生来说比较陌生的古诗就会更有价值。再比如要介绍某些历史人物的话，除了无法回避的孔孟老墨等经典人物之外，像荀子、王充、陆九渊、王阳明、黄宗羲等贤哲巨匠的生平与思想同样是值得学生们认识和熟悉，而这些人物是学生平时很难接触到的。再比如，像"三百千"（《三字经》《百家姓》《千字文》）这些现在已经被学生熟知的经典，最好不要收入专门的优秀传统文化教材中。课程教材要用更多的篇幅，给学生提供丰富多彩、千姿百态的优秀传统文化内容。

（二）互补性——感受中华文明的博大精深

为了全方位开展优秀传统文化教育，教育部在《纲要》中要求"把中华优秀传统文化教育系统融入课程和教材体系"，并强调要"在中小学德育、语文、历史、艺术、体育等课程标准修订中，增加中华优秀传统文化内容比重。地理、数学、物理、化学、生物等课程，应结合教学环节渗透中华优秀传统文化相关内容"。可以预见在今后重新修订的教材中，会有更多的优秀传统文化的内容出现在各学科教材中。也许有些经典内容值得再次重复强调，但在有相关代替内容或有相近相似内容的情况下，建议避开学科教材中已经出现的，更多选取学科教材中不曾出现的，让教材中的内容与学科中的优秀传统文化内容相互补充、渗透融合，各自发挥不同的作用，共同承担优秀传统文化教育的任务。

（三）简约性——更加适合学生的学习

中华传统文化有几千年的积淀，留下了汗牛充栋的文化典籍。之所以要特别强调简约性，其一是中华文化包含万千，即便是其中优秀的部分，也不可能一股脑全部传递给学生，因此必须对内容进行深度简选，只能选取那些既具有人文价值又适合学生学习的部分。其二是经典文献都是文言文，对学生来说有一定的难度，所以篇幅不宜过长，最好控制在100字以内，内容形式可以采用语录体的方式。其三是教材中的内容不宜庞杂，不应写得像传统文化的百科全书或资料汇编。

（四）现代性——让优秀传统文化活在当下

现代性在此也可以说成是创新性。也就是说，在开发优秀传统文化课程教材时，我们必须有现代的眼光、现代的意识，不吝使用现代的技术手段。只有对优秀传统文化进行现代化的改造和开发，实现传统文化的创造性转化和创新性发展，才能使其活在当下，获得新的生命和价值。首先要在教材编写的设计理念和结构体例上进行创新，突破以经典文献编纂汇编为主的传统套路，编写出让人耳目一新的好教材。其次要在技术方法方面有所创新，增加优秀传统文化"科学"和"技术"的含量，尝试运用信息技术手段对优秀传统文化进行深度的加工和开发，最大限度地挖掘并实现优秀传统文化的功能和价值。最后是教材的设计风格也要创新，不必过于拘泥于"古色古香"和"原汁原味"，明快鲜亮的现代感也可以是一种选择。

（五）系统性——追寻优秀传统文化的地图和坐标

最后要重点强调教材的系统性。这个系统性是指系列教材中所呈现的内容要能够基本反映中华优秀传统文化的整体概况，让学生能够对中华优秀传统文化的发生演变、传承关系、主要思想、代表人物、经典作品等有最基本的了解，因此这就需要在教材开发之前就对教材进行整体的规划设计。比如，一套为小学1—6年级学生编写的优秀传统文化教材，至少应该划分成3册，那么这几册教材会形成适合不同学段学生使用的不同序列，不同序列组合起来就构成一个优秀传统文化的内容系统。尽管每一个分册各自侧重不同的方面，但几个分册全部学习完毕后，学生就应该能够大致知道优秀传统文化的全貌，因而对优秀传统文化心中有数、心中有谱。于是教材中的学习内容就成为学生学习优秀传统文化的入门导引，也是其继续学习和钻研优秀传统文化的"地图"和"坐标"。这样，学生不但更加有效地学习到了优秀的传统文化，同时也为终生追寻优秀传统文化打下了坚实的基础。

四、优秀传统文化教育课程实施

基于我们对中华优秀传统文化教育的目标及内容的分析，在总结优秀传统文化教育课程实践做法的基础上，我们总结提炼出了以下几点优秀传统文化教育课程实施的教学原则或者教学建议。

（一）广博浏览与精思熟读的结合

什么是结合？此处的结合指的是广博浏览与精思熟读的结合，两者都同样重要，需要紧密协作且彼此兼顾，不能顾此失彼。我们在前面说过优秀传统文化教育具有积累性，广博比精深更重要。之所以倡导广博以及广博浏览，就是希望学生能够更多更早地了解和熟知中华优秀传统文化，对中华优秀传统文化有一个整体概貌或系统轮廓的认知，而不是仅知一鳞半爪、盲人摸象。

但广博浏览不是一目十行，广博浏览过后必须在心中留下一定程度的痕迹和印象，所以还必须有精思熟读为辅助，只有精思熟读才能在心里打下底子，留下种子。广博浏览与精思熟读可以并行不悖，二者是一个取和舍的问题。广博浏览可以增长见识，没有广博浏览，就可能找不到更值得精思熟读的内容。精思熟读是在广博浏览基础上的精思熟读，可以充分增进知识的积累，并在不断积累领悟的过程当中产生更大的广博浏览的兴趣和动力。能够真正做到心中有地图，眼中有目标。

（二）吟咏记诵与反刍感悟的融合

什么是融合？就是两者融为一体相互促进的意思，即在吟咏记诵中加深反刍感悟理解，在反刍感悟中快速吟咏记诵，吟咏记诵与反刍感悟的融合相互促进。在这个意义上，吟咏记诵与反刍感悟的融合是学习优秀传统文化的一体两面。在此强调这个原则，也有对当前优秀传统文化教育中过度推崇强调吟诵教学的纠偏之意。

在中国的优秀传统文化中，不论诗词散文，还是政论笔记，都有一种独特的节奏美音韵美，让人读后余味无穷。比如司马迁的《史记》就被鲁迅称之为"史家之绝唱，无韵之离骚"。我们提出要把吟咏记诵与反刍感悟相融合，就是要求在教学过程中，吟咏记诵和反刍感悟不可偏废。先是通过吟咏记诵兴发情志，继而辅以反刍感悟深化理解。没有感悟理解的吟咏记诵不过是死记硬背和鹦鹉学舌，没有吟咏记诵的反刍感悟，就缺少了美感和趣味。因此，阅读作品要注重兴发情志和深化理解，达到诵其言、知其意、品其味、悟其道、善其行的教育目标。

（三）自主学习与统一要求的组合

什么是组合？就是在教学中自主学习与统一要求两种方式要交叉轮换使用，对学生的学习既有统一规范的要求，又尊重个人的自主选择。自主学习体现因材施教，统一要求体现标准规范，二者合一体现既有严格标准又以学生为中心的思想。这个思想对于学习优秀传统文化特别重要。

因为优秀传统文化内容和范围较广博，而学生又有一定的兴趣偏好以及不同的学习能力。所以可以由学生自己选择学习的内容和方式，甚至数量和进度。比如，所学习的内容总共有 10 个经典句段，只要求学生每节课记住其中的 3—5 句话，对于记哪些具体的内容不做规定，学生可依照自己的兴趣自主选择。

（四）优秀文化与自身修养的化合

什么是化合？就是让优秀传统文化转化、同化、内化为自己血肉的一部分、成为自己思想的一部分、成为自己素养的一部分，成为自己的文化基因。完善学生的修养和人格，使学生从生物特征意义上的"中国人"，成为文化特征意义上的"中国人"——真正的中国人。这样的人尽管洋装穿在身，或身在天涯海角，都有一颗永远不变的中国心、永世不变的中国魂。

所以我们现在的中华优秀传统文化教育，不是让学生成为优秀传统文化的拥有者，而是培养中国文化和中国精神的弘扬者、传播者和践行者。其目的是让中华文明同各国人民创造的文明一起为人类创造价值，着力提出能够体现中国立场、中国智慧、中国价值的理念、主张、方案，实现中华文化的创造性转化和创新性发展。

第六章
中华优秀传统文化教育一体化的"双创"机制与评价体系

　　"双创"机制和评价体系是优秀传统文化教育一体化得以顺利完成的机制保障。"双创"机制是从一体化的教育内涵方面进行规范、选择和推动，评价体系则是从一体化的教育效果方面进行检测、评判和反馈。它们从内外两个不同的维度调控优秀传统文化教育一体化的前行方向和推进力度，是一体化建设的定盘星和推进器。

第一节　中华优秀传统文化教育
一体化的"双创"机制

　　"双创"，指的是优秀传统文化的"创造性转化、创新性发展"，这是党中央提出的新时代文化传承发展的重要方针。① 创造性转化，是要按照时代特点和要求，对优秀传统文化中至今仍有借鉴价值的内涵和陈旧的表现形式加以改造，赋予其新的时代内涵和现代表达形式；创新性发展，是按照时代的新进步、新进展，对中华优秀传统文化的内涵加以补充、拓展、完善，增强其影响力和感

---

　　① 习近平：《决胜全面建成小康社会 夺取新时代中国特色社会主义伟大胜利——在中国共产党第十九次全国代表大会上的报告》，人民出版社 2017 年版，第 23 页。

召力。二者相结合，为传统文化的现代转换指明了正确方向。

一、"双创" 机制的时代脉络及内部关系

优秀传统文化的传承发展，历来是中国共产党人高度关注的问题。历届党的领导人都对此提出过重要指示，概括起来，主要精神是"古为今用、推陈出新、去粗取精、批判继承"。党的十八大以来，习近平结合新的社会现实和时代条件，提出了"推动中华优秀传统文化创造性转化和创新性发展"这一重要观点①，将文化传承发展的思想体系提升到了一个更高的境界。

早在 2013 年 12 月 30 日，习近平在十八届中央政治局第十二次集体学习时就明确提出："在去粗取精、去伪存真的基础上，坚持古为今用、推陈出新，努力实现中华传统美德的创造性转化、创新性发展。"② 2014 年 2 月 17 日，在省部级主要领导干部专题研讨班开班式上习近平再次强调："要加强对中华优秀传统文化的挖掘和阐发，努力实现中华传统美德的创造性转化、创新性发展，把跨越时空、超越国度、富有永恒魅力、具有当代价值的文化精神弘扬起来，把继承优秀传统文化又弘扬时代精神、立足本国又面向世界的当代中国文化创新成果传播出去。"③ 同年 9 月 24 日，在纪念孔子诞辰 2565 周年国际学术研讨会暨国际儒学联合会第五届会员大会开幕会上，习近平阐述得更为明确："要坚持古为今用、以古鉴今，坚持有鉴别的对待、有扬弃的继承，而不能搞厚古薄今、以古非今，努力实现传统文化的创造性转化、创新性发展，使之与现实

---

① 习近平：《文明交流互鉴是推动人类文明进步和世界和平发展的重要动力》，载《求是》2019 年第 9 期，第 4 – 10 页。

② 中共中央文献研究室编：《习近平关于社会主义文化建设论述摘编》，中央文献出版社 2017 年版，第 138 页。

③ 《完善和发展中国特色社会主义制度 推进国家治理体系和治理能力现代化》，载《人民日报》2014 年 2 月 18 日，第 1 版。

文化相融相通，共同服务以文化人的时代任务。"① 2016 年 5 月 17 日，习近平在哲学社会科学专家座谈会上又专门指示："要推动中华文明创造性转化、创新性发展，激活其生命力，让中华文明同各国人民创造的多彩文明一道，为人类提供正确精神指引。"② 到了党的十九大召开的时候，习近平更是将"双创"方针作为文化强国的基本国策提了出来："要坚持为人民服务、为社会主义服务，坚持百花齐放、百家争鸣，坚持创造性转化、创新性发展，不断铸就中华文化新辉煌。"③ 综上所述，"双创"方针作为新时代文化建设的重要方略，已经融入国家文化价值体系和文化治理模式的构建之中，成为一项切实有效而又影响深远的重要国策。

有效贯彻这一国策的重要前提就是准确把握和领会"双创"的精神实质及其内部关系。要而言之，"创造性转化"的着力点是激活传统文化的生命力，也就是激活传统文化当中依然具有现实价值的各种内容，使得传统的文化资源在当代中国、当今世界获得重构和新生；"创新性发展"的着力点在于优化中华文化系统的内在结构，提炼中华文化发展的新方略，创建传统文化融入现代社会的新形态，从而增强传统文化的发展力和影响力。如果说"创造性转化"重点是"面对过去"的工作，侧重于"继往"，即在整理、筛选中华传统文化母体的基础上对优秀传统文化进行现代阐释和当代转化，那么"创新性发展"更多则是"面向未来"的活动，侧重于"开来"，即在创造性转化的基础上，对富有当代价值的内涵和形式在实践中进行淬炼和新变。创造性转化的关键在于运用历史唯物主义和辩证唯物主义的观点和方法对传统文化资源进行辩证分析和客观判断，从而将传统文化当中"囿于封建时代的东西剔除出

---

①　习近平：《在纪念孔子诞辰 2565 周年国际学术研讨会暨国际儒学联合会第五届会员大会开幕会上的讲话》，载《人民日报》2014 年 9 月 25 日，第 1 - 2 版。

②　习近平：《习近平谈治国理政》第 2 卷，外文出版社 2017 年版，第 338 页。

③　习近平：《决胜全面建成小康社会 夺取新时代中国特色社会主义伟大胜利——在中国共产党第十九次全国代表大会上的报告》，人民出版社 2017 年版，第 23 页。

去，把超越其时代的精神解放出来"①。创新性发展则强调在优秀传统文化资源的基础上进行多维度创新，"发前人之未发"，在借鉴传统文化的基础上根据现实需要和时代要求进行理论建构和思想创造，为文化宝库增添新的内涵。可见，二者的内涵是有所区别的，指向是有所侧重的。但是"双创"又不是割裂开来的两个事物，而是以"创"粘连、紧密结合的一个整体，属于"一体两面"的严密体系，二者相互联系、互为补充、共同运动。具体而言，创造性转化是创新性发展的前提和基础，创新性发展是创造性转化的目的和归宿。没有转化，没有对传统资源中有价值的内涵和形式加以改造，发展就失去了依据和底气；同样，没有发展，没有适应时代要求的文化创新，转化也就失去了方向和意义。二者相辅相成，互相促进，深刻演绎出文化发展的客观规律，共同形成了中华优秀传统文化现代转换的路径和方法。

二、"双创" 机制的主要原则

通过对"双创"内涵及内在关系的梳理，我们已经知道，"双创"是一种思想也是一种理念，是一条路径也是一套方法。而与"一体化"运行体系相结合，"双创"又可以成为一种行动机制。因为它以辩证唯物主义和历史唯物主义作为思想机理，在时空交错的向度中规范着中华优秀传统文化从历史状态转化发展到现代形态的基本方向和实践过程。其中内蕴着若干运行原则和展开模式，值得我们进一步发掘。

（一）批判与继承相结合的原则

中国传统文化是中国古代劳动人民的智慧结晶，包含着极为丰富的文明成果，是中华民族永续发展的精神财富，值得好好继承。

---

① 丁立群：《马克思主义时代化的基本路径》，载《哲学动态》2016 年第 6 期，第 18 页。

但是传统文化又都是特定历史时空下的产物，不可避免地受到当时社会条件的限制，许多内容自然与当今时代格格不入，需要对其进行认真甄别。因此，在"双创"机制的展开过程中，我们要遵循批判与继承相结合的原则。一方面要在批判中继承。在这里，批判是手段，继承是目的。历史已经证明，没有任何社会或个人可以抛开传统而发展。如果不能承继已有的文化遗产，人类就失去了发展的根基，所以只有不忘本来才能走向未来。但同时，后代人对传统的接受又不是毫无原则的全盘照搬，而是要进行鉴别和选择，这就是批判。因为古代文化是特定历史时期的产物，正如恩格斯所说："每一个时代的理论思维，包括我们这个时代的理论思维，都是一种历史的产物，它在不同的时代具有完全不同的形式，同时具有完全不同的内容。"① 这种在特定时空下形成的"历史产物"肯定存在时代局限，不能毫无保留地照单全收。另一方面要在继承中批判。因为即使是传统文化中可以继承的东西也不一定是单一的、纯粹的，而是有着复杂的结构和内容，需要进行深入分析和细致检视，按照现实需要对其进行选择和改造，使继承真正富有价值。总之，要将批判与继承有机结合在一起，用一分为二的眼光看待传统文化，去其糟粕、取其精华，文化传承才能走向转化创新。

（二）传统与现代相结合的原则

传统是什么？按照美国社会学家爱德华·希尔斯的观点，传统就是从过去延续至今的、世代相传的东西。② 从这个定义可以看出，传统属于"过去"，也属于"现在"，实际上是现在还"活着"的过去。也就是说，"传统"的内容是在"过去"形成的，但"传统"的生命力却是被"现代"赋予的。是一代又一代的所谓"现代人"（相对于"传统"而言的后来者）根据自己的认识和需要从

---

① 《马克思恩格斯全集》第 26 卷，人民出版社 2014 年版，第 499 页。

② 参见［美］爱德华·希尔斯《论传统》，傅铿等译，上海人民出版社 1991 年版，第 15 页。

"过去"中选择了一些内容，将其沉淀为"传统"。所以"传统源于过去，但是被现代人从过去之中精选出来，由于现代人的反复实践和应用，这些留存的过去获得了传统的意义"①。因此，传统与现代密不可分，在某种意义上说，传统就是现代的伴生物。没有人能告别传统而走向现代，也没有人能紧抱传统而无视现代。基于这一认识，传统文化的创造性转化和创新性发展就一定包含着传统与现代的关系命题。因而在"双创"机制的运行过程中，我们必须将传统和现代紧密结合起来，用新时代的要求去观照传统，将古代中国的文化传统与当代中国的现实发展密切勾连，在传统之"陈"中创造时代之"新"。这种将传统与现代统一起来的思路就是坚持扬弃继承与转化创新的统一。扬弃继承，就是对传统文化用现代眼光有鉴别地加以对待，选择其精粹、舍弃其糟粕。转化创新，就是坚持推陈出新，用现代意识赋予传统文化以新的时代内涵和表现形式，形成传统与现代相得益彰、过去与现在协调适应的文化创新格局，充分弘扬中华传统文化的当代价值。正如有学者指出的那样："推陈出新并不是与传统文化彻底决裂，而是顺着中华传统文化的方向谋求新的发展。"② 通过继承与创新，使传统文化成为有利于解决现实问题的有效资源，从而顺利实现传统文化的现代转换，推动中华优秀传统文化的现代化进程。

（三）理论与实践相结合的原则

文化是人类实践的产物，传统文化则是过去时代人类劳动生产全部成果的经验形态。所以，在今天看来，已形成知识体系的传统文化是从人类既往实践中产生的已凝练成理论形态的东西，并且已上升至意识形态的范畴，因而传统文化本身就呈现出从实践到理

---

① 杨敏、杨筱明：《"传统—现代"关系的本体论与方法论意涵》，载《甘肃社会科学》2016 年第 6 期，第 165 页。

② 陈来：《中华优秀文化的传承和创新》，载《中国民族博览》2022 年第 4 期，第 22 页。

论、从活态到凝固的演变过程。而人是在文化中生成、受文化陶养，同时又不断展示文化影响、创造新质文化的生命体，所以人的生命发展实际上是在意识指导下的连续性实践过程。个体生命是如此，人类社会也是如此，社会进步的动力也是来自人类的不断实践。诚然，动物也有自己的生命活动，但人类超越动物的地方就在于，人类的生命活动是建立在前人的文化成果基础之上的、是在既有经验演化而成的理论指导下的合目的性与合规律性相结合的实践。在此种意义上，人类就是意识与实践融合互动的产物。在"双创"机制中，传统文化就是当代中国人走向民族复兴伟大实践中的理论武器。也就是说，中华优秀传统文化在创造性转化的过程中如果脱离了实践基础，远离了当代社会的现实生活，其转化就会失去方向，转化的结果自然也会失去生命力。只有将中国传统文化的理论成果和精神体系置于当代中国的现代化建设之中，根据社会发展的需求和人们生活的需要进行创造性转化，传统文化才能焕发出新的生机。基于此，在中华优秀传统文化的"双创"过程中，就不能仅仅局限于阐发传统典籍中的各种要义，或者把文化传承简单理解为经书典籍的背诵或者理论体系的重现，而是要根据当代社会的实践需要来激活传统文化中有价值的元素，让其在现代人的日常生产活动中经受住不断的实践检验，中华优秀传统文化才能迸发出强劲的活力，创造性转化也才能产生强大效力。正如马克思所言："理论对立本身的解决，只有通过实践的方式，这种对立的解决绝对不只是认识的任务，而是现实生活的任务。"① 总之，中华优秀传统文化"双创"成果需要融入当代民众的日常生活和社会实践，这一转化才有实质意义，中华优秀传统文化的应有价值才能得到发挥。

综上所述，以上三个原则虽然从不同侧面对"双创"机制的展开提出了不同要求，但其中有一个核心规范是需要共同遵守的，那就是要"坚守中华文化立场"，这也应该成为"双创"的总原则。

----

① 《马克思恩格斯文集》第 1 卷，人民出版社 2009 年版，第 192 页。

换言之，"双创"要以"中华文化立场"为旨归，以"发展中国特色社会主义文化"为目标。这种转化和发展不是复古主义的照单全收，也不是功利主义的盲动冒进，而是在去粗取精中提取具有时代生命力的元素予以传承和发展，从而赋予传统文化以崭新的时代新义和永恒的赓续生机。

三、"双创"机制的教育实践

学校教育是文化传承发展的主阵地，自然必须切实贯彻"双创"理念。这一点，有关政策文件也提出了明确要求。早在 2014年 3 月，"双创"理念提出不久，教育部颁布的《完善中华优秀传统文化教育指导纲要》就明确指出："要坚持历史唯物主义和辩证唯物主义的立场、观点和方法，深入挖掘和阐发中华优秀传统文化讲仁爱、重民本、守诚信、崇正义、尚和合、求大同的时代价值。要处理好继承和创新的关系，重点做好创造性转化和创新性发展。"这一文件明确规定了做好"双创"工作是各级各类学校的重点任务，要在创造性转化和创新性发展的基础上深入阐发传统文化的时代价值，然后通过传统文化教育推进立德树人、以文化人。2017年 1 月 25 日，在中共中央办公厅、国务院办公厅印发的《关于实施中华优秀传统文化传承发展工程的意见》中，"双创"理念已上升为文化传承发展的"指导思想"："紧紧围绕实现中华民族伟大复兴的中国梦，深入贯彻新发展理念，坚持以人民为中心的工作导向，坚持以社会主义核心价值观为引领，坚持创造性转化、创新性发展，坚守中华文化立场、传承中华文化基因，不忘本来、吸收外来、面向未来，汲取中国智慧、弘扬中国精神、传播中国价值，不断增强中华优秀传统文化的生命力和影响力，创造中华文化新辉煌。"该意见同时还将"双创"作为文化传承发展的一项基本原则进行了具体阐述："创造性转化和创新性发展"就是要"坚持辩证唯物主义和历史唯物主义，秉持客观、科学、礼敬的态度，取其精华、去其糟粕，扬弃继承、转化创新，不复古泥古，不简单否定，不断赋予新的时代内涵和现代表达形式，不断补充、拓展、完善，使中华民族最基本的文化基因与当代文化相适应、与现代社会相协调"。这一表述基本涵括了"双创"思想的核心内涵，这是党的历史上第一次以中央文件的形式，从政策性角度对"双创"工作进行专门部署，这就为"双创"机制在教育场域的全面实践提供了强有力的政策依据。

（一）学校要在教育活动中进一步明确"双创"机制的内在原理

仔细分析中国传统文化的创造性转化和创新性发展这一机制，我们可以发现蕴藏其中的四个关键点，即"传""承""转""创"四个关键词。"传"是传播、传授，在学校场域中指的是教育者的宣讲阶段，这一阶段的重点就在于教师准确挖掘和理解传统文化内涵，然后针对受教育者的年龄特征和学习心理，采用恰当的表达方式和呈现形式，让学生听清看懂。"承"就是继承、承续，是受教育者在明白、理解传统文化有关知识内容的基础上对传统文化产生亲切、礼敬的态度，并以这种情感为动力，自觉自愿地将所受知识沉淀为记忆、内化为素养并外化为各种行为表征，从而成为一个具有鲜明民族文化底色的中国人，从其身上完全可以看出文化陶养的效果和文化承续的脉络。"转"就是转换、转化，是受教育者的文化素养在文化浸润中产生质变。通过长时期文化滋养，受教育者身心得到发展，素质得到优化，能力得到提升，从一个各方面有所欠缺的人逐渐向全面发展的人转变，从而清晰地体现出文化对人的化育改变作用。"创"就是创新、创造，是受教育者作为一个成熟的文化主体在特定条件下进行精神求索、思想探究、理论建树的创生过程，是文化养成达到了一定高度后主体创造力活跃的体现，其结果是新的文化成就得以产生，并汇入当代社会文化创新的总体成果之中，成为后来者的承传对象。可见，这四个关键节点是"双创"

的主要内容，同时又以逐层递进、依次深化的演进逻辑展现出"双创"机制的运行轨迹。通过这样的微观分析，教育工作者应该在国民教育系列中根据不同学段的学生情况，有所侧重地推进"双创"机制的有效运行。

以上是从受教育者的角度观察"双创"机制的内在原理和内容结构，如果从学校层面尤其是大学层面来考量，"双创"机制则具有另一种演变机理。因为大学的使命就包括文化保护、传承与创新，因而在"大中小幼"四个阶段中大学应该负有更多的文化创新创造的责任。对此，有学者指出：传统文化的传承实际上至少包括保存保真、整理挖掘、传承弘扬、转化再造、创新发展五个环节，而"创造性转化"和"创新性发展"相当于其中的"转化再造、创新发展"的部分，因而是文化传承的关键步骤和主要方式。在这个意义上，传统文化的创造性转化和创新性发展是两个各有其独特内涵并有机统一的行动系列，是在文化传承这个大范畴之下，聚焦于具体层面的传承方法问题和操作机制，其中蕴含着赋予新义、改造形式、增补充实、拓宽延展、规范完善等五种方法。① 应该说，以上"五个环节"和"五种方法"大体囊括了"两创"的基本内容和主要方法，为广大教育工作者精确有效地落实"双创"提供了有益的借鉴。

（二）学校要在教育活动中进一步掌握"双创"机制的运作方式

其一，学校要让受教育者充分理解文化传承发展的历史必然性，从而为"双创"的落实打好基础。教师要让学生意识到，没有一个人能够脱离文化而生活，文化就像空气一样包裹着我们，沁入我们的内心，影响我们的生长。现代人在某种文化中出生，又必然被某种文化所形塑，所以每一个人最终都会成为"流动而鲜活的文

---

① 参见李军《坚持"创造性转化、创新性发展"方针弘扬中华传统文化》，载《光明日报》2014年10月10日，第1版。

化活体"。我们作为中华儿女，中华优秀传统文化就是我们赖以生存的"精神之氧"和"心灵之乳"。换句话说，中国传统文化作为中华民族在中国大地上的独特创造，已经成为我们民族的独特精神标识，既是每一个华夏子民的精神基因，也是每一个中华儿女所必需的生命营养。接受并传承自己民族的文化，并通过创新创造将文化基因不断改良和优化，从而为民族文化发展提供强大动力和无限可能，是每一个中国人义不容辞的责任。

其二，学校要让受教育者充分了解文化传承发展的个体因素。传统文化的"双创"原则看起来是一个宏观层面的要求，但实际上终归要落实到每一个人的文化行为上。只有每一个个体都参与到"双创"引领的文化活动中来，"双创"才会由可能变成现实。而个体的文化行为主要表现为三个方面，即承传、转化、创造，对应于传统文化教育则是：个体学习优秀传统文化并将其内化为自身的感觉与认知；个体将其对优秀传统文化的理解与现实生活相结合，形成自己的价值观念和行为准则，并在生命活动中以适当的形式表现出来；个体在文化实践中生发新的体验、收获新的感悟、涌现新的思考，并将其凝练成新的思想理论。在此过程中，对优秀传统文化的学习和感知是基础，将优秀传统文化内化并凝固为高尚的行为准则是关键，而在此基础上产出新的思想理论则是较高层次的要求。而要顺利完成三个环节，有三个因素需要引起教育者高度重视：一是个体对优秀传统文化的理解与掌握程度，二是个体对现实生活的理解与把握程度，三是个体的创造意识与创造能力的养成程度。这三个因素实际上是三个变量，决定着"双创"能否通过教育活动在个体身上得以实现。使这三个因素发生预期的变化，恰恰就是教育工作者努力的方向。因此，广大教育工作者要采用学生喜闻乐见的方法，让优秀传统文化真正走进学生的心灵；同时注重将"教育生活化"与"生活教育化"相结合，让学生的生命活动与文化养成融为一体，使学生始终能在生活体验和生命实践中感悟优秀传统文化的"格物之学"和践行优秀传统文化的修身之道；而且学校教育要特别重视创新素质的培养，使学生深刻认识到，没有前人的创造，就没有如今优秀的传统文化，没有今人的创造，文化就失去了未来。

（三）学校要让受教育者在情感认同中接受文化熏陶

"大中小幼"阶段的学生大都处于人生的成长期，一般而言在这一时期，人的理智和理性尚未占据主导地位，反而是情感因素更多地影响人的心理和行为。所以在学校教育中实施"双创"，需要教育者更多地关注受教育者的情感世界，力争在优秀传统文化教育中激起学生的情感共鸣。正如马克思所说："激情、热情是人强烈追求自己的对象的本质力量。"① 在青少年和幼儿阶段，这种情感的力量表现得更为突出。因而，在"双创"理念引领下的优秀传统文化教育要善于结合学生的情感热点，巧妙安排文化育人内容。比如针对少年儿童的"节日情结"，可以深入开展"我们的节日"主题活动，将春节、元宵、清明、端午、七夕、中秋、重阳等传统节日所包含的文化内涵展示在学生面前，让学生在愉悦体验中不断耳濡目染，渐渐浸润于心。再比如在优秀传统文化的呈现形式方面，学校可以运用多媒体技术（包括 VR、AR 技术等）将古代典籍等优秀传统文化资源进行三维可视化展示，用青少年追捧的年轻化表达方式去实现"圈粉"，以吸引他们走进优秀传统文化、热爱优秀传统文化，有效激发学生学习优秀传统文化的兴趣和热情。总之，教育工作者要学会"活化"优秀传统文化，要将优秀传统文化的鲜活内容与受教育者的鲜活生命有效对接起来，使优秀传统文化教育充满着情感的温度。这种直达心灵的文化养成，才会为传统文化"双创"机制的持续运转提供源源不断的智力支持。

---

① 《马克思恩格斯文集》第 1 卷，人民出版社 1995 年版，第 211 页。

第二节　中华优秀传统文化教育
一体化的评价体系

教育评价是优秀教育事业发展的指挥棒和牵引器。有什么样的评价指挥棒，就会有什么样的发展导向和前行引力。多年来，受应试教育、功利主义以及扭曲的人才观等因素影响，教育评价一直存在一些问题。对此，习近平在 2018 年 9 月 10 日的全国教育大会上明确指出，要"扭转不科学的教育评价导向，坚决克服唯分数、唯升学、唯文凭、唯论文、唯帽子的顽瘴痼疾，从根本上解决教育评价指挥棒问题"①。为此，中共中央、国务院于 2020 年 10 月 13 日印发《深化新时代教育评价改革总体方案》，对新时代教育评价改革提出了新的要求，进行了总体布局。因此，我们要根据党中央的部署，大力推进教育评价的科学化、规范化和现代化。

根据这一形势来观照传统文化教育评价体系，我们发现需要做的工作着实不少。因为当前优秀传统文化教育本身尚未在全国各级各类学校形成普遍而成熟的教育形态，所以与之配套的评价体系和考核标准自然也没有定型。只有一些较早实施优秀传统文化教育的学校开展了相应的评价工作，但其经验大多局限于一校一地，尚未提升至可以普及的层次。因此，如何对优秀传统文化教育进行科学评价，尤其是运用一体化理念建构涵盖"大中小幼"四个阶段的综合评价体系，是我们迫切需要认真研究的课题。

---

① 《坚持中国特色社会主义教育发展道路　培养德智体美劳全面发展的社会主义建设者和接班人》，载《人民日报》2018 年 9 月 11 日，第 1 页。

一、优秀传统文化教育一体化评价的指标体系

评价指标是评价目标与内容的简约化体现和标准化要求，主要从内涵维度展现评价的导向和权重。优秀传统文化教育一体化评价的指标体系必须奠基于国家制定的文化传承发展的总体目标以及在此目标规约下的优秀传统文化教育内容。也就是说，国家相关政策（主要包括《完善中华优秀传统文化教育指导纲要》《关于实施中华优秀传统文化传承发展工程的意见》《中华优秀传统文化进中小学课程教材指南》等文件）的顶层设计，是一体化评价指标体系的主要依据和主体资源。

在具体建构指标体系的过程中，首先要完成的是目标导向下的内容把握与分解。因为只有把准了教育内容的设置要求，才能对其进行梳理概括，进而建构出与相关目标指向吻合一致的评价指标。那么，我们如何从评价目的出发去把握优秀传统文化教育内容？我们的思考是，应从下列四个方面去厘清教育内容：一是国家及相关部委关于优秀传统文化教育的政策文件中规定的教育内容，如上面提到的《纲要》《意见》《指南》等文件中提及的优秀传统文化内容要点，尤其是教育部的《纲要》对大中小学优秀传统文化教育内容做出了分段安排，值得重点参考。二是"大中小幼"各学段课程标准和教材中规定的优秀传统文化教育内容，如《义务教育语文课程标准》（2022年版）明确指出七至九年级的优秀传统文化教育内容是："理解中华优秀传统文化蕴含的核心思想理念、中华人文精神和传统美德，表达自己作为中华民族一员的归属感和自豪感。"三是"大中小幼"各学段学生日常行为规范中的优秀传统文化内容要求，例如《小学生日常行为规范》要求学生"尊敬父母、尊敬老师、尊老爱幼"，这些就属于中华传统美德的范畴。四是根据本土文化和社区专题教育提出的有关优秀传统文化教育内容，如广东省河源市和平县是明代大儒王阳明生活过的地方，该县很多学校以

"格物致知、知行合一"作为传统文化教育内容，就很有特色。上述四个方面既突出了国家对优秀传统文化教育的内容规范，也体现了课程与教材关于优秀传统文化教育的内容要求，还照顾了日常文化实践与地域文化特色两个方面，基本上涵括了优秀传统文化教育的主要评价内容。

确定了内容之后，就需要对其进行分析综合和抽象概括，即运用简约化方式将内容要求凝练为具体指标。换句话说，搭建指标体系就能够在评价驱动下将繁多杂乱的内容予以梳理和规整。我们知道，中国传统文化内容极其庞杂丰赡，即使通过精心选择而进入国民教育范围，依然内涵深广、层次丰富、形式多样。但不管怎样，从整体上看，上述四方面林林总总、方方面面的教育内容其实可以从三个维度进行抽象概括，即不论我们对具体内容做出什么特别要求，总结起来不外乎三个方面，一是一定具备知识理解的维度，二是一定含有观念认同的维度，三是一定包括行为外化的维度。这三个方面应该说基本上涵盖了教育内容要求的全部维度，因为学校传统文化教育的主要任务无非就是传授文化知识、培养文化观念、形成文化行为，即受教育者"知、意、行"的全面发展。因此，从知识—观念—行为三个维度将纷繁复杂的传统文化教育内容要求抽象概括为三个指标，即知识理解程度、观念认同程度、行为实践程度，依据这些指标进行考评，应该能够契合传统文化教育现状。

需要指出的是，优秀传统文化教育评价的指标体系和优秀传统文化教育一体化的目标体系、内容体系具备对应关系。上面主要论述的是如何从内容设置中确定评价指标，实际上评价指标的建构还需要与教育目标相适应。而优秀传统文化教育目标是一个总分有序的严密体系，评价指标的设置自然也要体现这种分合关系，也就是说评价指标也要体现出体系性，即一级指标对应一级目标，依次分层分项、逐级设置，最终使不同层级不同维度的指标相互联系、相互组合，形成系统化结构，与一体化教育活动形成呼应。也就是说，评价指标的设置既要接受优秀传统文化教育总体目标的指导，又要根据总体目标进行指标的层层分解和确定，最终将教育目标的达成度和教育内容的完成度完美结合起来。除此之外，优秀传统文化教育的评价指标还应该是可描述、可度量和可操作的，其中定性指标与定量指标要均衡统一。只有这样，评价指标的导向性才能有效发挥。

二、优秀传统文化教育一体化评价的主体构成

评价主体指的是评价活动的组织者、评价行为的执行者、评价结果的管理者，是评价得以完成并达成预期效果的行动主体。按照一般认知，某一特定行为人在评价活动中不应该同时既是"裁判"又是"运动员"。教育评价当然也要遵守这一共识，但也存在一些例外，即在教育评价中教育工作者和教育对象的"自评"也是不可缺少的内容。这是由教育的特殊性决定的，因为受教育者在教育活动中展现出的是一种动态生长的过程，在这一过程中受教育者对自身的认知和评判也是其成长的一部分内容，自然也要将其纳入评价范围。同理，教育者也需要在更高层次上同步成长，也需要在自我评价中提升评价能力。基于这一认识及前面我们已经论述过的"内外协同"策略，我们认为，优秀传统文化教育一体化的评价主体是一个复合多元的群体，即由政府、社区、家庭、学校、教师、学生等共同组成。因为评价的设定范围是学校的教育活动，学校是预设的评价对象，学校又由管理者、教师和学生组成，所以其中主体实施的评价既有单向评价，比如政府、社区、家庭对学校的评价；也有双向评价，比如学校管理者与教师之间进行互评；还有双重评价，即自评与他评相结合。由此可见，学校优秀传统文化教育的评价主体是一个复杂的多元构成，特别需要运用一体化理念将多类型的评价主体和评价行为统整起来，以形成评价的合力。

中共中央、国务院发布的《深化新时代教育评价改革总体方案》明确要求：要"构建政府、学校、社会等多元参与的评价体

系，建立健全教育督导部门统一负责的教育评估监测机制，发挥专业机构和社会组织作用"。这是国家政策层面为教育评价多元主体构成提供了强有力的法理依据。本书第四章在论述优秀传统文化教育一体化的策略运用时亦重点阐述了"内外协同"这一策略，清楚提出要打造"政府、社会（社区）、家庭、学校"四位一体、横向贯通的优秀传统文化教育的协同育人格局。因此，在实施优秀传统文化教育一体化评价时，政府、社会（社区）、家庭顺理成章地应参与到教育评价活动中来，遵循一体化理念，在政府主导下，构建由政府管理部门、学校、社区、家庭四方共同参与的教育评价复合主体。在此架构下，学校内部再组建由学校管理者、教师、学生形成的三级评价主体群。因为要涵盖"大中小幼"四个阶段，所以应以省域为单位，由省级教育主管部门牵头规划一体化评价活动，市县教育行政部门及各高校具体组织实施。社会评价主要由社区落实，社区应与学校一起组建工作小组，开展常态化协同育人工作，并对学校教育活动全程始终有较全面的了解。家庭方面以家长委员会为主体，深度参与学校教育活动，全方位协助学校有效实施优秀传统文化教育。同时督促家长加强与班主任和任课教师的联系，定期就孩子的文化养成与学校进行沟通交流。学校应成立由管理者、班主任、科任教师、学生四方组成的传统文化教育考核评价小组，定期对学校文化育人工作进行自查自纠。学校管理者与教师、教师与学生之间要形成双向评价的互动模式，通过评价实现互相诊断、互相促进。同时，学校还要通过家长会、开放日、优秀传统文化教育专题活动等形式向家长和社会展示文化育人成果，主动接受校外各方的督导和评价。总之，学校是教育评价主体的核心组成，是校内外多方评价的串联点和落脚点，在评价活动中发挥着关键性作用，因而应在优秀传统文化教育评价中有效施策、重点发力。

三、优秀传统文化教育一体化评价的范围对象

优秀传统文化教育一体化的评价范围是学校传统文化教育活动，是发生在"大中小幼"四个阶段教育场域中的文化育人全部行为；评价对象则是这些活动和行为的参与者，具体来说就是学校管理者、教师和学生。

学校管理者是决定一所学校办学理念、发展方向和教育质量的关键人物。学校能否开展优秀传统文化教育、能否在文化育人方面办出特色创出水平，主要依靠的是学校管理层的科学决策和强力推动。而且学校管理者有义务和责任在做出决策之后行使各种行政手段和管理措施，做好文化育人方案，全面规划课程设置，合理分配教学资源，推动教学方法改革，有针对性地培养师资力量，有意识地推动校内外协同育人。通过上述种种措施，将优秀传统文化教育落实到位，真正实现三个"全覆盖"（覆盖到每个学生、覆盖到每门课程、覆盖到教育教学的每一个环节）。因此，对学校管理者的评价就是要针对上述方面对管理者进行考核评估，看其是否在优秀传统文化教育一体化理念下将文化育人贯通到学校各项工作之中，并真正取得持续性的实效。

教师是优秀传统文化教育的实施主体，也是保证优秀传统文化教育质量的主要因素。在学校事业发展中，教师是承担"立德树人""文化育人"这种国家使命、政治责任的重要力量，所以新时代的教师在教育活动中被赋予"一岗双责"的厚重身份，即既要教书，更要育人。而从优秀传统文化教育角度对教师展开评价，则主要应从课堂教学的角度考评教师优秀传统文化教育的实施频度、融入深度、展开效度。具体做法可以借鉴"课程思政"的经验，从课堂教学的四个主要环节进行观测：一是课程教学大纲是否有计划有序列地将优秀传统文化教育内容融入课程教学纲要之中，知识模块（或单元主题）设计是否清晰地呈现出文化育人的思路和做法；二

是教学设计是否安排文化育人的具体环节，在教材分析和教学内容把握中是否挖掘优秀传统文化教育内容，学情分析是否涉及学生文化养成的现实状况；三是教学实施是否完整落实课程标准关于优秀传统文化教育的具体要求，教学方法是否契合学生的文化认知，课堂组织是否融入传统道德规范，教材的文化育人点是否得到充分利用；四是教学评价是否融入优秀传统文化考核内容，也就是在期中期末考试及其他学业考核中优秀传统文化知识是否占有一定比重，教师是否合理运用考试手段来督促和激励学生强化对优秀传统文化的学习。除此之外，对教师的文化育人评价还应该适当延伸至课堂之外的班主任工作、家校沟通、课外辅导以及教育科研环节。这些环节的评价要与课堂教学评价按照一定的比例和权重整合起来，形成对教师评价的整体效应。

学生是优秀传统文化教育的对象，学生的成长是学校全部教育活动的出发点、落脚点和归宿点，优秀传统文化教育一体化的初衷也是为了更好地促进学生的文化养成。所以，对学生的评价是整个教育评价的核心内容。在文化育人方面，"大中小幼"四个阶段的学生虽然在身心特征、认知规律和智力发展等方面都表现出明显的差异，但是在优秀传统文化教育方面却贯穿着一些共性的标准，完全可以作为共同的考核内容。这些共性内容可概括为四点：文化理解的深度、文化认同的程度、文化自觉的高度、文化自信的强度。从一个人文化养成的全过程看，这四个方面虽然内涵不一，却蕴藏着一种依次递进的层级关系。文化理解是一个人对某种文化的认知，他需要接触这种文化，收集该文化的各种资料，通过各种渠道了解该文化的内涵和特征，并接受有关这种文化的相关知识，最终形成对该文化的较为准确的印象。文化认同则是一个人在文化理解的基础上对某种文化的高度认可，它更多地指向一个文化共同体内的成员对自己置身于其中的文化的价值休认和观念趋同。在当下，文化认同已成为国家认同和民族共同体意识的重要基础。文化自觉则是"指生活在一定文化中的人对其文化有'自知之明'，明白它的来历，形成过程，所具的特色和它发展的趋向"①。换句话说，文化自觉是对文化理解的进一步深化和提升，是在初步了解本民族文化的基础上对民族文化的特点、价值、地位、优缺点以及发展规律的深度把握，由此产生出清醒的文化自省意识和传承发展文化的主动担当。文化自信则是一个人"对自己文化价值的充分肯定和对自身文化生命力的坚定信心"②。具体表现为对优秀传统文化充满礼敬和自豪，对民族文化发展前景充满希望和信心。一个人有了高度的文化自觉，才有可能建构起坚定的文化自信。由此观之，从文化理解到文化认同，从文化自觉到文化自信，是一个依次进阶、逐步跃升的过程，体现出文化教育的阶段性和递进性。学校优秀传统文化教育自然要遵照这种演进逻辑，首先通过各种传播手段和传授方式让受教育者获得尽可能多的优秀传统文化知识，进而全面理解优秀传统文化；在此基础上培育学生的文化认同，建构学生的文化自觉，强化学生的文化自信。这是一项前后衔接的系列工程，需要注意的是，对学生的评价在坚持上述文化养成"四维度"的同时也要考虑学段的差异性。

四、优秀传统文化教育一体化评价的方式方法

优秀传统文化教育一体化评价不是一元化评价。不是所谓"一把尺子量全域"。

我们所倡导的一体化评价，主要诉求在于要将"大中小幼"四个阶段的优秀传统文化教育作为一个整体来评价，在这个整体中，评价的理念、原则和指标要实现"一体化"，但具体的评价方法是可以灵活多样的。各学段各学校在不违反国家优秀传统文化教育政

---

① 费孝通：《孔林片思：论文化与自觉》，生活·读书·新知三联书店 2020 年版，第 46 页。
② 全国干部培训教材编审指导委员会：《推动社会主义文化繁荣兴盛》，人民出版社 2019 年版，第 7 页。

策的前提下，完全可以根据自己的实际情况采用不同的评价方法，来对学生的文化养成进行客观全面、科学合理的评价。事实上，校情、学情、地域"文情"均不一样，具体的评价方法也应该多样化。

从评价性质看，可以将定性评价和定量评价相结合。定性评价是根据评价对象的平时表现、现实状态而作出的对其相关性质特征的一种价值判断；定量评价则是一种量化评价，主要采用数学统计方法对量化指标达成度的客观分析和判断。比如前面论及的"文化理解的深度"，对其评价可以采用量化方式，即背诵了多少篇古诗词、记住了多少古代文化常识等。在测量方式上可以采用"文化银行"、传统文化积分卡、文化记忆闯关记录等。通过这类数据统计，可以判断学生掌握了多少优秀传统文化知识，自然也就能够大体上评估学生对优秀传统文化的理解程度。而文化认同、文化自觉、文化自信则主要采用定性评价方式。当然，许多定性评价需要以量化评价为基础，而量化标准也需要以定性评价为指导，所以两者是相互联系的，在优秀传统文化教育一体化评价中可以结合起来使用。

从评价主体看，可以采用多元主体共同参与的方式，将学校管理者评价、教师评价、学生评价、家长评价、社区评价、政府评价等统合起来，形成评价的累加体系和综合效应。这一点前文已有论述，不再展开。

从评价形式看，可以采用他评、自评和互评等方式，实现评价的多维互动。教育者需要具备这样一种认识：评价不仅仅是一种管理手段，更是一个人应该具备的生存技能和交往手段。因为评价是一种判断，是一个人对各种事物和活动通过观察和分析之后得出结论的能力运用过程。如果没有对身外之人和物的准确评价和判断，一个人就无法与这个世界建立有效联系、实现有效交往。因此培养受教育者的判断力也是教育的一项内容，基于这一认识，在教育评价中指导学生适当使用自评和互评，既有利于对评价指标的进一步学习和理解，又能够在评价活动中不断提升自己的分析和判断能力。

从评价过程看，可以将诊断性评价、形成性评价和终结性评价结合起来，这三种评价方式大体上涵盖了教育活动的"事前—事中—事后"三个时间段。诊断性评价也称准备性评价，是在教育活动开始之前针对某些方面和某个问题而展开的对受教育者的知识、能力及情感态度等进行预测的活动，为后续因材施教、因情施教提供依据；形成性评价则是一种过程评价，是对学生日常学习生活的观测、记录和评估，是一种时间上关注全程、对象上关注差异与变化的评价；终结性评价是一种结果评价，是教育活动中常用的一种方式，如期终考试、期末鉴定等均属于此。优秀传统文化教育一体化评价应该将这三种评价方式有效结合起来，因为文化养成是一个漫长的过程，虽然体现出一定的阶段性，但更需要连续性和持久性；而且，文化养成往往是浸润性的、内隐性的，所以在每一次育人活动开始之前对学生进行诊断的必要性就大大增加。因此，只有将三者统一起来、融合运用，才有可能获得对学生的全面客观的评价结果。

从评价趋势看，可以大力发展可视化评价和增值性评价。可视化评价是利用互联网、大数据、人工智能等现代信息技术创新评价工具和载体，最终实现评价主体多元参与、评价对象数据全面、评价过程公开透明、评价结果多维共享的新型评价手段。这种可视化评价之所以能"可视"，就在于它要建立一个多方（包括家校社政四方）参与的信息化评价平台，然后全程记录学生的成长经历与收获；参与协同的各方能随时补充评价资料，也能随时调阅和使用评价结果，并就学生评价进行及时反馈交流。这种评价方式与一体化理念最为吻合，因为它能够很好地体现"纵向衔接、横向贯通、内外协同"的原则。增值性评价也可称为发展性评价，是一种脱离了横向比较、只关注评价对象在自身的纵向比较中是否出现增值的评价方式。这是一种真正关注学生个体差异、用发展眼光看待学生成长的评价观，因为每一个人成长的内外因素和综合条件都是不一样的，如果只从横向比较来判断优劣，往往会出现不公平现象，对一些学生造成伤害。比如一个智力平平的孩子经过自己的努力记住了三首古诗，一个智商较高的孩子背出了十首古诗，那他们都值得表扬。因为前者与过去的自己相比也有发展和进步，就应该获得激励性评价。因此，这是一种真正有益于全体学生、展现出平等学生观的评价，它要求教育者关注不同学生之间的差异，了解每一个学生的发展需求和潜力，发现学生的不同优势和别样闪光点，始终用发展的眼光实施正向评价。

综上所述，优秀传统文化教育一体化评价方法是一个多样化的组合，教育工作者应根据文化养成的独特规律和自身教育实践的不同表现，选择合适的评价方法，最大限度地发挥评价工具所具有的诊断、导向和激励作用，从而促进文化育人效果的不断提升。

五、优秀传统文化教育一体化评价的反馈机制

在学校教育中，评价本身不是目的，而是重要的保障机制和推进手段，评价的目的是保障和推动教育事业的有效运行和顺利发展。因此，为了实现评价目标，将评价结果予以反馈是非常重要的。为此，要根据一体化的评价制度建立相应的综合反馈模式，即建立将监测、督导、奖惩、限期整改、回顾等系列环节整合起来的一体化反馈机制。只有这样，才能最大限度地发挥评价手段的作用，更加有效地促进"大中小幼"优秀传统文化教育的一体化建设。

前面已经说过，一体化评价具有主体多元、对象多种、内容多样的特点，因此评价结果的反馈也具有多向性，也就是说，只有参与评价的主客体各方都得到了反馈，评价结果的运用才算全面有效。第一，要及时将评价结果反馈至评价主体。由于评价主体的多元参与，有可能出现优秀传统文化教育不同评价主体因为角度和认识不同而对评价标准理解偏差或对评价方式运用不当，从而导致评

价结论的不一致。所以评价结果的及时反馈可以使各评价主体知道自身和同类型其他主体在评价时的方向性是否保持一致、对各标准权重的掌握是否清楚、对评价对象真实情况的掌握是否客观等，从而有利于各评价主体在进行下一次评价之前减少误差，更加正确全面地开展优秀传统文化教育一体化评价考核工作。第二，要及时将评价结果反馈至评价对象。在评价主体对学校、教师的优秀传统文化教育工作和学生的文化养成状况进行评价后，将详细总结和客观分析后的评价结果反馈至这些对象，并定期开展政府与学校、社区与学校、家长与学校、学校与教师、教师与学生等的由上至下、左右协同的沟通交流，肯定评价对象的成绩和优势，告知评价对象的缺点和不足，做到及时调整、再接再厉，从而充分发挥评价的正向激励和反向纠错等功能。第三，要将评价结果作为强心针和催化剂，为学校、教师和学生的考核评估、奖优惩劣提供依据。这种按评价结果而采取的处理措施既是评价机制的合理延伸，也是评价效果的正向强化，十分有利于优秀传统文化教育一体化工作不断向前推进。对开展优秀传统文化教育成就突出的学校，政府和教育行政部门可在人员编制、经费划拨、资源配置、条件保障等方面予以倾斜；对文化育人表现优秀的教师，可以在评优考核、职级晋升、工资调整、绩效发放以及荣誉称号授予等方面与其评价结果紧密挂钩；学生方面，学校和教师可以根据评价结果分学段在校内评选出"文化标兵""诗词记忆大王""吟诵达人""文化常识闯关勇士"等，可重点培养表现突出的同学，然后推荐参加省市和全国的诗词大赛等活动。总而言之，评价结果的及时反馈和科学运用是"大中小幼"中华优秀传统文化教育评价一体化的终极步骤，是评价机制最终形成有效闭环的关键节点。只有将评价结果有效地反馈到位并产生预期的增值效应，实现首尾呼应、动态发展，优秀传统文化教育一体化评价才能显示出它的真正优势。

第七章
中华优秀传统文化教育一体化的
队伍建设与组织管理

　　学校优秀传统文化教育的实施主体是教师，所以优秀传统文化教育师资的培养是推动文化传承发展的关键举措。而要建设好一支优秀传统文化师资队伍，需要党委政府、教育行政主管部门和各级各类学校共同努力，这中间就存在规划管理、组织协调、部署落实的问题。进一步说，"大中小幼"优秀传统文化教育一体化涉及多区域、多学段、多学校，尤其需要与之相适应的一体化组织管理。对上述师资队伍和组织管理两个问题的探索，将为优秀传统文化教育一体化建设补上两块重要拼图。

第一节　中华优秀传统文化教育
一体化的队伍建设

　　2018 年 1 月发布的《中共中央　国务院关于全面深化新时代教师队伍建设改革的意见》指出："教师承担着传播知识、传播思想、传播真理的历史使命，肩负着塑造灵魂、塑造生命、塑造人的时代重任，是教育发展的第一资源，是国家富强、民族振兴、人民幸福的重要基石。""各级党委和政府要从战略和全局高度充分认识教师工作的极端重要性，把全面加强教师队伍建设作为一项重大政治任务和根本性民生工程切实抓紧抓好。"从中可以看出党和政府对教师队伍建设的高度重视，优秀传统文化教育师资也是教师队伍的一部分，而且是当前较为薄弱的一部分，尤其需要加大力气建设。

一、教师的文化使命

我们已经知道，学校承担着极其重要的文化使命，我们更需要清楚，学校文化使命的完成主要靠教师。所以在这一意义上，学校的文化使命就是教师的文化使命。对中华优秀传统文化的有效传承和发展就是教师文化使命的主要内涵。

前面已经多次论述，文化是人类实践成果的经验性积累。若对"积累"做进一步分析则可知道，"积"是不断地增加，"累"是迭代性地补充；"积"是共时性行为，"累"是历时性活动。所以文化作为人类经验的积累，本身就具有在时间跨度上被持续传递的特质。在学校教育出现之前，人类文化的传递主要依靠口耳相传和示范模仿。学校出现之后，教师作为一种独立的职业被社会赋予文化传递的重要职责。尤其随着制度化教育的逐渐普及，教育对象的范围日渐扩大，教师在文化传承中的作用也愈来愈大。因此，文化传递是教师义不容辞的永恒职责。

除此之外，教师的文化使命中还包含文化创新的内容。因为文化传承并不是简单的传播和复制，而是为了当下的文化创生和对于文化宝库的再积累、再补充。只有这样的文化传承才是有意义、有价值的，才能为后来者的文化传承提供时代新义，所以文化创新在某种程度上可以看作教师的最高文化使命。而文化创新的重要前提则是人类创新素质和创新能力的高度发展，这一点则主要靠教育来实现。教育水平越高，文化创新的成果就越多，而教师就是教育水平提升的关键。

教师在文化传递中如此重要，这就决定了教师自己首先就应该是"文化人"，其中道理正如时下广为流行的一句话"要给学生一碗水，教师至少要拥有一桶水"。诚然，我们每一个人都是生活在文化中的人，也是在文化的学习和浸润中成长为人的，在一定程度上都可以算作"文化人"。但教师作为文化人有其与社会其他成员不一样的特质，这种特质主要是由他的职业身份所赋予的。

第一，教师应该是优秀传统文化积累丰富的研习者。中华优秀传统文化是一个博大精深的宏大系统，蕴含着丰富复杂的思想内容，也呈现出种类繁多的样态形式。教师作为文化传播者，就必须了解传统文化的发展历史，掌握传统文化的演进脉络，理解传统文化的丰富内涵，把准传统文化的主要特点。要达到这一高度，教师就需要长时间地研习传统文化，不断学习和积累，不断研究和发现，真正成为熟悉传统文化的行家里手。表现在教育活动中，这样的教师不仅仅对传统文化知识和现象非常了解，而且能自觉地引导学生去挖掘蕴藏其中的深层意蕴。比如，在向学生介绍中国古老的春节传统时，教师不仅能对守岁、拜年、贴春联、放爆竹、发红包等习俗如数家珍、娓娓道来，而且还能详尽阐释蕴含其中的祈福、感恩、孝敬及追求和谐圆满的文化寓意。这样的文化传递才是比较全面的，自然需要教师以深厚积累为基础。

第二，教师应该是优秀传统文化潜心体悟的实践者。传统文化从来不是"僵死"的历史知识，而是具有"鲜活"现实品格的思想理念和人文精神。这种"鲜活"品格既体现在传统价值必须与现实需要相融通，也体现为"传统"必须在当代人的生活中被激活和创造性复现。也就是说，我们只有在自身的生命活动中不断呈现出传统文化的规约和影响，这种传递才是实实在在的、持久有效的。打个比方，一个人在饭店吃自助餐时，没有选择刀叉，而是下意识地选择了筷子。对此我们可以判定，此人身上烙有中国优秀传统文化的印痕。他选择了筷子，实际上也就是选择了"执用两中""阴阳和合""辩证两端"的优秀传统文化。因此，文化传承不是机械的知识传授，而是生动的心灵流变。这其实正是文化养成的最大特点，文化，即以文化育，这一过程重在"化"的动态转变。基于这一认识，教师就应该在书本中修习传统文化的同时，更重视在生活中感悟优秀传统文化的现实存在，并将收获的文化启迪践行于自己的生命活动之中，以此成为学生的学习范本。然后将这种"学用结合"的研习范式运用到教育活动中去，引导学生在生活中领会和内化优秀传统文化知识，再督促学生持续外化于行。总之，在文化养成的过程中，知识的学习往往只占很小一部分，信念的确立、态度的改变和行为的实施才是根本目的。因此，只有教师以其自身的人格力量和行动示范直接影响学生，优秀传统文化教育"以文化之，使之有德"的根本目的才可能实现。

第三，教师应该是优秀传统文化主动积极的传播者。教师在学习中积累传统文化，在实践中感悟传统文化，主要目的自然是为了更好地传播传统文化，这是教师的职业规定使然。所以教师首先应该具有强烈的文化责任感，要深刻理解自己职业所承担的文化使命，自觉做一个主动传递文化、积极践行文化的"人师"。在有了文化传播的强烈愿望的基础上，教师接下来就应该积极探索和运用各种行之有效的传播手段，比如学会古典诗词的吟诵、掌握优秀传统文化常识的故事化表达方式、修习一门传统文化技艺（如书法、太极、茶艺、古筝）等，通过这些途径，教师能够更加灵活生动地将传统文化传授给学生。另外，教师还应善于运用现代信息技术和各种网络平台，将传统文化教育内容可视化、情景化、多媒体化，从文化载体和呈现方式等方面实现传播范式的变革和创新，从而大大增强文化传播的效果。

通过上述对教师职能和应有追求的分析，我们可以从整体上看出传统文化教育师资的一些共性要求。这是从一体化的角度对传统文化教育师资队伍的整体定位。如果根据"大中小幼"不同学段的教育要求和不同阶段受教育者的成长特点来审视教师，则不同学段的教师在保持共性的同时也应该展现出一些不一样的特质。结合传统文化内容特点、文化养成特点、学生身心特点，我们认为"大中小幼"四个阶段的传统文化教师在定位上应有所侧重。

（一）幼儿阶段——优秀传统文化的魔术师

优秀传统文化教育要从娃娃抓起，这已是当下逐渐形成的共识。学校、社会和家庭都已越来越深刻地认识到早期教育的重要性，因为幼儿阶段的生命成长与生活认知对其一生的影响至关重要。基于此，要给中国孩子铺上中国底色，当然也要从幼儿开始。那么学前教育阶段的优秀传统文化教师为何要拥有"魔术师"的特质呢？主要原因是要借鉴魔术师在玩转魔术时所展示出来的"新""奇""活"等特点，因为这些特点最为符合幼儿园孩子的认知特征。所以，幼儿教师在向孩子传递优秀传统文化内容时，首先要精心选择新颖鲜活、适合于幼儿接受的优秀传统文化教育内容，然后采用新奇灵动、能吸引幼儿注意力的形式呈现出来，努力让幼儿在活动中认知、在游戏中感受、在追新逐奇中体验。这种在兴趣驱动下的追猎式学习，较为适合幼儿阶段的优秀传统文化教育。

（二）小学阶段——优秀传统文化的烹饪师

一般来说，小学阶段的孩子学习欲望较为强烈，对世界的各种事物充满好奇，其求知欲就像一个饥渴者一样，表现得十分明显。对此，教师要及时提供文化"营养"以满足学生的渴求。同时小学生的认知特点仍然是以直观感受、形象思维为主，因此教师的知识传授要像烹饪师一样，将对象的"色""香""味"都调制出来，只有这样，才能激发小学生的学习兴趣。传统文化的"色"是指丰富多彩的载体形式，诗词歌赋、书画琴棋、花茶酒舞、说唱弹吟，都是它的表现类型；传统文化的"香"是指引人入胜的吸引力和感染力，中华优秀传统文化宝库中有许多脍炙人口的经典，完全可以在教师的妙手调制中成为学生品味之后余香满口的佳作；传统文化的"味"是指韵味悠长的意蕴，这些意蕴具有跨越时空的启迪作用，是学生生命成长的重要精神养分。小学阶段的传统文化教师要借鉴"烹饪师"的匠心巧手，善于将传统文化调制成小学生十分喜爱的精神食粮。

（三）中学阶段——优秀传统文化的演讲师

中学阶段的学生有了一定的知识基础和学习能力，对事物的认知能力和理解程度明显增强。而且随着年龄的增长，学生身体进入了青春发育期，成人感逐步出现并日趋强烈。这时候的少年自我意识渐渐觉醒，内心世界渐渐丰富，独立性和思考性也越来越强。针对这些特点，传统文化教师应像演说家一样善于叙事、说理和抒情。也就是说，要将优秀传统文化的"事""理""情"用充满魅力的语言表达清楚。传统文化的"事"就是它的原初内容和历史事实，是历史背景下的文化事实；传统文化的"理"是其发展脉络和演进逻辑，是传统文化在历史时空中的变化规律；传统文化的"情"是其蕴含的生命情感和历史情状，因为所有的文化都是人创造的，都是人创造激情或心灵求索的成果。将"事、理、情"讲解清楚，十分吻合中学生的接受心理，因为在中学阶段，对"事"的追问、对"理"的探究、对"情"的体味恰恰是中学生最常见的心理诉求。教师从这三方面入手，就能将文化养成推至"走心"的境界，效果自然能得到保证。

（四）大学阶段——优秀传统文化的指导师

大学阶段是个体的成年阶段，也是身心发展趋于完善、知识经验日益扩展的阶段。在这一时期，受教育者的认知能力和经验积累足以支撑他们对各种事物展开独立探索和深度认知，故而不再受其身心发展水平的明显限制，大学生的行为方式和学习特征主要与个人的情感态度、思维方式及价值观念有关。同时，大学阶段是个体进入社会前的准备阶段，其对未来的人生规划也明显会受到已有的文化储备的影响。基于以上特点，我们认为大学阶段的传统文化教师应该做到"信""达""雅"三个字，这是借鉴古文翻译的要求来推动大学生的文化养成。所谓"信"，就是优秀传统文化知识的可信度，因为大学阶段的学生容易产生质疑，所以教师传授的知识应该要真实可信，是可验证的；所谓"达"，就是优秀传统文化知识的内在关联度，因为到了大学阶段，学生的知识储备已经有了一定容量，这时候教师要善于将学生的知识储备体系化、序列化，使知识的内在逻辑通达顺畅；所谓"雅"，就是教师育人手段的个性化程度。大学生读了十多年书，对各种教学手段多有体会，这个阶段他们更多地喜欢有自己个性风格的教师，所以大学教师的文化育人要避免类型化、雷同化形式，要向创意化方向努力，要培养独特雅致的教学风格。

总而言之，肩负优秀传统文化教育重任的教师既要有深厚的传统文化功底，又要有强烈的文化传播意识，还要具备文化育人的立体视野。这种立体视野就是既要"瞻前顾后"，又要"左顾右盼"，还要"笼盖四野"。"瞻前顾后"就是要注意各学段学生的差异和特点，并在此基础上重视上下衔接、前后勾连；"左顾右盼"就是要注意各个学科各门课程在传统文化教育方面的整体推进，要在多科性的文化融合中实现文化养成；"笼盖四野"就是要有整体思维，要将"大中小幼"看作一个完整的教育体系，并运用一体化理念定位自己的教育角色。

二、优秀传统文化教育一体化的师资队伍培养

教师要成为优秀传统文化教育的合格角色，一方面要靠自己的努力，另一方面也要依赖一些外在条件。因为自专业的学校出现之后，教育就不再是私人行为，而是有组织的政府行为；教师也不再是个体职业，而是承担着国家使命的专职人员。所以优秀传统文化教育师资队伍的培养，落脚点虽然在教师个人，发力点却在政府和教育主管部门。

当前，优秀传统文化教师队伍建设还存在很大短板。大部分学校的优秀传统文化教育以语文教师为主，高校则以中国古代文学教

师为主，基本没有专职队伍。对于语文以外其他学科的教师如何开展优秀传统文化教育，很少有学校按政策要求提出具体措施并展开相应培训。因此，在一体化理念驱动下培养一支数量足够、结构合理、素质优良并涵盖各个学段的优秀传统文化师资队伍已成为当务之急。

首先是数量要充足。目前虽然没有政策支持设置专职的传统文化教师职位，但是学校可以根据学科背景适当调整教师的职能结构。比如，中学的语文学科、历史学科及高校的中国古代文学学科、中国古代史学科，这些学科的教师应该成为优秀传统文化教育的中坚力量，在某种程度上属于专职文化教师；其他学科的教师则属于兼职的文化教师，同样有义务在教育教学中开展文化育人。为了将师资落实到位，学校可以参照思想政治教师的配比方案，也按照学生人数和其他实际情况，配备一定数量的传统文化教师，并具体定岗定责到人。只有这样，才能形成一支规模稳定的传统文化教师队伍。

其次是结构要合理。要打造一支"专职为主、专兼结合"的传统文化教师队伍，这一要求在一定程度上对应教育部出台的《中华优秀传统文化进中小学课程教材指南》中提出的"3＋2＋N"课程实施框架。如前所述，语文、历史、古代文学等学科教师属于专职的传统文化教师，其他学科的教师属于兼职人员。但实际上传统文化兼职教师不应局限于此，根据"内外协同"原则，校园外的文化名人、历史学家、学术大师、传统非物质文化传承人等都应该被学校聘为传统文化兼职教师。为了保证专兼职教师的育人成效，学校还要加强和完善对传统文化教师队伍的独到管理，建立相应的考评机制和保障体系。

最后是素质要优良。"素质优良"是传统文化师资队伍一体化建设的核心目标。如何才算素质优良？除了前面已经提出的"积累丰富的研习者""潜心体悟的实践者""主动积极的传播者"三项要求，传统文化教师还应是"情怀深厚的问道者""慧眼识珠的发现者""匠心独运的教育者"。也就是说，传统文化教师要有深厚的人文情怀，对自己民族文化具有坚定信心，对文化育人充满执念。在这种情感基础上，他才能够在教材中、在书本中、在生活中敏锐地发现并精准地挖掘出优秀传统文化内容，然后运用恰当的方法传授给学生，让学生深刻的理解。

为了实现上述"数量充足、结构合理、素质优良"的传统文化师资队伍建设目标，就必须采取一系列必要的措施。首先，要坚持多层次、多方位的培养培训。通过国培计划、骨干教师研修项目、在职攻读硕博学位专项计划、区域校际协作项目、教师择优资助项目、名师工作室项目等多条培养途径，提升相关教师的传统文化教育素养。同时利用理论研修基地、教学研修基地、实践研修基地和线上培训平台等多种研修渠道，开展优秀传统文化研习，以丰富和拓展教师的传统文化教育技能。其次，要坚持涵盖各学段各学科的一体化教师培训，建立纵向衔接、横向贯通的传统文化教师研修体系。具体说来，就是要打破学段、学校、学科之间的界限，科学设计由省市县（区）三级教师教育平台和"大中小幼"教师等共同参与的全员全过程全方位研修体系，在此基础上构建以"大中小幼"优秀传统文化教育为整体、以学段差异和学校特色为变量、以各学科教学实践变化为条件、以满足传统文化教师个性发展为导向的研修机制。同时，尝试在省、市级行政区域内组织构建跨学段、跨学校、跨学科的研修团体，通过打造团队化的"领头雁"，来引领"大中小幼"传统文化教师实现专业化成长。最后，运用现代信息技术，包括5G、大数据、区块链、人工智能等，加快综合性研修平台建设，构建涵括"大中小幼"各学段传统文化教育优质课程资源共享、教学经验分享、研修心得分享、学习结果互认、促进教学协作的传统文化教师一体化交流和服务平台，并使其成为集传统文化教育研究与实践、教师研修与教育科研于一体的功能性枢纽，为传统文化教育师资培养提供强大的技术支撑。

三、构建优秀传统文化教育师资队伍一体化的互动机制

"大中小幼"优秀传统文化教育师资队伍的互动机制是一体化建设的应有之义。根据系统论和共生理论的原理，同为国民教育体系内的教师，虽然居于不同学段，属于不同学校，但作为单位教师群体，都属于母系统中的子系统，彼此间拥有诸多共同的教育目标和教学任务，因此需要相互联系、相互交流、相互支持，才能实现共同进步。也就是说，因为同属于一个性质相同的整体，自然会产生互动；也正因为有不断的互动，系统的整体性和内部联系性会更加突出和增强。所以互动机制的存在和运行，事实上会强化一体化趋势，最终会形成传统文化教育教师共同体。而构建"大中小幼"传统文化教师共同体，对于推动优秀传统文化教育一体化建设的作用应该说是十分明显的，因为它为实现人力资源的有效配置、合理使用和整体提升提供了更大可能。

那么，优秀传统文化一体化教师队伍的互动机制包含哪些方面呢？

一是人力资源的双向互动，即"大中小幼"各阶段之间的教师实现双向输出。这里面既包括大学向"中小幼"输出人力资源，也包括"中小幼"向大学输送人力资源。一般而言，大学教师在传统文化的知识积累、问题研究和理论探索方面要比"中小幼"教师更具优势，而且大学本身也具有社会服务职能，所以大学应该增加对"中小幼"优秀传统文化教育工作的专业指导和学术服务，建立面向广大中小学和幼儿园的"职前"（学生培养）与"职后"（教师培训）相结合的"双线提升"人力资源培育机制。同时全面开发和利用大学优秀传统文化教育资源，积极组建相对固定的传统文化教学与科研团队，经常性对接"中小幼"传统文化教师群体，形成交流与合作的固定模式和常态化机制。一方面，中小学和幼儿园要

充分挖掘和利用大学教师的功能。第一，邀请大学教师参与"中小幼"传统文化教师培训，帮助中小学教师从理论学习和实践研究方面获得提升；第二，邀请大学教师来中小学开设优秀传统文化专题性讲座，针对传统文化教育实践中出现的问题答疑解难，一起寻找解决方案，共同推进文化育人向纵深发展；第三，邀请大学教师参与"中小幼"传统文化教育的课程建设，包括课程设计、教材编写、大纲安排等。特定区域内有条件的大中小学和幼儿园，可以借鉴"校企合作"的经验，采用"订单式"培养的模式，为"中小幼"培养一批批"公家定制"的传统文化师资，从而为"中小幼"教师专业化发展搭建一个稳定平台。另一方面，中小学和幼儿园同样可以向大学提供人力支持。这一点，师范院校表现得尤为突出。"中小幼"教师在入职前大都就读于师范院校，接受过较为系统的师范教育。我们知道，"大中小幼"传统文化教育是一个阶段衔接、梯度发展、动态向上的文化养成过程，受教育对象相应的也经历了一个由低到高、由生涩到成熟、由蒙昧到理性的变化过程。所以从实际情况看，处于低级、生涩、蒙昧阶段的学生更难教育，因而中小学阶段传统文化教育的复杂性远高于大学阶段，自然对中小学教师的教育素养和教学技能要求也更高。而且，家庭和社会对中小学的关注度更高，这样就会倒逼中小学校在优化课程设置、创新教学方法、改革教学手段方面下大力气，出新成果。这种情况也促使中小学教师的综合素养不断提升。所以，大学也应采取"走出去、请进来"的方式，向中小学教师学习成功育人的经验。一方面，大学教师可以去中小学支教（轮岗），或者采取专题研讨、课堂观摩、项目合作研究等方式向中小学教师学习教书育人方法；另一方面，也可以邀请中小学教师到大学里来，通过向师范生讲授教材教法的方式，分享他们的教学经验。尤其是在精品课程建设过程中，高校完全可以聘请中小学一线优秀教师进行授课技能指导，以提高课程的趣味性和艺术性。

二是智力资源的双向互动，即在人员不发生流动的情况下实现智力的双向输送，具体做法包括"大中小幼"各学段教师进行一体化备课、一体化教研、一体化竞赛等。其一，可以试行"大中小幼"各学段传统文化教育联合备课制度，至少可以先建立区域师范院校引领下的市、县（区）、校三级备课机制。为此，可以由政府牵头组建"大中小幼"一体化传统文化教学指导委员会，统筹强化集体备课制度的功能，建立跨学段集体备课研修例会制度与跨学科专业教师交流机制，探究教学内容与教学方法衔接并重的一体化备课模式，定期开展高质量的教学方案设计活动。其二，建立"大中小幼"各学段传统文化教育一体化教研机制。备课活动虽然也包含一定程度的教学研究，但此处教研的目的主要还是为了备课，和专题性教研并不完全相同。一体化教研主要是指大学和中小学校以及幼儿园就传统文化教育过程中出现的一些重要的、带有全局性的问题共同开展研究，通过项目引领，搭建课题研究、课程研讨、教法研修等合作平台，一起开展深入探究，营造区域内传统文化教师学术交流、问题研究的浓厚氛围。同时，利用合作教研机制，加大前沿学术成果及其他优质教学资源的及时供给，强化高校传统文化教育理论研究成果对中小学文化育人的辐射作用，为区域内各层级传统文化教师的教学研究提供集体智慧。

三是形成"大中小幼"优秀传统文化教育一体化的教学比赛常规机制，建立健全以赛促教、以赛促练、以赛促学、学练结合的综合运行模式，全面推动大"大中小幼"各学段优秀传统文化一体化教育教学改革。为此，可以先从制度化设计入手，成立"大中小幼"各学段传统文化教学竞赛联合工作小组，研究出台教学竞赛管理办法和实施意见，形成制度化、规范化、常态化的长效机制，使教学竞赛成为推进优秀传统文化教育一体化建设的常规工作。同时，各级政府和学校要高度重视比赛结果的管理和运用，要将传统文化教师参加教学竞赛的成绩纳入绩效考核和教学评估内容，形成有效的激励机制。

总之，通过上述多渠道、多途径的智力互补与融合，"大中小幼"各学段教师相互之间的联系会更加紧密，交流也会更加频密，其结果是在增进互相了解的基础上，教师们能够更全面地了解各学段传统文化教育的实际情况，更系统地掌握各学段传统文化教育的特点和规律，更有意识地运用整体观念来促进各学段之间课程内容的对接和教学方法的互鉴，最终也会更快地形成传统文化教育的系统观和全局观。

为了实现"大中小幼"各学段人力资源和智力资源的双向互动和有效输送，就必须摸清楚一定区域内各级各类学校传统文化教师的详细情况，因此需要及时建立涵盖四个阶段的教师台账，也就是要创建"大中小幼"优秀传统文化教育一体化人才库。这是建立传统文化教师共同体的必要条件，因为只有摸清师资队伍的底子，才能知道队伍建设该如何发力。因此，对人才库本身的研究也是十分必要的，要弄清当前传统文化师资的数量规模、年龄结构、专业背景、教学能力、学术水平等，还要分析各学段传统文化教师的特点和差异、优势与短板等。通过掌握上述情况，才能在师资队伍建设上做出有针对性的部署，实施有针对性的策略，最终形成与优秀传统文化教育一体化相适配的师资队伍。

第二节　中华优秀传统文化教育 一体化的组织管理

中共中央办公厅、国务院办公厅 2017 年发布的《关于实施中华优秀传统文化传承发展工程的意见》明确要求要加强文化传承发展的组织领导："各级党委和政府要从坚定文化自信、坚持和发展中国特色社会主义、实现中华民族伟大复兴的高度，切实把中华优秀传统文化传承发展工作摆上重要日程，加强宏观指导，提高组织化程度，纳入经济社会发展总体规划，纳入考核评价体系，纳入各级党校、行政学院教学的重要内容。各级党委宣传部门要发挥综合协调作用，整合各类资源，调动各方力量，推动形成党委统一领导、党政群协同推进、有关部门各负其责、全社会共同参与的中华优秀传统文化传承发展工作新格局。"① 由此可见，加强党的领导，强化各级政府和主管部门的组织管理，是文化传承发展的重要保障，尤其是优秀传统文化教育一体化建设更需要一体化的组织保证。

目前，一体化组织和管理已经广泛运用于企业生产、公司运作和政务机关，并已形成较为成熟的经验。当然，一体化的前提是多种"异体"的存在，只有在一个可以成为系统的事物框架内具有多元且能够兼容的子系统，才会产生一体化管理的需要。一般而言，一体化管理的核心要素包括质量、环境和安全三个方面，用一句话来概括就是：一体化管理的总体要求是在改善工作环境、优化要素结构的基础上，让众多参与者按照共同的理念和统一的规范安全有效地提高生产（活动）质量。为达到这一目的，一体化管理必须包含下面五个步骤：第一是领导参与。组织管理本身就是领导者的主要职责，而且领导者是组织中的关键人物，其拥有资金、资源、人力等的支配权，所以系统内各种活动是否能有效开展，各子系统之间的沟通协调能否有效推进，均与领导的支持和介入程度密切相关。第二是战略规划。一体化管理不能边干边学，不能"摸着石头过河"，要事先做好规划。管理本身就是一门包含预测预判的科学，所以一体化管理在实施之前要对系统内各组成部分以及系统外部的各种关联因素进行深入了解和分析，做好全面细致的基础调查和数据收集工作，在此基础上制定切实可行的战略计划和行动方案，这样才能确保一体化管理沿着正确的方向前进。第三是团队合作。一体化管理是在差异化基础上建立起来的，在

---

① 《关于实施中华优秀传统文化传承发展工程的意见》，见中国政府网：http://www.gov.cn/zhengce/2017－01/25/content_5163472.htm（2017－01－25）［2022－8－22］。

一体化的系统内部存在各种不同的子系统，比如教育系统，就有区域、学段、学校、专业教师群体等差别化存在。要在这么多"差异"的基础上实现一体化管理，各子系统和各构成要素就必须"存异而求同"，必须具有集体意识和团队合作精神，按照一体化要求忠实地履行自己的职责，同时构建各子系统之间、各成员之间相互团结、信任、宽容的合作关系和工作氛围。第四是持续改进。一体化管理本身是一个动态开放的过程，事前的战略规划也只是一个方向性和框架性的工作部署，不可能实现事无巨细的详尽预判。而且越是复杂的系统（教育系统就是如此），其内部各子要素之间的关系就越纷繁难断，其外部的影响因素（比如家庭、社会对学校教育的高度关注）也越难以控制。在这种情况下，就必须使一体化管理具备持续改进的功能，能根据情况变化与时俱进，不断完善管理方案，改进工作计划，从而使一体化管理的效应最大化。第五是沟通交流。一体化管理作为一种触及多方、影响多维的管理范式，其效度十分依赖于内部各要素之间的联系通畅。要实现团队合作和持续改进，也需要系统各成员间及母系统与子系统间、上级与下级之间保持流畅的沟通与协作。而且，让系统内的每一个成员都及时而完整地发出自己真实的声音，是管理文化的一部分，也是管理水平的标志。因此，不断畅通沟通渠道，持续保持有效交流，是一体化管理的重要推手。

用上述一体化管理的经验来审视学校教育，我们自然会认识到教育也是一种生产，其产品是全面发展的人；教育也是一个系统，是一个内涵复杂、层次分明又相互联系的体系。所以教育同样需要一体化管理。具体到优秀传统文化教育一体化管理，其涉及的层次性和内外关联性十分突出，可以说是一个金字塔式的管理结构。政府处于管理顶端，接下来是各地教育主管部门，然后是各级各类学校，最底层是学校里面的年级和班级管理。每一层级都有自己的一体化管理任务，然后各层级累加形成更大范围的一体化管理。所以优秀传统文化教育的一体化管理是一个涉及面广、关注点多、用力处深的综合体系，单靠学校和教育部门是无法推动的，需要上上下下多方面的共同努力。

但从现实情况来看，优秀传统文化教育一体化的组织管理在总体上刚刚起步，还存在一些问题。一是条块管理依然非常突出。由于受传统的学段划分和行政区划的长时期影响，教育行政管理实行区块管理和学段管理的结构始终根深蒂固，一时也无法撼动。在这种情况下，要实施跨学段、跨区域的一体化管理并构建统一的决策体系，固有理念和机制的阻力依然十分强大。二是组织能力相对不足。这里之所以说"相对"，是指在其他方面组织能力可能较强，只是在优秀传统文化教育方面显得较为薄弱。其中的原因是显而易见的，多年来应试教育所导致的大家对升学率的过度重视，使得社会、家庭以及学校本身都过于关注学生的考试成绩，忽略了见效慢、周期长的文化养成；甚至有些教育主管领导过于重视中高考升学率，因此主要以升学率作为核心指标对学校进行考核评估。虽然党中央、国务院就文化传承发展出台了多项政策，但归根到底只是"软性"要求，而直接的"现管"才是硬性压力。所以一些学校仍然是用"对策"来应付政策，导致政策无法落地实施，而基层学校的组织能力始终还是投放于学生考试成绩的提升方面。三是领导主体权责不清晰。中华优秀传统文化教育作为党的十八大以来日渐受到重视的国家工程，是目前正在实施的举措，但和党的十八大以前的教育相比，优秀传统文化教育显然是对原有教育结构具有相当冲击力的新范式。很多教育主管部门的领导和学校管理人员对此并不适应，也未深入理解，不清楚由谁主管、谁来负责，上级对口管理部门是哪一家等，这就导致优秀传统文化教育进入校园后缺乏强有力的组织支撑。而一项活动如果没有领导主抓、没有上级管理、没有组织资源，往往无法有效地推进，其结果经常是无疾而终。

基于以上情况，在"大中小幼"优秀传统文化教育一体化推进过程中，各级党委政府和教育主管部门要对上述问题全面审视和深

216

入剖析，积极探索决策一体化、管理统合化、权责清晰化的组织路径，从而实现传统文化教育管理的上下通畅、内外融合。

首先，要建立党政一把手负责制。党政一把手主抓文化传承发展工作，既是党中央国务院有关文件的政策要求，也是推动优秀传统文化教育工作顺利开展且持续有效的领导力量，而且还将文化建设的权责进行了清晰界定。因此各级党政班子要在岗位职责中明确规定自身的文化使命，并建立相关制度督促落实。为此，要加强对领导干部文化素养的培育，确保其深刻领会文化传承发展的重要性，提升他们规划和领导文化建设的能力，最终促使他们在文化建设方面的决策发生由宏观到微观、由具体到抽象的转变，并能精准有效地将国家的"软政策"细化为工作的"硬指标"，然后用较强的领导力推动落实。要制定和完善领导干部（如学校校长）专题交流制度，在领导干部之间定期开展有关文化育人的经验分享与决策沟通，让各级领导不断积累统筹管理和科学推动传统文化教育的综合能力。上级有关部门也应进一步完善对学校一把手的选用评聘制度，要将人文情怀和文化素养纳入选人用人标准，并形成长期有效的干部选任机制。

其次，可以建立优秀传统文化教育一体化建设指导委员会。这是在目前教育系统条块管理还一时难以改变的情况下的另辟蹊径，组建由各层级各部门领导参与、职能独立的领导机构，以专门领导和管理文化传承发展工程，从而避免出现多头管理、权责不清的现象。该指导委员会具有领导、决策和评价的职能，并肩负划清各部门、各学段领导管理单位权责界限的任务，负责化解一体化建设过程中可能出现的分歧和矛盾，以此营造良好的决策环境和组织氛围。同时，该指导委员会还要在一体化理念下对各学段的传统文化教育实施分类指导和差异化评估，充分发挥指导引领、督查激励的作用。

最后，要组建具有互动整合功能的组织管理机制。优秀传统文化教育一体化是一个持续运行、动态开放、整体推进的发展过程，自然需要构建与之相适应且行之有效的组织管理机制。这一机制应配套建立运行有效、协调有序的管理制度，包括优秀传统文化教育一体化决策和督查制度，优秀传统文化教育一体化实施细则和操作手册等，并不断推动各学段各学校实施教育联动，实现课程管理、师资管理、资源管理、效度管理的一体化。同时加强各职能部门的互动，实现教育管理的协作化。还要充分利用现代网络技术，借助企业微信、腾讯会议等线上会议工具，突破地域空间的局限，组织各种活动，开展多层次研讨，实现更加灵活多样的互联互通和融合共进。

第八章
中华优秀传统文化教育一体化的
实践过程与个案分析

第一节 高校引领——广东第二师范学院的
中华优秀传统文化教育一体化实践

　　广东第二师范学院（以下简称"广东二师"）是由原广东教育学院改制而成的新建本科院校，学校于1955年创办，一直致力于教师教育。改制前着力于中小学校长和骨干教师培训，改制后则将"职前职后""培养培训"融为一体。60多年来始终与基础教育、与中小学校紧密联系，构建了师范院校与中小学校协同育人的成熟模式。2018年，学校在省内率先成立了"学前教育学院"，将师资培养拓展至幼儿教师。自此，"大中小幼"四位一体的合作机制逐渐成形，为新时代广东教师教育开拓出了新路径。

　　学校在人才培养过程中素来重视文化养成，尤其注重优秀传统文化对学生的影响。2007年学校被省教育厅评为"中华优秀传统文化传承基地"，更是为学校的优秀传统文化教育注入了强大动力。2008年，当时的广东教育学院中文系（现为广东二师文学院）尝试将传统文化教育由校内辐射至校外，与广州地区中小学校开展合作，共同推进国学教育，开启了"大中小幼"优秀传统文化教育一体化的大幕。10余年来，经过校内外的共同努力，协作学校越来越多，合作内容越来越广，共建成果越来越丰富。《广东教育》杂志（2018 年第 6 期）曾以《不忘来路，创新文化传承之道：广东第二师范学院中文系国学教育团队十年历程侧记》为题对此作了详细报道。从中可以看出，广东第二师范学院充分发挥高校的特殊作用，在引领"中小幼"共同开展传统文化教育方面做出了许多有益的探索。

一、重视练好内功，增强一体化建设的引领能力

在国民教育体系中，高校的引领能力是由高校所处的地位赋予的。高校作为知识集成、科研集中、人才集聚的场所，理应在专业素养、研究能力和问题解决方面构建独特的优势。但"理应"并不是"必然"，高校要获得这种引领能力，当然还需要自身努力。基于这一认识，原广东教育学院中文系（以下简称"中文系"）在与中小学校协同开展国学教育的同时，十分重视"引领能力"的培育，并采取了有效的具体措施。

第一，打造稳定有力的教育教学团队。文化传承发展是国家工程，传统文化教育是教师的使命，因此，学校的文化育人不能单靠教师个人自觉，而是要充分彰显组织的威力和团队的力量。为此，中文系专门组建了国学教育教学团队，该团队以古代文学教研室为基础，吸纳文学理论、古代汉语、语文课程教学、写作等教研室成员，形成跨学科的专业团队，团队人数始终稳定在 10 人以上，在完成常规教学任务的同时合作开展传统文化教育教学研究与实践。该团队组建之后，有专门的教学任务，有指向明确的科研课题，有定期开展的协作活动。同时，团队还经常组织集体备课与教研，并赴省内外各地进行学术交流，以不断提升教学水平和研究能力。由于团队的持续努力，教学教研成果不断涌现，影响力逐渐扩大，2018 年被评为省级教育教学团队。目前团队成员均已成为传统文

化教育方面的行家里手，也各自有常态化联系的小学、中学，在一定程度上实现了"一点带一面"的目标。

第二，推进人才培养方案改革。要持续有效地推动传统文化教育，师资队伍建设是关键。尤其是师范院校，其肩负着教师教育的重任，更应在国学师资培养方面主动作为。为此，中文系从改革人才培养模式入手，通过深入调研讨论，推出了一个全新的"1＋3"培养方案。即在不改变专业性质的基础上将传统的汉语言文学专业做进一步细分，按特色方向对学生进行分类培养，创造性地开设"国学教育班"，并指定专门组建的国学教育教学团队跟踪实施培养任务。该方案从 2016 年开始实施，当年汉语言文学专业的学生被招录进中文系后，大学第 1 学年随机编班，按既往规定的课程计划开设通识课和专业必修课，但对专业选修课进行调整，开设若干门基础性强、适应面广、有利于夯实人文底蕴的专业选修课程。大一结束后，再将该专业学生重新编班，由学生自主选择进入国学教育特色班学习。随后 3 年（大二至大四）特色班的课程设计，在通识课和专业必修课不变的基础上，对一半左右的专业选修课进行调整（将原汉语言文学专业学生培养方案中 35 学分的专业选修课调整为 20 学分左右），将那些与专业特色较为疏离的课程替换为与特色班紧密结合的相关课程。与专业细分、课程改革相配套，中文系还建构了一整套目标明确、实践性强的实践教学体系和技能训练品牌（如经典阅读 200 部、每天练字一小时等第二课堂活动，以及"晨读经典""午练太极""夕习才艺"等传统才艺活动），与课程一起组成国学教育技能训练的体系，共同促进学生实践素养和动手能力的提升。这种课内课外相结合、知识传授与实践训练相结合的培养方式，更加切合当前基础教育的多元化需求，是应用市场细分原则在高等教育领域的有效尝试。

第三，构建特色课程集群。改革后的人才培养方案最终需要靠课程予以落实，所以特色课程建设是特色人才培养的主要途径。为此，中文系根据国学教育班的培养目标和学科内涵发展，对专业课程体系进行重构。在通识课程、专业必修课程基本不变的前提下，对专业选修课进行大幅度调整，遵循"从就业出口往回找"的思路，由"教师能教什么就开什么课"向"学生需要什么才开什么课"转变，切实依据特色课程与学生未来职业的关联度和应用性（即就业贡献率），按照教师自荐、团队协商、学生投票、协作单位审议、专家评估等程序确定新的特色课程，由此创建了国学教育班特色课程集群，以替换原有的部分专业选修课，实现教学资源在高等教育领域的有效配置，从而能集中力量培养学生的核心素质和具有强大竞争力的应用特长。

在创建国学教育特色课程集群的过程中，中文系国学教育教学团队对当前的国学研究成果及其传承现状进行了深入探讨，并达成了许多共识。团队认为，传统国学包括经史子集四大部，四部的关系不是并列的，而是以经学为核心逐层扩展，所以抓住了经学教育，就抓住了国学教育的关键。而经学教育的重点在于研读原典，原典研读的核心范围在四书五经，宋明以来四书地位又远高于五经，所以四书教育为重中之重。基于这一认识，团队拟定国学教育特色课程如下。四书三门："《论语》精读""《孟子》精读""《学庸》精读"；五经三门：《周易》导读""《诗经》导读""《礼记》导读"；史部两门："《史记》导读""《春秋左传》导读"；子部两门："《道德经》精读""诸子研究"；集部两门："唐宋散文研究""明清小说研究"。另外，根据小学国学教育的需要增加"蒙学经典研读"，根据融会贯通的需要开设"国学概论""中国哲学史导论"等。以上10余门课程构成"原典研读"课程系统，是师范生优秀传统文化素养培植的基本途径，也是学生国学教育能力养成的根基。除此之外，学校作为应用型本科师范院校，对实践教学尤其是师范生技能课程十分重视，因此专门为国学教育特色班开出3门专业技能课程，即"古诗文吟诵""格律诗词写作""国学课堂教学"。以上课程依据知识难易梯度、关联时间顺序和应用场域选择在第三至第八学期依次开出。

以上三个方面的举措在实际操作过程中形成了相互联系、相互促进的态势。国学教育特色班的创建为教学团队提供了校内实践舞台，特色课程集群的研制既提升了团队的专业素养和课程开发能力，又使人才培养方案改革落到了实处。而国学教育教学团队的成立则使国学教育特色人才培养获得了可靠的智力支持。总之，通过上述三个方面的努力，广东二师既摸索出了传统文化教育师资培养的系列经验，又打造出一支具有较强专业水平的国学教育团队，从而在广东省省内产生了较大影响。

二、不断搭建平台，构造一体化建设的合作机制

俗话说，一花独放不是春，万紫千红春满园。一体化建设的宗旨就是要收获万紫千红的春天。广东二师作为省属师范院校，自然肩负着为全省培养基础教育师资并引领基础教育改革发展的重任。尤其是在党的十九大以后，广东省重点推进"新师范建设"，赋予师范院校更多切合时代的历史使命。在这一形势下，广东二师国学教育教学团队更加勇毅地走出校门，更加主动地开展"校校合作"，努力使传统文化教育的"星星之火"在广大的中小学学校间形成燎原之势。

广东二师中文系有意识地走进中小学校开展国学教育，应始于2008 年。当时古代文学教研室的郑国岱[①]率先与广州市海珠区的几所小学开展合作，共同开展国学教育。在他的影响下，中文系其他教师也相继进入中小学校推广传统文化教育。几年之后，以国学教育为纽带，中文系先后与数十所中小学校建立了协作关系。这些学

---

①　郑国岱，1971 年生，广东饶平人，广西师范大学古代文学博士，2005 年进入广东二师工作后一直致力于优秀传统文化教育。因其在文化传播方面的突出贡献，2020 年获评为"广州好人"，其家庭 2021 年获得广东省"文明家庭"的荣誉嘉奖，2022 年其当选为广东省党代会代表。

校所处的地理位置各不相同，历史底蕴深浅不一，办学理念各有特色，因此开展传统文化教育的条件和追求也参差有异。在协同育人的过程中，中文系发现，虽然各所学校有自己的个性化特征，但在传统文化教育方面也有一些共性经验；而且这些学校推动国学教育的时间也有先有后，完全可以相互交流、相互借鉴。基于这一情况，在中文系提议下，2015年由广东二师领衔组建了"广东国学教育协作学校联盟"（简称"联盟"）。这是广东省首个涵盖"大中小幼"各个学段（其中还包括职业学校）的国学教育组织。联盟成立后，大家有了交流的对象，有了共议的话题，有了学习的榜样，有了共享的资源，因而大大增强了推动传统文化教育的信心。

联盟的成立及相关活动的开展引起了上级有关部门的关注。广东省教育厅属下的广东教育学会特地派人予以指导，并建议将"联盟"这种松散的组织升级为层级更高、影响面更广、吸纳性更强的学术团体。对此，联盟成员均十分赞成。因为当时的成员主要在广州地区，尚未辐射全省各地，而且组织力度也偏弱，这些确实限制了联盟的影响力。通过一年的精心筹备和发动，在广东教育学会的关怀和指导下，2016年12月，广东教育学会国学教育专业委员会（简称"专委会"）正式成立，广东二师中文系作为发起者当选为理事长单位。专委会成立时已有申请加入的理事单位100多个、会员300余人，学段涵盖"大中小幼"以及职业院校，地区涉及全省各地。可以说，专委会已成为一个真正意义上的省级学术组织，它为全省开展传统文化教育的同道和学校提供了一个常态化的交流合作平台。专委会成立以后，每年都开展一系列学术和教研活动，为广东省传统文化教育打开了新的局面。广东二师中文系也因此占据了全省传统文化教育的高地，影响力和引领力日渐增强。

专委会成立之后，协作学校联盟并未解散，而是功能更加精细，协作目标更加明确，小范围的交流互动更加频密，在一定程度上有走向"国学教育集团"的趋势。针对这种新情况，广东二师国学教育教学团队进行了深入调研，进一步了解各级各类学校在传统文化教育方面的不同诉求。团队发现，不同学校在传统文化教育方面进展不一、追求不同。有的学校重视传统文化的课程建设；有的学校重视校园文化中的传统融入；有的学校重视本土文化传统的开发；有的学校则重视第二课堂的文化育人。上述种种不同的追求，对合作机制和交流平台的功能也提出了不同的要求。如果说协作学校联盟更多的是自发性寻找同伴、获得相互扶持的话，国学教育专委会的成立则是搭建了一个有政府背景、受组织认可的交流互鉴机制，但这个机制内更多的是面上的合作、研讨和展示，点对点的深入探索还未完成。基于此，广东二师中文系筹划成立一个学术研究机构，以现实问题为导向，以一线学校为实践场域，专门研究解决传统文化教育中出现的重要问题。这一设想提出的时候，中文系已经有了十年国学教育的推广经历，积累了一定的学术成果、教学经验和培训资历，遂以项目形式向上级主管部门申请。2019 年 5 月，广东第二师范学院中华优秀传统文化教育研究基地获批为广东省高校人文社会科学重点研究基地，并获得 60 万元的经费支持。研究基地的立项认可，为传统文化教育在学术层面的推进提供了强大助力。基地成立后，立即向省内各有志于开展传统文化教育的大中小学及幼儿园广发"英雄帖"，邀请他们带着项目和问题参与基地的相关研究；同时基地也根据自己对传统文化教育现状的了解，提炼出许多有针对性和紧迫性的热门课题进行研究攻关。通过上述措施，基地团结了一批传统文化教育的研究骨干，产出了一批传统文化教育的研究成果。

由上可见，从协作学校联盟到国学教育专委会，再到传统文化教育研究基地，一系列合作机制的建构与运行，为省内各级各类学校的传统文化教育同道提供了合作交流、共同探索的多维平台。有了这些动态开放、功能多样的合作机制，全省"大中小幼"传统文化教育一体化建设就在很大程度上获得了体制机制的保障，从而为一体化建设夯实了组织基础。

三、持续开展活动，推进一体化建设的深度实践

传统文化教育本身就是一种宏大实践，无论是引领力的发挥，还是机制作用的体现，最终都要通过实践来检验。所以，在一体化理念指导下与"中小幼"各学段学校一起开展多种多样的传统文化教育活动，是广东二师国学教育教学团队协同育人的主要内容。

活动之一，讲座、指导送上门。进中小学开展国学教育讲座，具体指导中小学校如何开展传统文化教育活动，应该说是广东二师最早开展的文化育人推广活动。在党的十八大以前，中小学校的国学教育活动还不规范。一方面是社会上的"国学热"对学校形成了较为复杂的冲击，导致一些学校陷入"乱花渐欲迷人眼"的境地；另一方面是学校自身对传统文化教育的内涵、方法和路径都不甚了了，想要有所作为也只能是"摸着石头过河"。在这种情况下，来自高校的中国古代文学专业教师能帮助他们梳理中国优秀传统文化的内容层次，协助制定传统文化育人课程，合作开发本土优秀传统文化教程，共同打造优秀传统文化教育精品课堂，一起探索国学教育课堂教学方法。也正是因应这些需求，广东二师国学教育教学团队成员常常至中小学校举办优秀传统文化专题讲座，指导校园传统文化活动，打磨国学教育示范课堂，开展传统文化教学研讨。通过这些专题性入校活动，广东二师国学教育教学团队（简称"二师团队"）切切实实履行了高校社会服务的职责，为广东"大中小幼"各学段全面开展传统文化教育打下了较好的基础。

活动之二，开办公益国学夏令营和冬令营。如果说入校讲座和指导主要是面对学校和教师的话，那么开办国学夏令营和冬令营则主要是面向学生和家长，有时也兼及政府和社会。因为优秀传统文化教育一体化建设包含有"横向贯通、内外协同"的要求，需要"家校社政"四位一体、协同推进。所以二师团队从 2014 年就开始

举办国学夏令营，通过这种方式向家庭、社会宣示传统文化教育的理念和行动，吸纳尽可能多的学生在假期接触优秀传统文化、接受文化熏陶；同时通过和政府有关部门合作，借政府之力扩大传统文化教育的影响，倒逼学校更加重视文化育人。八年多来，二师团队已在广东省各地举办10余期公益国学夏令营和冬令营，在省内产生了较为广泛的积极影响。2017年广东省扶贫办特邀二师团队开展文化帮扶，赴贵州黔南州开办公益国学夏令营，获得圆满成功，当年被共青团中央常委评为"全国优秀国学教育项目"。

国学夏令营和冬令营的成功主要有四方面原因：一是公益性。在夏令营和冬令营的举办过程中，二师团队不向学生收取任何费用，学生只有少量支出，主要是营服和文具，一般每人次不会超出100元。由于这种公益性，再加上师范院校的规范性和二师团队的专业性，学生踊跃报名夏令营和冬令营，因为名额限制，后来都要通过摇号来确定参加名单。在这种公益性质下，夏令营和冬令营没有充足的经费支撑，又是如何能顺利开办的呢？这其中的主要因素当然是举办团队的奉献精神，以及协作各方的共同努力。比如，办营场地由协作学校轮流提供（后来夏令营和冬令营办出名声后很多地方主动邀请团队前往），二师团队成员由所在中文系补贴适量课时，参与办营的大学生志愿者可以用来抵扣学校规定的社会实践活动时长，其他协作学校的教师则由广东二师相关项目经费支出少量劳务费作为伙食补贴。当然，上述措施只是解决基本的后顾之忧，办营得以持续的主要动力还是来自团队成员深厚的教育情怀和对传统文化教育的满腔热情。二是活动内容安排的科学性。在国学夏令营和冬令营开办之前的筹备过程中，二师团队做过深入调研和认真讨论，制定了较为切实可行的方案。首先是大致确定了班额和学生人数，具体为学前教育阶段2个班，义务教育阶段一到八年级各2个班（九年级以上暂不纳入），每班人数不超过20人，总人数不超过400人。每期夏令营时间为两周，冬令营则为十天。每天上午为学习时间，下午为活动时间。学习内容按九个年级设置九个梯度，学前班以《三字经》《弟子规》为主要学习内容，一年级以《弟子规》《百家诗》为主要学习内容，二年级以《百家诗》《千字文》为主要学习内容，三年级学习《〈论语〉选读》，四年级学习《〈孟子〉选读》，五年级学习《〈大学〉选读》和《〈中庸〉选读》，六年级学习《〈道德经〉选读》《〈内经知要〉选读》，初中一年学习《〈荀子〉选读》，初中二年级学习《〈诗经〉选读》。活动内容则以中华传统才艺为主，根据年龄大小和时间先后依次安排太极拳、剪纸、书法、古筝、对句、古诗词接龙游戏和传统手工制作（如中国结、灯笼、香囊）等。以上活动内容安排，既紧张有序，又活泼轻松；既扣紧传统文化精髓和知识进阶梯度，又切合学生年龄特征和接受心理。学生入营以后能很快进入状态，结束时也感觉收获满满。三是师资队伍的专业性。夏令营和冬令营班额这么多，自然要投入大量的师资力量。其中二师团队是骨干成员，各协作学校输送的传统文化教师是重要组成，东道主学校教师是必不可少的力量支撑，广东二师中文系国学教育特色班的学生则是非常重要的教学助手。教师们主要负责上午的教学任务，大学生则负责下午的实践活动并兼任班主任。晚上是教师们的集体备课时间，大学生们除了完成实践课程的准备外，还负责当日工作的书面小结，以完成夏令营和冬令营公众号推送。有了这些人员构成和任务安排，夏令营和冬令营的活动质量就有了坚实的保障。四是动态开放的协同性。夏令营和冬令营的运作从一开始就是开放性的，因为初衷就是为了广泛播撒国学教育的火种，所以举办地点基本上不固定于一处。这么多年来，团队分别在广州、汕头、潮州、东莞、佛山及贵州黔南布依族苗族自治州等地举办过夏令营和冬令营，活动举办之时，均在当地掀起了一股传统文化教育的热潮。夏令营和冬令营的开放性还体现在政府和家庭随时可以参与。很多家长对高校牵头举办的国学夏令营和冬令营非常关注，自愿充当志愿者参与其中，一方面可以观察督导自己孩子的表现，另一方面也进一步了解夏令营和冬令营的组织运作及国学教育的方式方法。对此情况，广东二师团队非常欢迎，并有序引导家长的热情，从而提升了夏令营和冬令营的公信力和影响力。夏令营和冬令营的成功举办也引起当地政府的重视，有些地方的宣传部门和文化部门表示愿意合作推进，二师团队也欣然接受。由于夏令营和冬令营的举办始终秉持开放态度和协同理念，致使参与者越来越多，关注者也越来越广，国学教育的影响力也越来越大。

活动之三，举办国学教育年会（如征文、教学大赛、微视频大赛等）。2016 年 12 月广东教育学会国学教育专委会的成立是广东传统文化教育的一件大事。当时广东二师团队为了筹办好这次盛会，精心准备了很多内容。除专委会成立庆典外，还有国学才艺节目展演、专家讲座、圆桌论坛、国学精品课展示等环节。可以说内容丰富、格局高端、交流充分、针对性强。自此以后，国学教育专委会的年会就成为广东省传统文化教育界的一次盛会，每届都有来自全省各地的数百位同道共济一堂，共襄文化育人盛举。年会的内容结构也渐渐定型，一般由五个模块组成：第一模块是国学才艺展示，大会精选省内各个学校推送的节目 8—10 个，包括诗词吟诵、诗词情景剧、传统才艺表演、古典诗文戏剧等，可以说这是年会的"开胃菜"，让入会者初步感受到优秀传统文化的艺术魅力。接下来是第二个模块——高端学术讲座，年会每次都邀请几位国内文化大家或者传统文化教育名师前来讲座，给入会者奉上优秀传统文化的精神盛宴。第三个模块是精品课堂展示，如果说专题讲座是理论引领的话，课堂观摩则是实践示范，年会每次都会打磨几堂不同学段的不同课型，供入会者品鉴研讨。第四模块是圆桌论坛，年会根据预设的论题设置几个不同论坛，由入会者自愿选择参与，论坛既有指定发言人，也有自由发言时间，表达充分，讨论深入。第五模块是大会交流总结，这一环节首先是各分论坛派代表在大会上总结交流，然后是年度赛事活动颁奖（包括征文比赛、课堂教学大赛、课题研究评选等），最后宣布下一年度的活动计划。年会一般持续两天。从已经举办的六届来看，入会者反响热烈，效果完全达到预期。

活动之四，开展国学教育示范学校建设活动。广东二师团队征得广东教育学会的同意和授权，在全省范围内开展国学教育示范学校建设活动。在此之前，团队首先制定了示范学校建设标准，具体体现为"五有"：有科学的国学教育理念，有固定的师资力量，有不同形式的课程，有常态化的教育活动，有成功的经验提炼。专委会发布标准后，将有意愿参与建设的中小学校纳入帮扶清单，定期对这些学校进行指导，帮助他们尽快达标。目前，全省已有20余所中小学校成为国学教育示范学校，这些学校的成功为其他学校持续推进传统文化教育提供了有益的借鉴。

活动之五，开展不同形式的国学教育师资培训。广东二师团队早期进入中小学校开展专题讲座，在某种程度上就已经开始了师资培育。但这类单次性的讲座比较即兴和零散，没有系统性和持续性。2016年，因应形势的发展，广东省教育厅在年度"强师工程"中正式纳入传统文化教育师资培训内容，项目名称定为"广东省中华优秀传统文化教育'诵写讲'骨干教师培训"。受教育厅委托，广东二师中文系连续承办了2期，无论是培训方案设计，还是培训实施过程和结果，都受到了主管部门的肯定。在培训过程中，广东二师团队将集中学习、小组研修、定点考察、跟岗学习、个人"靶向"实践以及专项课题研究等多个环节有效融合，真正使受训者学有所成、研有所得、习有所悟。此后，广东二师团队将这种培训模式不断完善和复制，先后在东莞、佛山、花都、从化等地开展成规模的传统文化教育师资培训，效果十分显著，为广东省传统文化教育培养了一大批合格的国学教育教师。

四、推动合作教研，提升一体化建设的理论水平

高校的引领力除了体现在对教学实践的指导外，更多地应体现

在教学研究方面，这是高校由其地位决定的应有职责。而传统文化教育一体化建设作为一项方兴未艾的工程，虽然其宗旨指向于教育实践，但实践的深广性和有效性却需要通过不断的研究来予以保证和提升。因此广东二师国学教育教学团队一直重视与中小学校共同开展教育教学研究，通过多维度多途径的密切合作和协同探索，在传统文化教育领域取得了较为丰硕的学术成果。

成果之一，合作编写国学教育教材。党的十八大前后，受"国学热"的影响，很多部门和机构编写了各种各样少儿国学读本。不过当时发行的一些国学教材，有的是由高等院校组织专家编写的，有点脱离中小学大多数师生的接受水平与执行能力；有的是由中小学校自己组织一线教师编写的，多数是简单的经典"读本"，而不是有清晰教学序列和知识体系的"教材"。如何让国学教材能够体现国学教育的精义又能紧扣基础教育的师情、学情，是当时急需解决的问题。为此，广东二师国学教育教学团队在做了大量前期准备工作之后，自2014年起，陆续与广州市海珠区知信小学、东风小学、赤沙小学、佛山市禅城区澜石中学等多所开展了多年国学教育的协作学校合作进行国学教育教材编撰工作，两年后"国学"系列教材（包括《论语选读》《孟子选读》《大学中庸译解》等共12册）正式出版。这套教材从零基础出发开展国学经典教学，通过内容的灵活组合满足小学阶段国学经典入门教学的需要。与教材配套的课程指导着重在原典诵读基础上突出文本品读、文化传承、人文涵养，帮助学生踏实积累、领悟内涵、升华境界。目前，中学阶段、大学阶段国学教育教材的建设正在稳步推进，学前教育阶段中华优秀传统文化绘本读物的编著也在筹划之中。二师团队通过与多所中小学校合作开发教材，既有力推动了相关学校的传统文化教育，又定点培育了一批国学教育骨干，还大大加深了大学与中小学校的协同关系。

成果之二，合作研究国学课堂教学方法。国学教育既有一般教育活动的共性，也有传统文化传承的一些特点。在2014年教育部出台《纲要》之前，很多中小学校对如何在课堂上开展传统文化教育还较为生疏。虽然一些学校开始了教学尝试，但做法五花八门，莫衷一是。对此，二师团队走进协作学校的课堂，与一线教师深入研讨、认真打磨，通过多年的探索，提出了"三元五环"国学课堂教学模式，即教师、学生、经典"三元并重"，导趣屋、乐读斋、善品堂、开悟轩、回味阁"五场连环"。"三元"，即打破"师本""生本""书本"各执一端的课堂教学理念，将教师、学生、教材作为一体多面的关键要素同等重视；"五环"是围绕优秀传统文化特定内容设置五个相互联系、融合推进的五个环节。"五环"的具体内容是：导趣屋，即课堂教学导入，这一环节的引领方式可以多种多样，如故事传说导趣、游戏导趣、多媒体导趣等等。乐读斋，是经典诵读环节，通过韵律鲜明、趣味盎然的朗读方式，使学生乐意读、快乐读、读出情、读出义，在朗读中生发对经典的亲近感。善品堂，是内容理解环节，通过创设情境，引导学生思考，并结合知识储备解读文本所蕴藏的内涵。开悟轩，是意义拓展环节，教师引导学生联系生活实际，对教学内容拓展延伸，形成有深度的感悟。回味阁，是课堂收束环节，通过各种练习和交流活动，总结、回扣教学主题，温习巩固课堂所学内容。以上五个环节环环相扣、层层递进，形成推进有序、分合有效的教学流程。借助这个模式，国学课堂教学初步实现了规范化、生活化和实操化。这一模式的推行，做到了"既有本可依又有法可行"，为一线国学教师的备课提供了清晰简洁的思路和简易可行的操作规程，使国学课堂教学的实施有了可资借鉴的框架，同时也为国学教育与中小学生的身心成长构建起一条有亲和力的教学路径。

成果之三，合作开展项目研究。通过项目引领来推动传统文化教育，是二师团队着力较多的方向。这种合作在初期阶段主要有两个方面内容，一个是团队自身申报项目的时候邀请协作学校参与，申报成功后一起开展项目研究；另一方面是中小学校获得各层级国学教育课题立项之后邀请二师团队予以指导。这两方面的合作都取得了不少成果，也在一定程度上提升了相关各方的研究能力。自2016 年国学教育专委会成立后，在省教育学会指导下，二师团队每年都发布年度规划课题，由此，项目合作研究的范围和深度都得到了扩展。2019 年中华优秀传统文化教育研究基地成立，项目研究更成为"大中小幼"一体推进的重头戏。在协同开展项目研究的过程中，基地在自主申报的基础上，通过深度调研提炼出一批课题，作为申报指南中的重大招标课题同时发布。这些重大课题涉及当前传统文化教育的热点、难点、痛点和堵点，是一体化建设中关注面广、迫切性强、重要性突出的问题。针对这些课题，基地会进行经费资助，并给予全程指导，确保获得预期成果。通过上述多方面的努力，10 余年来，广东二师团队与中小学校在合作研究方面取得了一大批成果，其中包括出版学术专著 10 余部，发表论文 30 余篇，开展课题研究 200 余项，获得省级教学成果 3 项。这些成果的取得，既进一步提升了广东二师在传统文化教育方面的影响力和引领力，也为优秀传统文化教育一体化建设的持续推进奠定了深厚基础。

第二节　中小学一体化——佛山市澜石中学　　　　　　（小学）的中华优秀传统文化教育

　　佛山市禅城区澜石中学（小学）是一所九年一贯制学校。多年来学校从义务教育的整体视野出发，注重各个学段的有效衔接，努力贯通小学、初中教育，在一体化办学方面开展了较有成效的探索。尤其是在优秀传统文化教育一体化课程建设方面，凝练出了较为鲜明的学校特色。

　　学校将这一课程概括为"澜彩绘梦课程"，该课程是以学校"启发潜能，启迪智慧"的办学理念为依托，为促进学生的全面发展而开创的独具特色的系列课程。内容涵盖"澜彩绘艺""澜彩绘创""澜彩绘技""澜彩绘动""澜彩绘识"等几大板块。在课程实施过程中将优秀传统文化植入其中,引导学生将个人梦想与民族复兴梦紧密结合起来,围绕创造性转化和创新性发展要求,注重弘扬讲仁爱、重民本、守诚信、崇正义、尚和合、求大同等核心思想理念;弘扬有利于促进社会和谐、鼓励人们向上向善的中华人文精神;弘扬自强不息、敬业乐群、扶危济困、见义勇为、孝老爱亲等中华传统美德。在提升人文素质、搭建知识体系的同时,提高学生的个人素质和修养,培养学生高尚的道德情操,树立学生的家国情怀。

刘熙在《释名》里是这样解释"澜"的:风行水波成文曰"澜",意思是风吹在水面上形成了小波浪。风代表教师及教育的力量,水代表学生,即受教育对象,故而"澜"的综合引申义为师生教学相长、和谐共进。"石"意为坚如磐石的力量和毅力,可以喻义人的坚毅品性。澜石中学(小学)以"澜"文化为根、"石"文化为本,提出四字校训"仁智勇毅",校训分别对应的人文、科学、体格、心性四个育人维度。通过五大教育教学支柱——"国学教育塑造健全人格,快乐学习启发智力潜能,科技教育激发探索欲望,艺术教育开启智慧人生,实践活动助力快乐成长"实现育人目标。

澜彩绘梦课程以人为本,关注"具体个人"的生命成长需求,通过系列特色课程的开发,最大程度地满足学生个性发展和全面发展需求,满足现实社会和未来社会对人才的要求,在涵盖小学和初中的整个义务教育阶段开发学生潜能、塑造学生个性、发展学生特长、促进学生全面发展。它是一套既关注学生个性发展,又注重在优秀传统文化的传承中培养学生思想道德素养的系列性课程。这为学生的综合发展,提供了一条具有时效性、科学性和针对性的有效途径。

一、阅读实践，以经典诵读滋养成长

中国优秀传统文化博大精深，含有丰富的人文、历史、文化等元素。素质教育改革实施以来，弘扬中华民族优秀传统文化成为当下教师课堂教学中的一项重要任务，它可以让中小学生深刻领略中国文化的精神内涵，提高他们对优秀传统文化理解和传承的能力。为此，从语文阅读教学的角度入手，探究优秀传统文化融入中小学语文阅读教学的路径，澜石中学（小学）希望通过两者的有效融合提高学生的语文综合素养。古语道："唯书有色，艳于西子；唯文有华，秀于百卉。"经典更是历经千年淘洗、凝聚千年国人的经验与智慧、承载中华民族精神和传统文化教育的精华，经久弥香，至臻至纯，滋养身心，一生受用。尤其是在义务教育阶段，学生年龄较小，正是养成良好人文精神的时期，在这个时期，学生通过朗读背诵大量的传统文化经典，能够在学习文化的过程中体会优秀传统文化的语言魅力、文化内涵，养成良好的学习习惯；同时对提升孩子的内在涵养和语文素质，增强民族自豪感和文化自信心，传承和弘扬中华民族优秀传统文化，繁荣和发展社会主义先进文化，构建社会主义和谐社会具有重要意义。

因此，学校非常重视优秀传统文化与阅读教学的融合，围绕"经典诵读"，学校充分照顾各个学段学生的不同情况，以品读感悟、美读促情、厚读增质、赛读吐新等不同层次的阅读方式，拓宽阅读路径，让传统经典的"春风"拂面、沁脾、入心。

（一）品读感悟

《义务教育语文课程标准》（2022 年版）强调，"阅读的重点是培养学生具有感受、理解、欣赏和评价的能力"。阅读能力不仅是语文学习能力的主要构成因素之一，而且是人们在学习、生活、工作中不可缺少的重要手段。品读感悟作为语文教育教学方法的一项有益尝试，其对于培养学生的文学鉴赏能力以及审美能力、思考能力都有着重要作用，而多种课堂形式的架构对于学生的品读感悟将起到锦上添花的效果。为此，澜石中学（小学）遵循下列步骤，引领学生进行经典品读。

第一，搭建任务支架，探究型入室。在阅读教学中，搭建驱动式支架，以任务为载体，这能为学生提供感悟问题的情境，促进学生主动建构探究、实践、思考、运用、解决等高阶思维的学习体系。以澜石中学（小学）朱霞副校长执教的《西游记》整本书阅读一课为例。不少学生都看过电视剧版本，但很少有学生真正完整读过名著《西游记》，因此，教师舍弃以播放视频的方式引导他们阅读作品，而是采用了布置阅读任务的方式辅以支架。如任务之一：请你参照玄奘取经的路线并根据自己的理解，将《西游记》中师徒四人遇险的地点在地图上勾画出来，并注明妖怪的真身及它们的本领。在标注地点的过程中，学生能感受到唐僧经西域赴印度取经对周边国家影响力非常大。在老师寥寥数语的点拨下，盛世之景便徐徐铺展，文化自信之情、民族复兴之愿油然而生。

第二，创设关联情境，沉浸式体验。情景式教学寓教于具体形象的情景中，可以引起学生一定的态度体验，从而帮助学生理解教材，其核心在于激发学生情感。在发展学生核心素养的理念指导下，语文阅读教学在一定的情境中开展，能增强学生在阅读时的趣味体验，激发学生阅读学习的兴趣，从而提高阅读教学的有效性。黄艺副校长的《夏之曲》课例通过创设导趣屋谈盛夏之物、乐读斋演绎朗诵会、绘画馆描绘心中的仲夏、录播室演绎课本诗句等情境，将孩子们带入美妙的意境中，让孩子们与大自然建立美好纯真的感情。

第三，开展有效提问，关键处点拨。学生如果没有将诗词所抒发的情感、表达的寓意理解到位，只会死记硬背诗文，就不能理解内涵，更无法感受优秀传统文化的魅力，无法通过学习优秀传统文化来提高自身综合素养的目的。科学研究表明，行之有效的课堂提问和适时点拨是实现课堂师生互动交流，促进学生思考、品味、感悟乃至共鸣的重要载体。澜石中学（小学）郑静老师的《王戎不取道旁李》课例便采用关键发问和恰当点拨来引导学生理解文言文，落实语文要素，起到了四两拨千斤的效果。在开展古诗词教学时，结合学生的具体学习情况以及自身教学能力，营造与诗词抒发的意境相符的教学氛围，满足学生的学习需要，并渗透优秀传统文化，在提高课堂教学趣味性的同时，让学生深刻体会到诗词中所蕴含的深意和语言魅力。

（二）美读促情

在教育教学中，作为纯真心灵的守护者，我们用美去启迪美，用心灵去唤醒心灵。国学经典，大美无言，正确巧妙的教育方式是发挥经典诵读效力的关键。美读美赏，润泽启迪，激发情感，酣畅心扉。新课程改革背景下，学校教育不仅要提高学生的阅读能力、理解能力等，还要培养学生的学科综合素养，陶冶学生的思想品德，培养学生良好的道德品质，以促进学生全面发展。

众所周知，人是环境的产物，将"阅读"化身"悦读"，氛围营造是基石。对古诗文进行诵读，是语文教学中帮助学生记忆了解课文的重要手段，这种方法能有效地帮助他们形成阅读语感，与直接背诵相比，诵读的记忆理解效果更好，能使学生对文章的记忆更持久、牢固。小学阶段，孩子们的记忆发展及记忆方式还不是很成熟，因此，在优秀传统文化知识的积累中，诵读这种记忆性理解比死记硬背更有效。充分利用好早读的时间，让学生通过大声朗读，并采取多种形式的理解性朗读从而达到有感情地朗读这一目标，久而久之就能理解性地背诵下来，而且记忆效果也比较好。为此，可以充分利用碎片化时间、学校环境布置来进行"细雨润无声"式的文化渗透。一至九年级各班每天晨读的前10分钟是诵读经典的时间，诵读形式倡导多样化，如唱读、拍手读、对读、背读、分角色读、吟诵、咏唱等。孩子们在《三字经》《弟子规》《千字文》等经典诵读中，感受到孝、悌、忠、信、礼、义、廉、耻等道德观念的熏陶，并有所感悟，进而影响日常的学习和生活行为。午读、午睡小故事、课前三分钟甚至课间操的校训歌谣，都是孩子们学习国学的好契机。通过讲述这些传统文化经典故事，教会学生为人处世的道理，培养其高尚道德情操。同时，精心设计、布置教室、校园，如在布置"大中华寻宝记"精美外墙报时，各年级分别从寻"食"、寻"衣"、寻"景"、寻"书"、寻"茶"、寻"戏"来架构，一步一风景，一景一陶然。澜石中学（小学）还将文化宣传标语、历代先贤诗词、修身立德短句张贴于教室内、楼梯走道间、食堂里，学生在行走间、俯仰间感受中华优秀传统文化的精髓和魅力。班级特色图书角与学校图书馆、架空层"澜彩会馆"相得益彰，书海踱步，清眸流转，尽阅山川。

主题阅读，提升经典诵读的内涵。在主题阅读设计中，通过整合与贯通来提高教学效率，利用集中与拓展升华学习内容，倡导一个主题、一种思想、一种情感，缔造出一个缤纷世界。优秀传统文化内容丰富，引导学生大量阅读古典书籍，会为学生发展注入强大的精神力量。有计划地引学生阅读，使其产生阅读兴趣，养成阅读习惯，使学生从书籍阅读中不断受到优秀传统文化的熏陶。澜石中学（小学）结合重大节日或大单元教学确定活动主题，如重阳节，专门开展了"我的山川记"的阅读实践活动。九个年级依据本年级学情设计实践单元，围绕"好书读一读""诗歌背一背""童谣诵一诵""名山爬一爬"等活动将诵读多样化、趣味化，让学生在活动中体悟优秀传统文化之美。

多彩活动，张扬经典诵读的个性。丰富多彩的阅读活动是实现学生素质发展的必由之路，通过学生全面的、多样的主体实践活动，能大大促进他们个性化发展。在语文综合实践活动中，澜石中学（小学）特别重视渗透中华优秀传统文化教育，结合语文教学开展丰富多样的实践活动，学习和传播中华优秀传统文化，进而增强学生对祖国优秀传统文化的热爱。"草船借箭"之"澜彩绘动"田径运动会就是一次优秀传统文化与七彩运动的视听盛宴：棋盘对弈，一子定乾坤；草船出征，一桨步征途；火攻助力，一招破战局；弓弩齐发，一船满载归；羽扇纶巾，一杯共江月；三国怀古，一首念奴娇；征途回望，一曲赞中国。活动以名著启篇，将国学之美浓墨重彩地铺展开来，让学生看进眼里，读进心中。各班级的"读书记录袋""图书漂流"等特色活动，让学生养成勤读书、多动笔、互交流、乐分享的好习惯，将阅读内化成由衷渴求，让阅读丰富课余生活。

（三）厚读增质

"厚"读文本，就是在语文教学过程中，教师要注重丰富文本的内容，从不同角度挖掘文本内涵，例如文本的作者生平、主题内容以及延伸课堂教学内容等，由此丰富学生的知识储备，深化学生的阅读体验，开阔学生的阅读视野。

厚读，除了利用学习单元丰富作者资料，课堂上交流碰撞补充文本空白上下功夫，以求深度对话文本、深化情感体验之外，学校还在拓展类似文本上花精力，以此提升孩子的阅读能力。如"班级阅读存折"，校园公众号每期的《好书推荐》《校长读诗》等栏目，就是学校倡导并力行"厚读"的缩影。如在执教《墨梅》一课时，曾小红老师会联系历史典故、生平事迹，补充文本空白，通过拓展阅读来加深学生对诗歌的理解和感受：恰当补充"洗砚池"的历史典故，让学生体会王冕之勤奋刻苦；介绍作者生平，让诗中的"我"更加饱满立体；联系历代文人写梅花的诗句来进一步挖掘诗人的形象；解读"我家"二字，以多层次朗读逐渐感受字里行间的自豪之情，进而让学生体会作者高洁自爱、独善其身的精神品格。由此层层剥茧，丰富诗词内容，让学生的情感得以升华，帮助学生内化知识，提升能力。在这样的语文教学中，学生不仅可以理解诗词中所蕴含的寓意、作者抒发的情感，还能够有效提高其文化素养，并主动对优秀传统文化进行继承、传播、弘扬。

（四）赛读吐新

"博观而约取，厚积而薄发"，扎实的阅读积累能够为提升学生的语文素养奠基赋能。在此基础上，该校开展"以赛促读、以赛促学"活动，持续开展诗词大赛、书法大赛、阅读素养大赛等多项活动。

为了弘扬中华传统诗词之美，打造学校国学办学底色，每一届诗词大赛总会在孩子们的翘首以盼中如约而至。选手们尽展深厚的诗词底蕴，十二宫格落字生花，环环相扣；飞花令好诗迭出，尽显身手。赛前赛后，总会掀起一波国学热潮。同学见面，先来一支飞花令。日有所诵，唇齿留香；读写结合，笔尖留痕；品鉴赏析，澄澈心灵。

中学部的千人书法，妙笔丹青，让古诗词在毫端点墨生香，一碑一故事，一帖一传奇，你品这颜筋柳骨，他赏那夏雨春云。国学习文揣义，书法凝神品韵。学生在诗词、书法大赛的一动一静间品读、领悟。

"拿云少年学无涯，首善禅城气自华。"语文阅读素养大赛之校级展示活动在经过初赛的一番激烈角逐后，由优胜的学生勇闯挑战区。必读知识速问环节涵盖古今中外名著、古诗、神话故事等，展示的是"广度"；现场快速阅读理解环节要求短短几分钟内完成阅读与表达，展示的是"专注力"与"逻辑思维"；读写链接环节从揣摩人物心理活动、借由情景展开想象等要素点通过补充文本空白进行读写交互，展示的是"想象力"与"创新思维"。展示现场相当精彩，在思维的碰撞过程中，阅读已经从个人体验转为知识与情感输出，交互表达，创造新意，且激励了更多人开展经典阅读，提升自身素养。

二、校本植根，以澜彩课程传承文化

（一）挖掘基础课程，找线索

20 世纪 50 年代末，美国为了提高国际竞争力，召集一大批专家学者，集中研发以学术性、结构性和专门性为一体的学术中心课程，英国同时也实施了"全国性课程发展方案"，两国均幻想以此改善和提高教育质量，缩短学校课程与尖端科技的差距。但是由于此次课程改革依托的是"泰勒原理"，采取"国家控制的课程开发"（又称"自上而下"的课程决策模式），忽视课程开发过程中的创造性和主体性，取而代之的是追求开发过程中的普适性、统一性，学习资源与考试制度，课程决策与教学纲要均由国家控制，课程的编制、实施与评价严重脱节。与此同时，一场校本课程开发运动正在其中孕育而生。20 世纪 70 年代初，美、英两国的课程理论领域相继出现了施瓦布的"实践课程开发理论"、斯基尔贝克的"环境模式"等课程开发理论，这些理论的共同点都是变革传统的"自上而下"的课程决策模式，他们改变了以前思维模式，探寻教育的本质，立足本校，把学校培育成课程开发的基地，教师直接参与到课程编制的过程中来。其后，英、美、澳等国进一步强调学校师生与政府、课程专家之间的互动，强化学校师生是课程开发的主体这一理念，尤其是澳大利亚的课程开发策略——"从中心向外围辐射"，从基础课程中挖掘适合本校学生发展的特色项目，极大程度上获得了课程开发自主权，而且效果显著。①

"求木之长者，必固其根本；欲流之远者，必浚其泉源"，找准课程生发点，直接关乎课程建构的未来图景，落子成局，"子"是首要。习近平强调"要加强对中华优秀传统文化的挖掘和阐发，使中华民族最基本的文化基因与当代文化相适应、与现代社会相协

---

① 钟启泉：《课程论》，教育科学出版社 2007 年版，第 280－281 页。

调，把跨越时空、超越国界、富有永恒魅力、具有当代价值的文化精神弘扬起来"①，将优秀传统文化与基础课程有机整合、延伸拓展，在充分考虑新的价值目标、新的知识技能、新的学习需求的基础上，挖掘基础课程中值得延伸拓展的元素，进行补充性、拓宽性的活动，找准契机，生成线索，植根校本，丰富第二课堂，助力学生全面多元发展，满足学生个性化发展需求。

教育学家钟启泉在其主编的《课程论》里指出，"校本课程开发必须作为基础教育课程体系中的重要组成部分，才能具有强大的生命力"②。经过深入调研，以及各科组会议的学情反馈交流，基于基础课程，结合本土、本校特色，澜石中学（小学）从中获得资源和灵感，找准校本课程资源的生发点。科技课可以延伸学生感兴趣的制造工艺，特别是传统工艺，如扎染、印刷术、造纸术、拓印等。美术课与信息课可以发挥自身的优势，引入编程技术、创客思维，达到文化创新。体育课则可以发挥该校毽球、武术的优势，分支设立特色提高课程，充分发挥学校九年一贯制的办学优势，育苗培优。大语文观下的语文课堂，将国学元素从课上延伸到课下，实现对接与拓展。劳动技能课从综合实践课程中独立出来，二者依然相辅相成，传统佳节活动与田间耕耘等传统劳动让学生实现与劳动者共鸣、"与古人的对话"成为可能。地方特色文化资源如粤剧、陶创、书法等也是其校本课程开发青睐的对象之一。

（二）联系优秀传统文化，绘思路

根据后现代课程设计的"4R"标准之一——关联性，③ 关联课程中不同学科之间的相互作用，关联课程以外的文化或宇宙观，关联课程赖以产生或存在的背景，该校校本课程力求寻找现代课程与

---

① 习近平：《在哲学社会科学工作座谈会上的讲话》，人民出版社 2016 年版，第 15－16 页。

② 钟启泉：《课程论》，教育科学出版社 2007 版，第 286 页。

③ 曾令泰、肖美艳：《ODES 理念和"4R"标准》，载《湖南工程学院学报》2005 年第 3 期，第 92－94 页。

优秀传统文化的联系，从关联内容中绘制课程思路，实现跨学科式的融合教学。

澜石中学（小学）主持立项的广东省教育技术中心课题"基于 STEM 理念的小学综合性学习实践研究"，学校的校本课程从基础课程中拓展开来，其聚焦某个主题设计跨学科学习活动，以项目的形式设置成系列推进，倡导融综合性与探究型为一体的深度学习，以培养学生的跨学科意识、思维和能力。通过前面的分析，语文、科技、体育、劳技、美术、信息、综合等课程在某些主题上可与优秀传统文化有机契合，通过挖掘基础课程里的线索，重组建构，大概可以从"艺术类""技能类""运动类""知识类"和"创新类"等五个板块，融合优秀传统文化来描绘图景来进行课程的设计。澜石中学（小学）历来推崇"澜"文化，风行水波，涟漪激滟；水纳万物，风生水起。"澜"代表着智慧灵动、兼容并蓄、和谐共进。结合校本文化与课程方向，遂设定了"澜彩绘艺""澜彩绘创""澜彩绘技""澜彩绘动"和"澜彩绘识"五大课程。

（三）回归生活实践，创新篇

校本课程开发就开发目的而言，旨在满足具体学校学生的独特性和差异性需求。这是校本课程开发的本质性、标志性特征，也是判断一项课程开发活动是否是校本课程开发的主要标准。

当前校本课程开发比较明显的误区是，把"校本课程"变成"校长课程"，即校长们从各自所谓的"办学思想"出发，根据自身对培养目标的理解，要求开设一些课程，以培养学生的某些素质。尽管这些课程可能一定程度地反映了学生们的需求，但问题在于设计这些课程之前，许多校长并未做有关学生需求的调研，想当然地从自己的"办学思想"出发来设置有关课程。从本质上讲，这是违背校本课程开发的精神实质的，是"伪"校本课程开发。因此，校本课程开发必须首先关注学生的独特的需求，这是最为根本的。

实施"个性化"教育，提供"适应性"教育，促进学生个性发展。结合学校的办学理念，有机融合我国优秀传统文化，澜彩课程体系的思路架构得以建成；在充分关照、理性参照学生的实际需求以及教学背景下，在一番创造性拓展设计后，各学科的特色项目也纷纷落地生花。

"澜彩绘艺"课程开发了粤剧社团、创意彩泥、澜彩嗨陶和书法艺术等特色项目。佛山是一座文化底蕴深厚的现代化城市，有文魁故里、状元黎冲、一井二状元、一门四进士、父子魁三元、状元及第粥等典故，石湾更是有着"陶都"的美誉。学生从小耳濡目染，有一定的认识基础及价值情感认同，为学生开展探究性学习奠基，让学生更加深刻地知道，民间艺术就在我们身边，优秀传统文化需要我们继承弘扬。

"天工开物""文化编程""古法智造"构成了"澜彩绘创"课程的主体。现代技术更利于学生感知新事物，当把优秀传统文化根植于智慧环境之中，效果会是怎样？学校美术科、信息科创造性地开设了"天工开物""文化编程"等课程项目，探索构建"基于传统文化校本 STEAM 课程体系"，推进教育教学的融合创新。科技课上，孩子们特别喜欢动手实践，了解现象背后的密码，尤其对颜色、手工制作兴致盎然。由此，澜石中学（小学）以四大发明为契机，设计古法"智"造学习活动，以求传承工匠精神，锤炼与时俱进的技艺，锻炼学生的创新意识。

"澜彩绘技"课程则是劳动技能课与综合实践课的"室外花园"。社会的进步刷新了过往"尽信书"的成见，综合性学习活动成为探索实践的平台。为了给综合实践课程创造更广阔的活动空间，结合传统佳节，以及学生感兴趣的话题，学校推出佳节美食美物美赏等活动，让学生用指尖扣响优秀传统文化的大门，用味蕾感受第一口鲜的心花怒放。劳动是人类特有的基本社会活动，《义务教育劳动课程标准》（2022 年版）将劳动从综合实践活动课程中完全独立出来，要求每个孩子都要学会煮饭炖汤、修理家电、种菜养禽。结合学校的教育资源，澜石中学（小学）开辟了"澜馨园"学生种植基地，从垦地、育苗、播种、田间管理到收获，上取天时，下争地利，佐以人和，让学生感受作物肉眼可见的变化与成长，将活动教学赋予最直观的自然启迪色彩。

国学课堂成为"澜彩绘识"课程的主阵地，毽球与武术则是"澜彩绘动"课程的特色项目。语文课堂是语文学习的第一课堂，而生活处处皆语文，基于《义务教育语文课程标准》（2022年版）倡导大视野、树立大语文的教育观，学校在每周一的升旗仪式后，安排师生共同完成一个微型小讲堂，即国学讲堂，普及中华美德知识。毽球是历史悠久的民间体育活动，武术是中华文化的瑰宝、佛山的城市名片。体育科秉承澜石中学（小学）"仁智勇毅"的教育教学理念，开设国学武术馆、武术冬令营、武术操大课间、毽球教学课程，搭建毽球表演平台，致力于培养文武兼修的社会主义接班人。

三、融合提升，以特色活动深刻印记

（一）结合文化

依据教育部《完善中华优秀传统文化教育指导纲要》《义务教育语文课程标准》（2022年版）关于"文化自信"核心素养的培养要求，当下义务教育工作需要进一步有效融入中华优秀传统文化的相关内容，使中华优秀传统文化能够在中小学实现真正的生根发芽。同时，也只有在教学实践中将中华优秀传统文化搬进现实，让学生实现可触、可感、可想，这样才能更好地提升学生的核心素养和综合素质，促进其向德智体美劳全面发展。

在《纲要》和"文化自信"等相关理念的指导下，结合对"21世纪核心素养5C模型"的认识，澜石中学（小学）开展的澜彩系列课程，取得了喜人的成果，是"传统文化教育一体化"实践与探索的重要节点。"21世纪核心素养5C模型"之一就是文化理解与传承素养，在融合优秀传统文化的基础上，达到培养审辩思维素养、创新素养、沟通素养和合作素养的育人效果。对小学生而言，在具体的教学过程中进一步有效渗透和融入优秀传统文化具有重要意义和作用。也正是着眼于小学生的学习与思维发展特点，澜彩系列将民风民俗、节庆文化、典礼或纪念日等元素作为课程背景墙，将优秀传统文化作为发展的创生点，不断挖掘"优秀传统文化"教育本身蕴含的人文教育资源与人文教育价值，进一步在教学实践中有效运用相关文化资源，最大限度地让学生在实践操作、亲身体会、具体可感中受到文化的熏陶，在快乐的学习中热爱优秀传统文化，在热爱优秀传统文化中全面发展。

活动课程对小学生的核心素养发展有着重要的作用，为了更好地提高活动课程的实施效果，澜彩课程以"植根"为育人的根本，民风育本、工艺育巧、节庆育情，通过植入优秀传统文化基因，让孩子成为民族文化的传承者和创新者，用文化熏陶和滋养学生的精神世界，让学生在自主探究、互动体验中，感受优秀传统文化的魅力，自觉弘扬优秀传统文化的精神，做有民族气质的中国人。

澜彩课程的内容丰富多彩，能够大大激发小学生对其的兴趣热情，能够有效调节日常学习带来的压力，能够培养小学生广泛的兴趣爱好。

教育部《完善中华优秀传统文化教育指导纲要》指出："加强中华优秀传统文化教育，对于引导青少年学生更加全面准确地认识中华民族的历史传统、文化积淀、基本国情，认清中国特色社会主义的历史必然性，坚定走中国特色社会主义道路、实现中华民族伟大复兴中国梦的理想信念，具有重大而深远的历史意义。"文化是一个国家、一个民族的灵魂，也是一个好课程的灵魂。作为基层教育工作者一定要扛起"文化自信"这面大旗，做好文化引导、文化传递、文化传播的工作，让优秀传统文化扎根在每一个学生的心中。

澜彩系列通过其创新的文化融入方式、创新的课程开展方式，做到了"寓教于乐"，使学生在快乐的学习中感悟文化，感悟成长。

（二）融合学科

美国著名课程理论家多尔认为课程是开放的、复杂的、变革的，课程体系是一个有机的开放系统。[①] 在当前的时代背景下，为呼应国家对教育发展的展望与要求，打通学科间的壁垒、实现学科之间的多元融合、统整编排、重构课程体系、全面育人，已成为一种趋势潮流。这种融合多学科知识开展的课程，能够有效弥补单学科课程知识体系的缝隙，建立起学科与学科之间的关联性，互相促进，层层发展。

所以我们要由国家基础课程向校本课程转化的方向出发，以国家课程为基础，以学校特色为梁柱，寻找国家课程与校本课程的内在联系，尝试开展学科之间的融合教学，探索出符合学校情况和学生情况的校本课程。

中华优秀传统文化作为素质教育优质的教学资源，在将其引进学校教育、引进课堂教学的过程中，须明确以主题为核心、以学科融合教学为线索，依据学校自身的特色特点和可利用的显性资源、隐性资源，尝试开展优秀传统文化主题式校本课程，更大程度地发挥优秀传统文化的育人价值。

在基于主题的学科融合教育实践探索中，澜石中学（小学）尝试打破学科间壁垒，以主题形式或跨学科形式进行教育教学活动，将静态的、共性的国家课程与动态的、个性的校本课程结合起来，引导学生举一反三，融会贯通，最终实现学生核心素养的提升。古法"智"造，通过刻印章、出扎染、学拓印，匠心传承书法、手工、美术、历史之精妙；澜彩绘"红"，通过上网搜集、精巧构思、编辑整理，绘志士名片、画红色绘本、做英雄纪念章，这是一次学科间的联动，也是对历史的怀念与礼赞；澜彩绘"绿"之农耕种植实践活动中，学生捕捉班级果园里春天的气息，笔尖倾泻出篇篇诗

[①] ［美］小威廉姆 E. 多尔：《后现代课程观》，王红宇译，教育科学出版社 2000 年版，第 202－203 页。

文，辅以斑斓的颜色，跳动的线条，学生对"生命状态"的独特理解就在劳动时、写作时、绘画时频频闪现。

（三）联合生活

中外教育的历史与现实表明，教育仅囿于书本、课堂、学校是不能获得现实完整的知识的。无论是康德的先验哲学，还是维特根斯坦的"意义在于用法"，哲学认识论变革告诉我们完整的知识在生活世界中、在实践中。

如果能够根据小学生的身心发展特点，例如缺乏自控和正确意识，将生活实践合理地融入学校教育、课程教学中，那么学生的学习动力与学习热情将得到极大的提升。学生对生活中的事情比较熟悉，在学习与其相关联的知识时也会有较强的自信心，对课堂也就不会产生陌生感、距离感，而是切切实实地在学习中体验生活。

澜彩课程以注重学生的生活实用性为导向，与生活结合，是教学之"源头活水"，生生不息。学校的优秀传统文化教育一体化实践所有的主题来源，一律挖掘生活素材，以"故事"包装，讲好课程的生活故事，是学校探索的主要项目。"澜彩嗨陶"活动场上，孩子们在一块块陶泥上精雕细琢，捏花草虫鱼者有之，塑笔筒茶杯者有之，生活气息相当浓厚。"读"享厨房，制作传统菜肴，亲子互动，体验劳动，这是学生对审美的摆盘，对生活的热爱的自我展示。系列主题活动精彩纷呈，打开了学生视野，改变学生的思维方式，激发创新意识，增强动手能力。

总体来说，澜石中学（小学）的优秀传统文化教育一体化实践与探索是以基础课程为基底、以学生兴趣点为引子、结合"以国学为教育底色"的办学理念、融入了优秀传统文化要素，所开展的基于学情、地方特色与历史文化的，密切跟进人文动态、社会动态的，激发学生求真向善的一场探索之旅。它为孩子们丰富课外活动、提高思想见识、促进素养提升打开了一扇窗，种下了一片花海。

第三节　幼小衔接——两所幼儿园
的文化育人特色

一、幼小衔接问题的客观存在与解决策略

"幼小衔接"主要指幼儿园与小学根据儿童身心发展的阶段性和连续性特征，针对性地采取适宜的教育措施和手段，帮助儿童逐步学会独立生活与学习，使儿童入小学后能较快地适应新生活，减少因两种教育的差异给儿童带来的负面影响。从幼儿园到小学，这两个阶段的衔接问题一直是社会和家长关注的焦点和难点问题，同时也是教育本身的一个值得重点专注的问题。

对于幼小衔接的研究，国内外学者从儿童心理学角度不乏相关的理论阐述，学前教育专家对此问题也有不少意见，广大幼儿园和小学老师在幼小衔接策略方面进行了大量的探索，为解决幼小衔接问题提供了宝贵的经验。然而，由于种种原因，似乎效果都不尽如人意，在家长们"不让孩子输在起跑线上"的殷切期盼中，幼小之间的裂痕与矛盾似乎愈来愈明显，一些违背科学规律的现象——如"幼儿园小学化"——依然普遍存在。对此，政府部门颁发了一系列文件，诸如《幼儿园教育指导纲要（试行）》《国务院关于当前发展学前教育的若干意见》《3—6岁儿童学习与发展指南》《幼儿园工作规程》《关于开展幼儿园"小学化"专项治理工作的通知》等，都对幼小衔接问题十分关注并提出指导思想与操作原则。在小学方面，2019年教育部启动修订义务教育课程，并将纵向学段间有机衔接不够、横向学科间有效配合不足作为优先解决解决的问题。在修订过程中，教育部组织课程专家、学科专家和幼教专家等多方力量对幼小衔接问题进行了专题研究，吸取国内外解决幼小衔

接问题的经验教训，对小学如何帮助儿童从幼儿园到小学平稳过渡提出了专门要求，幼小衔接问题的解决向前迈进了一大步。

不过，解决幼小衔接问题具有突破性进展的时段是在 2021 年初，首先是 2021 年 3 月 30 日教育部颁发了《教育部关于大力推进幼儿园与小学科学衔接的指导意见》（教基〔2021〕4 号），并用"附件"的方式发布了《幼儿园入学准备教育指导要点》和《小学入学适应教育指导要点》，对幼儿园和小学这两个学习阶段的科学衔接提出了具体发展目标和教育建议，制定了详尽的指导要点，幼小衔接问题的解决进入了综合治理的新阶段。

由上可见，国家解决幼小衔接问题的决心不可谓不大，制定的问题解决策略不可谓不具体。但是，问题的解决远没有那么简单，更不可能一蹴而就，需要基层教育部门对文件精神的精准把握和有效落实，小学和幼儿园进行科学的操作执行，家长切实转变教育观念，积极紧密配合等等。所以，该问题的解决仍然任重而道远，需要社会各界从各自职能和角度出发，根据实际情况进行积极的探索，做出更加艰苦的努力和大胆的创新。

（一）要把儿童良好学习品质的培养放在核心位置

教育家陶行知曾说："凡人生所需之重要习惯、倾向、态度，多半可以在 6 岁之前培养成功。换句话说，6 岁之前是陶冶人格的最佳时期。这个时期培养得好，以后只需顺着他继长增高的培养上去，自然成为社会优良分子；倘使培养的不好，那么，习惯成了不易改，倾向定了不易移，态度决了不易变。这些儿童升到学校来，教师须费尽九牛二虎之力去纠正他们已成的坏习惯、坏倾向、坏态度，真可算事倍功半。"① 现在所说的"学前教育小学化"问题，大多集中体现在知识与技能的学习方面，也就是说，幼儿园老师过早地教了孩子们小学的知识，包括识字、写字、学汉语拼音、数字

① 陶行知：《陶行知全集》第 1 卷，湖南教育出版社 1984 年版，第 618 页。

认识和计算技能等等，而且，在教孩子们学习这些知识和技能的时候，不顾幼儿的认知特点和身心发展的客观规律，运用了小学生甚至成人化的学习方法和教学手段。这实在是一件很糟糕的事情，这种揠苗助长的行为不仅让儿童对学习产生厌倦甚至恐惧，过早失去对学习的兴趣，而且由于幼儿园老师受专业水平限制，缺乏对幼儿学习规范化的启蒙性引导，很难让孩子养成正确的学习态度和良好的读写习惯。无论是教育理论还是大量的事实都告诉我们，幼小衔接的重点并不是知识与技能，而重在兴趣、态度、习惯等良好学习品质的培养。

中华人民共和国教育部在 2012 年 10 月颁发的《3—6 岁儿童学习与发展指南》"说明"中着重指出："幼儿在活动过程中表现出的积极态度和良好行为倾向是终身学习与发展所必需的宝贵品质。要充分尊重和保护幼儿的好奇心和学习兴趣，帮助幼儿逐步养成积极主动、认真专注、不怕困难、敢于探究和尝试、乐于想象和创造等良好学习品质。忽视幼儿学习品质培养，单纯追求知识技能学习的做法是短视而有害的。"这里特别强调了在该文件实施过程中应充分理解幼儿的学习方式与特点，重视幼儿学习品质，最大限度地支持和满足幼儿通过直接感知、实际操作和亲身体验获取经验的需要，严禁超前教育和强化训练。对儿童良好学习品质的培养不仅仅是幼儿阶段的重要目标，同时也是小学（特别是小学低年段）的重要教育内容，因为这些素养是儿童顺利进入下一阶段学习的前提条件，也是一个人终身学习的基础和保证。

（二）注重培养儿童交往能力等社会性素质

儿童的社会性素质，主要体现在其社会化过程中逐步形成的良好的社会适应性与个性。儿童阶段是人社会性发展的重要时期，在这个时期，他们要了解社会中一些基本的社会道德准则与行为规范，并将其内化为儿童自身的心理需求，转化成良好的行为习惯。儿童时期是人的个性初具雏形时期，此时形成的对人、对事、对己的态度，以及逐渐发展出的个性品质和行为风格，不仅可以直接影响其童年生活的快乐与幸福感，影响其身心健康及知识、能力和智慧的形成，还可能影响其一生的学习、工作和生活。幼儿从进入幼儿园开始，就正式步入"小社会"，开始了与除家人以外的群体的交往。进入到小学，其交往的范围不断扩大，他们需要慢慢学习独立，生活上与交往上都要发生变化。要由喜欢交往到学会交往，在与幼儿园和小学老师的交往中学会尊重老师，在日常生活中更加关爱亲人，关心他人。在学习与人交往活动中了解交往的礼仪与方法，做到有礼貌地与人交往，让他们愿意并主动参加群体活动，并能够在群体活动中感到愉悦，进而能够积极、快乐愿意为集体做事，并为集体的成绩感到高兴等等。类似这些社会性素质的形成，无论是对幼儿园的小朋友，还是入学不久的小学生而言，都是保证他们顺利成长的积极因素，甚至对于儿童一生的发展与成长都是至关重要的。

（三）突破儿童早期学习能力培养这个难点

培养幼儿早期学习能力是幼儿园到小学低年段重要的教育任务，也是儿童顺利学习的必要条件。这其中包括培养儿童基本的认知能力和某类知识学习的操作能力。从认知能力上涉及儿童的观察能力、想象能力、理解能力、记忆能力、思维能力等；学习的操作能力包括倾听、谈话、讲述、朗读、背诵、创编、表演、实验、操作、计算等等。其中，幼儿早期阅读能力是幼儿早期学习能力的重中之重，早期阅读在幼教文件中也叫"前阅读"，是指小学之前的阅读活动，首先要从培养幼儿的阅读兴趣入手，为幼儿提供图文并茂的绘本和多媒体课件中的视频故事，帮助幼儿获得高质量的口语词汇、口语表达和倾听理解能力。同时，通过早期阅读，让幼儿在口语发展的基础上逐渐向书面语提升，为其独立地阅读图书奠定坚实的基础，进入小学后更要加强儿童的阅读能力培养，促进儿童综合能力的发展。

252

另外，儿童对汉字的认识和学习应该是儿童学习各类知识的基础和工具，其在小学课程设置中一直占较大的比重，也是小学生进入小学后重要的学习任务。因而，幼儿阶段要不要识字常常成为争论的焦点。我们认为，幼儿园小朋友认识汉字是幼教纲领性文件的明确要求，被称为"前识字"，问题的关键在于幼儿识字活动的方式是否合适，而不是要不要学。幼儿学习汉字与小学生有着明显的不同，幼儿的前识字是以口语学习为主，由模仿到运用的循序渐进的过程。因此，要坚持从幼儿兴趣出发，依据汉字造字特色，遵循幼儿身心发展的客观规律科学识字，以游戏活动的形式，促进幼儿与汉字的积极互动，在事物与文字符号中实现意义建构。幼儿学习汉字首先是感受母语文化，在坚持传承优秀传统文化中了解汉字，激发幼儿的好奇心与想象力，同时进行思维训练，通过汉字学习促进幼儿整体素质发展。

（四）实现幼儿园与小学的双向衔接

幼小衔接理所当然是一个双向互动的过程，针对社会上过度重视知识准备的问题，幼儿园要准确把握入学准备的内涵，强调将身心准备、生活准备、社会准备和学习准备等方面有机融合和渗透，不能片面追求某一方面的准备，或用小学知识技能的强化训练替代全面准备；强调将入学准备贯穿于幼儿园三年保育教育全过程，从小班开始逐步培养幼儿身心基本素质与良好学习品质，到了大班根据即将进入小学的特殊需要，实施有针对性的入学准备教育，尊重幼儿身心发展规律；强调用科学的、符合幼儿学习特点的方式，不仅帮助幼儿做好入学准备，还要帮助幼儿做好终身学习的准备。

小学则要做好幼儿园孩子入学适应教育，要改变过去让学生适应学校的传统做法，强化主动衔接。小学教师要树立牢固的衔接意识，转变教育观和儿童观，主动了解幼儿园教育特点，积极倾听儿童需要，创设包容和支持性的学校环境。小学一年级上学期设置为幼小衔接适应期，在班级环境、作息安排等方面与幼儿园相衔接，解决幼儿园与小学教育中衔接坡度过大的问题，合理安排一年级课程内容，改革一年级教育教学方式和评价方式，为每个儿童搭建合适的入学"阶梯"。

为做好"双向衔接"还有一个很重要的方面，就是要大力推进幼儿园教师和小学教师培训一体化进程，包括教师的职前培养和职后培训支持，建立幼儿园与小学教师之间的合作沟通机制，促进幼小阶段融合，确保两个学段课程与教学的连贯性，进而实现儿童发展的连续性与整体性。

（五）不断完善家园校共育机制，为儿童健康成长营造良好的生态环境

家长不仅是儿童的第一任老师，同时也是幼儿园和学校的重要合作伙伴，所以幼儿园要及时了解家长的困惑与诉求，分析问题产生的主客观原因，积极宣传国家和地方有关政策要求，传播科学育儿的策略与方法，转变家长不正确的思想观念，树立先进的教育思想，开创多种渠道，采取多种形式促进家园校联系，使得广大家长积极配合幼儿园、小学，共同做好衔接工作，营造良好的家庭氛围，帮助儿童幸福成长。

二、幼小衔接的实践案例

（一）坚持家园共育，做好幼小衔接——潮州市向上实验幼儿园

潮州市湘桥区的向上实验幼儿园成立于 1998 年，是一所有着 25 年办园历史的民办普惠性幼儿园。该园秉承"博学于文，约之以礼"的教育宗旨，以培养幼儿"独立、乐群、自信"为教育理念，着力打造"书香溢园、艺术沁心"的办园特色，构建了以幼儿国学等中华优秀传统文化为主体的特色课程体系，并参加了广东教育学会"十三五""十四五"教育科研课题研究活动，在课题组的

带领下对于中华优秀传统文化教育中的幼小衔接问题进行深入探讨。

近些年，随着社会经济的发展、人民生活水平的提高、人口老龄化、出生率低下、二三胎政策的开放等，广大家长更加关注子女的教育问题。但受传统"望子成龙"理念和应试教育的影响，家长对幼儿教育还是存在很多理解误区，其中较为突出的就是看待"幼小衔接"这一问题。很多家长不知道什么是幼小衔接，或者只是片面地认为"学前班"就是幼小衔接，认为只需要在这一阶段给孩子提前灌输一年级的知识就可以了。甚至在每年的七八月份，社会上出现许多临时性的"幼小衔接加强班"，使得家长蜂拥而至。

幼小衔接贯穿于整个幼儿教育阶段，是孩子成长道路上的一个重要转折点。面临该转折，孩子们的角色即将发生重大改变，同时，家长的期望和学校的要求也将随之发生改变。教育部2021年3月颁布的《关于大力推进幼儿园与小学科学衔接的指导意见》明确指出："要充分尊重幼儿身心发展规律和特点，实施科学保育和教育，同时将入学准备教育有机渗透于幼儿园三年保育教育工作的全过程。"要实现幼小衔接的"全过程"覆盖，家长的参与是必不可少的。因为家长不仅是儿童的第一任老师，同时也是幼儿园和学校的重要合作伙伴，所以需要及时了解家长的困惑与诉求，分析问题产生的主客观原因，积极宣传国家和地方有关政策要求，传播科学育儿的策略与方法，转变家长不正确的思想观念，树立先进的教育思想，开创多种渠道，采取多种形式促进"家园校"联系，使得广大家长积极配合幼儿园、小学，共同做好衔接工作，营造良好的家庭氛围，帮助儿童幸福成长。为此，向上实验幼儿园在孩子踏入幼儿园开始，就开启了其三年的幼小衔接活动。具体做法有以下几个方面。

1. 引导家长正确认识自己在幼小衔接中的作用，重视家园合作，共同促进幼儿成长

向上实验幼儿园每学期都会通过多种形式，例如线上、线下家长交流会、利用班级群，家访等方式向家长宣传幼小衔接的内容及其重要性。虽然仍有部分家长认为把小朋友放在幼儿园后，他们就不用管了，认为既然已经交了钱，那么所有的保教、教育工作，都是幼儿园的事情了。幼儿园一旦有一些小任务给家长，部分家长不愿配合，而且还会嫌麻烦。但是老师依然坚持开会，坚持沟通，从不放弃，也不落下任何一个家庭。向上实验幼儿园告诉家长："在幼儿园的三年里，您的孩子并不是懵懵懂懂地过了，也不仅仅是学到了知识。我们着重培养的是孩子的行为习惯和良好品质。通过主题式教育和一日生活让孩子学会感恩、学会做人、学会自理、学会学习。"让家长感受并了解到幼儿园保育工作和教育工作，进而通过家园共育的方式，让家长配合幼儿园的工作。从家庭到幼儿园的过渡固然重要，但幼儿来到幼儿园之后，如何从幼儿园过渡回家庭，达到幼儿园、幼儿、家庭共同教育，是需要家园共同努力的重大课题。

2. 依托优秀课程资源，注重孩子良好习惯与性格的养成，提高家长的认知水平

向上实验幼儿园依托区教育局制定了《幼儿园国学特色课程》开展主题式教学，每位新生入园后，每个月会有一个活动主题。以小班为例，依次进行"快乐家园""饮食起居""幸福童年""感恩孝亲"四个主题的学习，这四个主题都围绕如何养成习惯、适应幼儿园、喜欢同伴、敬爱家人的角度等核心展开，这样孩子就能够每天通过故事和活动明白道理，并逐渐适应幼儿园生活，进而尽快实现从家庭到幼儿园的顺利过渡。

幼儿园还会在集体教学之后，将学习主题延伸到幼儿园环境的创设中。向上实验幼儿园始终认为良好的教育环境能对幼儿起到强力的推动和促进作用，因此应该把教育的目的和要求有机融入环境其中，让物质环境充满认知元素，促进幼儿良好个性品质的形成。而人文环境更具有润物无声的作用，因为文化熏陶是一个持续渐进的过程，它能通过可见、可感、可操作的方式，对儿童的归属感、认同感以及获得感起到重要的催化作用。比如，在小班第一学期学习第二个主题"饮食起居"的时候，在幼儿园的餐厅装饰上"对饮食，勿拣择"的牌匾，厕所装饰上"便溺回，辄净手"，鞋柜旁有"置冠服，有定位。勿乱顿，致污秽"等语录。在学习"感恩孝亲"这个主题时，在课室墙壁上贴上很多父母养育、呵护孩子的图画。通过这些环境设置，让幼儿在园的一日生活中感到安全、愉快、温馨、充实，从而能积极主动地进行学习和游戏。在开展这些课程学习的过程中，幼儿园还选择了典型活动面向家长开放，以此提高家长的参与度和对幼儿课程的深入认知。

3. 发挥教师串联和引领作用，大幅度提高家园共育效能

在家园共育工作中，教师是不可缺少的重要角色，是串联幼儿、幼儿园、家长的"桥梁"。为此，幼儿园首先要塑造幼儿园老师的良好形象，树立幼儿园老师在家长中的威望，引起家长对幼儿教育的关注，增加家园之间的亲和力，提高幼儿园与家长的凝聚力。具体做法有，每周一次向家长发放孩子的成长手册、亲子小任务、家园关注小提示、问卷调查等，定期向家长们介绍班级开展的每一项工作，并向家长提出一些相应的配合与支持的要求。同时充分利用好微信群、家园互动程序等互联网平台，增加与家长沟通的频次，把幼儿在园情况及时向家长进行反馈，使家园双方能根据幼儿的具体情况进行针对性的合作与培养。

向上实验幼儿园还善于利用家长来园接送的时间，以及利用电话交谈等形式，与家长及时沟通和交流，使家长能够及时了解和掌握自己孩子当前的发展水平和状况。为了更加注重效果的持续性，幼儿园还使用了表格形式来记录每个班家园共育工作的开展情况。通过多种方式的沟通交流，让家长更能了解幼儿园，了解孩子，同时幼儿园也更能了解家长，由此形成家、园、幼儿三者之间相互影响的稳定结构，从而整体推进幼儿园的家园共育工作。

（二）结缘汉字文化，做好幼小衔接——佛山市大榄幼儿园

佛山市南海区大榄幼儿园是一所集体所有制的规范化幼儿园，成立于2005年。大榄幼儿园所在地"榄溪社学"有着300年历史，曾经培养出了不少名人学士。园所延续百年"榄溪社学"教书育人优良传统，以弘扬中华优秀传统文化为己任，具有鲜明的国学特色。

近年来，关于幼儿要不要识字的问题已成为大家讨论的一个热点。一方面上级部门有关学前教育的政策文件中已提出明确的"前识字"要求，另一方面各级各类幼儿园又普遍反映对如何落实幼儿"前识字"缺乏有效遵循。一些幼儿园应家长要求，用一些"小学化"甚至"成人化"的方式教孩子们死记硬背，这完全违背了幼儿认知规律，尤其对于汉字构成与运用特点缺乏科学探讨。针对这个幼小衔接中敏感而又困难的问题，大榄幼儿园结合汉字造字特点和幼儿认知规律，用汉字文化熏陶幼儿心灵，积极探索幼儿感受汉字、学习汉字的科学方法，让孩子在游戏中识字，在活动中积累，为幼儿早期阅读的实现和进入小学后的快速识字探索出了一条有益路径。

1. 根据汉字造字特点让幼儿感受汉语文化

中国的汉字是一种表意文字，是音形义的复合体，汉字是我们祖先的发明创造，体现出高超的智慧。所以，通过给孩子们讲汉字来源和演变的故事，会让孩子们对汉字产生浓厚的兴趣。比如汉字中的象形、指事、会意、形声造字法都特别有趣。如：口、目、日、月、山、水、牛、马、鸟、虫、雨、鱼等象形字，本、灭、男、刃、上、下、中等指事字，从、众、牢、孝、坐、林、森等会意字，请、清、情、娃、哇、你、呢、泥等形声字，这些字都包含着丰富的意义和有趣的故事。教师可以以播放有关汉字演变过程的视频短片、展示多媒体图片等方式，让幼儿感受汉字的神奇构造和

演变轨迹，激发幼儿对母语的热爱，引导幼儿利用汉字的表意特点来识记汉字。比如，"孝"字上面是一个"老"字头，下面是一个"子"，通过汉字演变的视频演示，让小朋友们懂得：原来这个"孝"字的组成就是一个小孩子背着一位老者，这就是"孝"字的来源和确切的含义，这样直观的方法很容易就让小朋友理解这个汉字的意义，并且理解传统文化中"孝亲"文化的深刻含义。通过运用这些直观形象的方法，孩子们不仅能从字面上记住汉字形状，又能从字形上又理解了它的含义。这样既提高了幼儿识字的兴趣，又培养了其识字能力，让幼儿在与这种独特文化符号的互动中，深深感受到汉字的神奇魅力。

2. 在幼儿园国学特色课题情境中理解汉字的丰富内涵

由于大榄幼儿园的特色课程是以中华优秀传统文化为内容的幼儿园国学课程，该课程以"亲情""礼仪""仁爱""品格""乐学""爱国"为纲目进行主题式教学。在主题教学的背景下，其所涉及要学习的汉字也大多与主题内容相关，比如在小班主题"饮食起居"中选取了《弟子规》中的句子"朝起早，夜眠迟，老易至，惜此时"，《朱子家训》中的句子"黎明即起，洒扫庭除，要内外整洁"等。其中汉字"早""迟""内""外"等与生活相关的字词，就可以引导幼儿从一对一对相反相对的汉语词汇理解句子的含义。再如在"知耻改过"主题中有这样一句话："谁无过，过而能改，善莫大焉。"要让幼儿明白句子的含义，首先要解释这个"过"字，老师先给小朋友讲了一个《小狗汪汪》的故事，然后提出一个问题："句子中这个'过'字的含义是什么？"一个小朋友马上说是"过去"的意思，另一个小朋友说是"过马路"的意思，显然，他们都没有说出这个字在句中的意思。老师接着启发道："大家回忆一下刚才故事中小狗汪汪的行为，再想一想句子中的'过'指的是什么？"经过老师的提醒，小朋友一下子想到是"过错"的意思。接着，老师告诉小朋友们，"过"字也可以像前两个小朋友说的，有"过去""过马路"的意思，但是在这个句子中就是"过错"的意思。所以，把汉字放到具体的情境中去理解就明白它的含义了，同时还知道了一个字可以组成不同的词语，可以用在不同的地方。这种学习汉字的方式可以帮助幼儿理解句子的大意，又使其积累了大量汉语词汇。

3. 利用灵活多样的游戏，让幼儿和汉字交朋友

游戏对于幼儿发展有着特殊的意义，也是幼儿阶段重要的活动方式。大榄幼儿园一直尝试用游戏的方式让幼儿喜欢汉字，认识汉字，感受母语文化的丰富有趣。其主要运用的游戏方式有以下几种。

汉字演变法。在集体教学中，教师通过课件里面的汉字宫、实景图、动画图、故事片等多媒体技术，让孩子充分感知汉字，在课堂上通过提问，让幼儿观察一下这些"字宝宝"的形体特点，并且使用简单的"加一加""减一减"的方法记住汉字。"人"加一横就是"大"，"大"字上面加一横就是"天"，"禾"字去掉撇就变成"木"，"木"字加一横就变成"本"，"火"字上面加一横就是"灭"等等。一个字摇身一变就是几个形状相似但意思不同的汉字。这样的教学，大大地调动了孩子们学习"字宝宝"的兴趣，降低了识字的难度，提高了幼儿学习的兴趣。教师运用上述幼儿喜闻乐见的游戏来引领孩子识字，就赋予识字教学以丰富的童趣。孩子们在听听、看看、说说、想想的学习体验中，充分感受到汉字的丰富多彩和神奇变化。有的时候，老师还可以在课堂中创设情境，采取开火车、送"字宝宝"回家、猜一猜、玩一玩等幼儿喜欢的游戏，调动幼儿运用多种感官参加活动，使他们始终处于兴奋之中，在玩乐中不知不觉和"字宝宝"交上朋友。

动作演示法。活泼好动是孩子的天性。有时候，用肢体动作演示不仅能使孩子理解字义，还能帮助他们记住字形。比如"跳""跑""蹦""趴"几个字都是形声字，都有一个"足"字旁，都与脚的动作相关。小班幼儿年龄小，比较难区分这几个字，可以让幼儿认真观察字形，指导幼儿用分别这几个字做一个动作来表示。

小朋友们热情很高，纷纷做着各种动作，然后让小朋友进行区分，判断对错，以此进一步加深这些由相同部首组成的汉字的印象。对于一些容易混淆的"字宝宝"，教师可以利用好朋友之间互相帮助的方法，认识"字宝宝"的幼儿可以拿着字卡，边做动作边让另外一名幼儿猜测其动作的含义，并通过观察"字宝宝"准确识字。利用肢体语言在情境中识字，让幼儿在做中学，在玩中学，让幼儿自己乐于参与到识字活动中来，往往能充分调动幼儿的学习积极性。

表演法。教师可以利用孩子活泼、好动的天性，识字时邀请幼儿上台"演一演"，也能达到意想不到的识字效果。如在学习鸡、鸭、鹅、羊、猫、狗等动物时，让幼儿戴上动物的头饰演一演，让幼儿尽量地把这些小动物的外形特征、动作、叫声给表演出来。这样的识字教学既为幼儿创造了展示的机会，又能让幼儿通过各种感官直接感知，将形体的感受与相对应的表演相结合，在演示中通过幼儿的感受和有趣的游戏练习来认识要学的"字宝宝"。

生活识字法。创设生活情景，让孩子在日常生活中潜移默化地认识汉字也是一种很好的方法。在幼儿园里，为了满足孩子的识字需求，教师在孩子们活动的空间中、在家具、电器、生活用品、学习用品上都贴上图文并茂的文字图卡。教师还在孩子的椅子上贴上孩子的名字，在孩子们洗漱的水池上面贴上"晨必盥，兼漱口"，在睡觉的床头墙壁上贴上孔子的教训"食不语，寝不言"等等。将这些主题中学习的经典句子延伸运用到幼儿日常生活的方方面面，让幼儿在潜移默化的过程中认识汉字，同时接受良好行为习惯的养成教育。

由于继承了传统蒙学识字经验，采用了科学的教学方法进行识字认字，大榄幼儿园在幼儿识字教学过程做到了动静结合、师幼互动，画面与文字、形象与结构、活动与意义都实现了有机结合。这样一来既激发了幼儿认读汉字的兴趣，又发展了幼儿的创造性思维，更培养了幼儿对母语文化的美好情感。

同时，为了顺利实现幼儿园到小学的识字过渡，大榄幼儿园与当地小学常常在教学教育方面进行幼小衔接专题的研讨交流，共同探讨幼儿在识字过程的递进规律和衔接方法。通过这样的协同对接，幼儿园对小学生的识字要求有了进一步了解，反过来又能更好地对幼儿园"前识字"活动做出更精准的定位。通过多年合作，大榄幼儿园的毕业生上了小学一年级后在识字兴趣、识字量方面都优于其他幼儿园的孩子，早期阅读能力也比较强，孩子们的观察能力、理解能力都得到了长足的发展，能顺利地适应小学的学习与生活。由此可见，只有重视幼小衔接，才能精准把握幼儿园的各项工作，为孩子们的顺利成长打下基础。

参考文献

［1］阿尔贝特·施韦泽.文化哲学［M］.陈泽环，译.上海：上海
　　人民出版社，2008.

［2］阿弗烈·诺夫·怀特海.教育的目的［M］.徐汝舟，译.北京：
　　生活·读书·新知三联书店，2002.

［3］阿斯曼.文化记忆：早期高级文化中的文字、回忆和政治身份
　　［M］.金寿福，黄晓晨，译.北京：北京大学出版社，2015.

［4］爱德华·希尔斯.论传统［M］.吕乐，译.上海：上海人民出
　　版社，1991.

［5］爱丽斯·奥默德.教育心理学［M］.4版.彭运石，译.西安：
　　陕西师范大学出版社，2005.

［6］爱弥儿·涂尔干.教育思想的演进［M］.李康，译.上海：上
　　海人民出版社，2003.

［7］本尼迪克特.文化模式［M］.王炜，等，译.北京：社会科学
　　文献出版社，2009.

［8］陈桂生.教育原理［M］.上海：华东师范大学出版社，2000.

［9］陈小鸿.论人的自由全面发展［M］.北京：人民出版
　　社，2004.

［10］丹尼斯·库什.社会科学中的文化［M］.张金岭，译.北京：
　　　商务印书馆，2016.

［11］狄百瑞.东亚文明：五个阶段的对话［M］.何兆武，译.南
　　　京：江苏人民出版社，2012.

［12］恩斯特·卡西尔.论人：人类文化哲学导论［M］.刘述先，

译.桂林:广西师范大学出版社,2006.

[13] 冯·贝塔朗菲.一般系统论:基础、发展和应用 [M].林康义,魏宏森,译.北京:清华大学出版社,1987.

[14] 冯·皮尔森.文化战略 [M].刘利奎,等,译.北京:中国社会科学出版社,1992.

[15] 贺培育.制度学:走向文明与理性的必然审视 [M].长沙:湖南人民出版社,2004.

[16] 康德.论教育学 [M].上海:上海人民出版社,2005.

[17] 柯可.国学教纲 [M].广州:世界图书出版广东有限公司,2015.

[18] 克拉克·威斯勒.人与文化 [M].钱岗南,等,译.北京:商务印书馆,2004.

[19] 兰德曼.哲学人类学 [M].阎嘉,译.贵阳:贵州人民出版社,2006.

[20] 林崇德.中学生心理学 [M].北京:中国轻工业出版社,2013.

[21] 苗东升.系统科学精要 [M].北京:中国人民大学出版社,2010.

[22] 皮亚杰等.儿童心理学 [M].吴福元,译.北京:商务印书馆,1980.

[23] 乔伊丝·L.爱普斯坦.学校、家庭和社区合作伙伴:行动手册 [M].吴重涵,薛惠娟,译,南昌:江西教育出版社,2012.

[24] 塞缪尔·亨廷顿.变化社会中的政治秩序 [M].王冠华,等,译.上海:上海人民出版社,2008.

[25] 塞缪尔·亨廷顿.文明的冲突与世界秩序的重建 [M].周琪,等,译.北京:新华出版社,1998.

[26] 申仁洪.论教育科学:基于文化哲学的批判与建构 [M].重庆:重庆大学出版社,2006.

［27］施良方.课程理论：课程的基础、原理与问题［M］.北京：教育科学出版社，1996.

［28］石中英.教育学的文化性格［M］.太原：山西教育出版社，1999.

［29］史华慈.古代中国的思想世界［M］.程刚，译.南京：江苏人民出版社，2012.

［30］苏霍姆林斯基.给教师的建议［M］.杜殿坤，译.北京：教育科学出版社，2004.

［31］万建明，陈雅芳.传统文化与学前教育［M］.厦门：厦门大学出版社，2016.

［32］王雨田.控制论、信息论、系统科学与哲学［M］.北京：中国人民大学出版社，1986.

［33］王治卿.集约型一体化管理体系创建与实践［M］.北京：中国石化出版社，2010.

［34］小原国芳.小原国芳教育论著选：下卷［M］.北京：人民教育出版社，1993.

［35］许国志.系统科学［M］.上海：上海科技教育出版社，2000.

［36］雅斯贝尔斯.什么是教育［M］.北京：生活·读书·新知三联书店，1989.

［37］杨晓慧.当代大学生成长规律研究［M］.北京：人民出版社，2011.

［38］余立.教育衔接若干问题研究［M］.上海：同济大学出版社，2003.

［39］约翰·S.布鲁贝克.高等教育［M］.1版.王承绪，译.杭州：浙江教育出版社，2002.

［40］约翰·杜威.人的问题［M］.傅统先，等，译.上海：上海人民出版社，2006.

［41］张良顺，刘胡权.青少年传统文化教育创新研究［M］.北京：人民出版社，2022.

［42］张良驯，周雄，刘胡权.当代青少年中华优秀传统文化教育研究［M］.北京：北京理工大学出版社，2015.

［43］张世英.境界与文化：成人之道［M］.北京：人民出版社，2007.

［44］张文新.青少年发展心理学［M］.济南：山东人民出版社，2002.

［45］张向奎，刘秀丽.发展心理学［M］.长春：东北师范大学出版社，2002.

［46］张志勇，赵福庆.中小学德育一体化原理［M］.济南：山东教育出版社，2019.

后　记

　　本书是广东省教育厅重点建设学科科研能力提升项目"区域'大中小幼'一体化传统文化教育体系建设研究"（2021ZDJS052）的成果。本课题的设立，旨在以中国古代文学学科为依托，以新时代新师范建设为抓手，充分凸显师范院校在区域基础教育改革和发展方面的引领作用，在此前提下客观分析中华优秀传统文化教育在"大中小幼"各学段的现实推进和主要问题，认真研究学校场域内文化传承与创新的有效路径和主要策略。持续推进本课题研究，对于推动优秀传统文化教育的一体化建设，切实增进文化育人功能，尽早铺就广大学生的中国底色，增强青少年的文化自信，具有重要的理论价值和实践意义。

　　党的十八大以来，以习近平同志为核心的党中央高度重视中华优秀传统文化的历史传承和创新发展，对中华优秀传统文化的历史定位、时代内涵和继承弘扬等提出诸多重要思想观点，出台了一系列方针政策。从2014年教育部发布《完善中华优秀传统文化教育指导纲要》，到2017年初中共中央办公厅、国务院办公厅颁布《关于实施中华优秀传统文化传承发展工程的意见》，再到党的十九大报告指出"文化是一个国家、一个民族的灵魂。文化兴国运兴，文化强民族强。没有高度的文化自信，没有文化的繁荣兴盛，就没有中华民族伟大复兴"，并由此提出"要坚守中华文化立场，推动中华优秀传统文化创造性转化、创新性发展"的重要国策。不久前胜利召开的党的二十大则再次强调要"坚持创造性转化、创新性发展，以社会主义核心价值观为引领，发展社会主义先进文化，弘扬革命文化，传承中华优秀传统文化，满足人民日益增长的精神文化需求，巩固全党全国各族人民团结奋斗的共同思想基础，不断提升国家文化软实力和中华文化影响力"。上述一系列重要理论思想和方针政策的出台，标志着中华优秀传统文化教育已经历史性地被纳入国家教育意志，成为事关人才培养、文化强国和民族复兴的全局性重大工程。正是在这一历史背景下，全社会掀起了一波又一波传统文化热潮。尤其是在教育系统内，优秀传统文化的"三进"工程（进校园、进课程、进教材）全面铺开。可以说，中华优秀传统文化教育迎来了令人振奋的发展前景。

然而，尽管优秀传统文化教育已经深入人心，并渐成燎原之势，但整体来看依然存在不少问题。这些问题主要体现在各地区各学校对相关政策的理解和执行状况参差不一，呈现出各自为政、效果不彰的局面。"大中小幼"各个学段之间优秀传统文化教育的衔接并未得到应有的重视，区域范围内各学校之间、各学科之间、家校社之间的优秀传统文化教育应该如何渗透融通也未获得足够关注。可以说，这些问题的存在，大大阻碍了优秀传统文化教育向纵深推进、向全局拓展。基于此，本课题组根据团队十余年来从事优秀传统文化教育的实践经历，运用一体化、系统论等理论方法，着眼国民教育体系的全过程，力图探索出学校场域内优秀传统文化教育纵向衔接、横向融通的路径和策略，为新时代传统文化教育的持续推进提供可资借鉴的解决方案和实践样本。

本书就是上述探索的阶段性成果，是项目团队集体智慧的结晶。本课题由广东省高校人文社科重点研究基地——中华优秀传统文化教育研究基地——主任陈涵平教授主持，他对全书的框架设计、学理逻辑、篇章结构等进行了安排审定，并撰写了全书绝大部分章节内容。课题组成员曲天立撰写了第五章，第八章第二节、第三节的两个实践案例则分别由课题组成员郑继雄、林淑媛撰写。全书由陈涵平统稿和定稿。

本书在写作过程中参考了众多专家学者的研究成果，在此表示衷心的感谢。本书的出版得到了中山大学出版社的大力支持，尤其是嵇春霞副总编为本书的策划付出了辛勤劳动，在此也深表谢意。同时需要说明的是，由于种种原因，特别是研究能力和研究时间等因素所限，本书还存在很多不足和局限，也有很多需要改进的地方。所幸理论研究永无止境、实践创新前路广阔，课题组后续还会不断探索，故而期待各位专家学者和读者朋友多多批评、多多指导。

作　者

2022 年岁末